living
Italian

Maria
Valgimigli

Revisions by
Isabella Marino

Hodder & Stoughton

A MEMBER OF THE HODDER HEADLINE GROUP

Orders: please contact Bookpoint Ltd, 130 Milton Park, Abingdon, Oxon OX14 4SB. Telephone: (44) 01235 400414, Fax: (44) 01235 400454. Lines are open from 9.00 – 6.00, Monday to Saturday, with a 24 hour message answering service. Email address: orders@bookpoint.co.uk

British Library Cataloguing in Publication Data
A catalogue record for this title is available from The British Library

ISBN 0 340 59677 5

First published 1961
Fourth edition 1994
Impression number   17   16   15   14   13   12   11
Year   2004   2003   2002   2001

Typeset by Transet Limited, Coventry, England.
Printed in Great Britain for Hodder & Stoughton Educational, a division of Hodder Headline Plc, 338 Euston Road, London NW1 3BH by Cox & Wyman Ltd, Reading, Berkshire.

Contents

Abbreviations

The following abbreviations have been used in the book:

abb.	abbreviated, abbreviation
adj.	adjective, adjectival
adv.	adverb, adverbial
cond.	conditional tense
conj.	conjugation
f.	feminine
fut.	future tense
imperf.	imperfect tense
impers.	impersonal
irr.	irregular
m.	masculine
past def.	past definite tense
perf.	perfect tense
pers.	person, personal
pl.	plural
pop.	popular
p.p.	past participle
pres.	present tense
pron.	pronoun, pronominal
sing.	singular
subj.	subjunctive mood

Preface to the fourth edition

Living Italian, first published in 1961, has become a highly respected and well established coursebook. It has remained popular during a period when language teaching methods have change constantly and this is a tremendous testimony to the thoroughness and effectiveness of Maria Valgimigli's original course.

This book continues to be useful for learners wanting an organised course which pays careful attention to the systematic building of grammar and vocabulary.

Also, teachers who are looking for additional exercises to supplement other courses will find this book of great value.

In this edition, Isabella Marino has retained the carefully structured approach of the original and has modified the content where appropriate to bring the material fully up to date.

The course comprises a full introduction to modern Italian, containing sections on all the grammatical and structural essentials of the spoken language.

John Langran
Series Consultant

Introduction

THE ALPHABET

The Italian alphabet consists of 21 letters, as follows:

LETTER	PRONUNCIATION	LETTER	PRONUNCIATION
a	as *a* in c*ar*	n	ennay
b	bee	o	as *o* in n*o*t
c	chee	p	pee
d	dee	q	coo
e	ay	r	erray
f	effay	s	essay
g	dgee	t	tee
h	acca	u	oo
i	ee	v	voo
l	ellay	z	dzayta
m	emmay		

The letters **j** (i lunga), **k** (cappa), **w** (voo d*o*ppia), **x** (icks), **y** (*i*psilon), do not figure in the Italian alphabet; they are, however, used for the spelling of foreign words.

Note that **x** is also found in expressions such **ex-presidente** (*ex-president*), **ex-cancelliere** (*ex-chancellor*) and so on.

y has been replaced by **i**:
    gi*o*ia (*joy*)   r*a*ion (*rayon*)

k is generally replaced by **ch**:
    chilogramma (*kilogramme*)

The Greek combination ph has been replaced by *f*.

    alfabeto (*alphabet*)   fotografia (*photograph, photography*)

PRONUNCIATION

Vowels

a is pronounced approximately like *a* in *car*:
    sala (*room*)   caro (*dear*)

e has two sounds: (a) like *e* in *bell* (known as the open *e*).
    bello (*beautiful*)   lento (*slow*)

And (b) like *a* in *late* (known as the closed *e*).
    seta (*silk*)   meno (*less*)
    pineta (*pine grove*)

i is pronounced like *i* in *marine*:
    finire (*to finish*)   primo (*first*)

o has two sounds: (a) like *o* in *not* (known as the open *o*).
    notte (*night*)   opera (*opera, work*)

And (b) like *o* in *note* (known as the closed *o*).
    nome (*name*)   ora (*hour*)

u is always pronounced like *oo* in *moon*:
    uno (*one*)   musica (*music*)

Consonants

Of the sixteen consonants the following ten are pronounced approximately as in English: **b, d, f, l, m, n, p, q, t,** and **v.**

c has two sounds: (a) like *c* in *can*, when followed by **a, o, u**, or by any consonant, including **h.**
    cane (*dog*)   che (*what, that*)
    con cura (*with care, attention*)   chi (*who, whom*)
    crudo (*raw*)

And (b) like *ch* in *chop*, when followed by **e** or **i**.
    cena (*supper*)   cima (*top, summit*)

cc before **e** or **i** is pronounced like *tch* in *match*:

faccia (*face*)

g has two sounds: (a) like *g* in *go* when followed by **a**, **o**, **u** or by any consonant, including **h**.

galante (*gallant*) grande (*big, great*)
gola (*throat*) ghirlanda (*garland*)
gufo (*owl*)

And (b) like *g* in *ginger*, when followed by **e** or **i**.

gentile (*kind*) giardino (*garden*)

gg before **e** or **i** is pronounced like *dg* in *edge*:
oggi (*today*)

h is always silent. Initial h is found only in:
ho (*I have*)
hai (*you have*)
ha (*he, she has, you have*)
hanno (*they have, you have*)

and in a few foreign words.

The letter **h** prevents confusion between these four forms of the verb **avere** (*to have*) and **o** (*or*), **ai** (*to the*), **a** (*to, at*), **anno** (*year*).

h is also found in a few exclamations:
ah! ahi! ahimè! (*oh! ah! alas!*)

q is always followed by **u** and has the same sound as *qu* in *quick*:
quanto (*how much*) qui (*here*)
questo (*this*) quota (*share, quota*)

r or **rr** is trilled in Italian:
carne (*meat*) carro (*cart*)

s has two sounds: (a) like *s* in *sad*, when beginning a word before any vowel.

sala (*hall*) sito (*site*)
sette (*seven*) sole (*sun*)

Also in compound words:

ventisei (*twenty-six*)   trentasette (*thirty-seven*)

or when doubled:
   basso (*low*)   permesso (*permission*)

or before the consonants **f**, **p**, **q**, and **t**:
   studio (*study*)   squadra (*team, group*)
   sputino (*snack, light refreshment*)

And (b) but when intervocalic it usually sounds like *s* in *rose*:
   rosa (*rose*)   vaso (*vase*)

And similarly when the noun ends in **-ione**:
   divisione (*division*)   confusione (*confusion*)

It is similarly pronounced before **b**, **d**, **g**, **l**, **m**, **n**, **r** and **v**.

z or **zz** also has two sounds: (a) like *ts* in *bits*.
   grazie (*thanks, thank you*)   terrazza (*terrace*)

And (b) like *ds* in *adds*.
   pranzo (*dinner*)   mezzo (*half*)

The following combined letters are of great importance:

ch like *ch* in *chemist* ⎫
gh like *g* in *gun*   ⎬ can only be followed by **e** or **i**:
                ⎭
   cherubino (*cherub*)   chiave (*key*)
   Margherita (*Margaret*)   laghi (*lakes*)

gli has a similar sound to *lli* in *million*:
   luglio (*July*)   Ventimiglia

except in a very few words where it has the same sound as in English:
   Anglicano (*Anglican*)   glicine (*wistaria*)
   negligere (*to neglect*)

gn has a similar sound to *ni* in *union* or *gn* in *mignonette*:
   ogni (*each, every*)   signora (*madam, lady*)

gu before a vowel is always pronounced like *gw* in *Gwendoline*:
   lingua (*language, tongue*)   guida (*guide*)

sc before *e* or *i* is pronounced like *sh* in *ship*:
scendere (*to go down, descend*)
uscire (*to go out*)

But before **a**, **o**, **u**, and **h** it has a hard sound like *sk*:
scala (*staircase*) scopo (*aim, purpose*)
scuro (*dark*) scherzo (*joke*)

It will be noticed that the Italian language has no nasal sounds.

PUNCTUATION

Punctuation marks

The punctuation marks are the same in Italian as in English:

.	punto	—	lineetta
,	virgola	" "	virgolette
;	punto e virgola	( )	parentesi
:	due punti	[ ]	parentesi quadra
?	punto interrogativo	*	asterisco
!	punto esclamativo	}	graffa
...	punti sospensivi		

They are used much in the same way as in English, except that the *lineetta* denotes a change of speaker in written conversation.

The apostrophe

The apostrophe is used when a letter has been elided:

l'amica – instead of – la amica
l'Italia – instead of – la Italia.

Syllabication

Italian words are divided into syllables. The main rules are: (a) Any single consonant between two vowels belongs to the syllable which follows.

matita (pencil) ma-ti-ta
parola (word) pa-ro-la

(b) All double consonants must be distinctly pronounced in Italian.

bello (*beautiful*)   bel-lo
tetto (*roof*)   tet-to

ACCENTUATION

Written accents

Three accents are used in Italian: the grave (`), the acute (´) and the circumflex (^).

● The grave accent is the one most frequently used. It acts mainly as a stress mark. This accent is used:

(a) to denote the open sound of *e*.

è (*is, it is*)   caffè (*coffee*)

(b) on words which have the stress on the last syllable.

città (*town, city*)   virtù (*virtue*)

(c) on the following five words.

ciò (*that*)   più (*more*)
già (*already*)   può (*can*)
giù (*down*)

(d) on words of one syllable which otherwise would be confused with others of the same spelling but of different meaning.

è (*is*)   e (*and*)
dà (*gives*)   da (*by, from*)
dì (*day*)   di (*of*)
sì (*yes*)   si (*himself, herself, itself*)
là (*there*)   la (*the*)
sè (*himself, herself, itself*) se (*if*)
lì (*there*)   li (*them*)
tè (*tea*)   te (*you*)

● The acute accent is sometimes seen written in a word over the letter **e**, when the **e** has a close sound.

    né (*nor*)   perché (*why, because*)

This accent is frequently replaced by the grave accent.

● The circumflex accent is very rarely used. It is written only on words which have been contracted; such words are found only in poetry.

    côrre (*for*)   cogliere (*to gather*)

Stress or tonic accent

(a) In Italian the stress on words usually falls on the last syllable but one:

    parola (*word*)   Milano (*Milan*)

In this case the words are known as *parole piane.*

(b) The stress is also found on the last syllable but two:

    sabato (*Saturday*)   domenica (*Sunday*)
    tavola (*table*)

These are known as *parole sdrucciole.*

(c) Sometimes it is even found on the last syllable but three:

    dimenticano (*they forget*)   desiderano (*they want*)

This is less common and occurs chiefly in verbal forms; these are known as *parole bisdrucciole.*

(d) And, finally, there are words with the stress on the last syllable, but in this case the stress is indicated by a grave accent, as already stated above:

    qualità (*quality*)   carità (*charity*)

These are known as *parole tronche.*

Throughout this book, if the stress occurs other than as indicated in (*a*) above, the stressed vowel is shown in italic type, or in a roman type if the word itself is in italic.

CAPITAL LETTERS

Capital letters are used in Italian as in English for names of people, countries, towns, rivers and lakes:

Roberto   Italia   Roma   Como

But small letters are used as follows:

(a) For the months of the year, days of the week, seasons and adjectives of nationality.

aprile (*April*)
lunedì (*Monday*)
la primavera (*Spring*)
la lingua italiana (*the Italian language*)

(b) For titles followed by a proper name.
il signor Neri (*Mr Neri*)
la contessa Valli (*Countess Valli*)

(c) For the pronoun **io** (*I*), unless it begins a sentence.
Io parlo italiano. (*I speak Italian.*)
Anch'io. (*I, too.*)

Note, however, that the pronouns **Lei** (singular form) and **Loro** (plural form), when meaning *you*, are often written with a capital letter, although there is a contemporary tendency to write them with a small letter, especially since context usually rules out the possibility of confusion:

Dove va Lei, signora?   *Where are you going, madam?*
Io vado a Milano.   *I am going to Milan.*
Anch'io.   *So am I.*

PRONUNCIATION PRACTICE

(a) Amica, regina, matita, caro, chiave, lago, laghi, grande, penna, ogni, figlio, quasi, Roma, Milano, Bologna, Vinci, Rapallo, Napoli, Verona, Genova, Firenze, Pisa, Torino, Venezia.

(b) Grazie. Prego. Permesso. Avanti. Presente. Assente. Buon giorno. Buona sera. Buona notte. Signore. Signora. Signorina.

(c) Uno, due, tre, quattro, cinque, sei, sette, otto, nove.

(d) Chi va piano va sano e va lontano.
Una rondine non fa primavera.
Il tempo fugge e non ritorna più.
Chi è paziente è sapiente.
La salute è la prima ricchezza.
A ogni uccello suo nido è bello.
Chi ben princìpia è alla metà dell'opera.
L'uomo propone e Dio dispone.
Bisogna battere il ferro mentre è caldo.
Acqua cheta rovina i ponti.

Section One

I

GRAMMAR

The definite article: the

The is translated by:

(a)   **il** before a masculine noun in the singular beginning with a consonant, except **s** impure (i.e. **s** followed by a consonant), **z**, **gn** or **ps**.

il libro   *the book*   il ragazzo   *the boy*

(b)   **lo** before a masculine noun in the singular beginning with **s** impure, **z**, **gn** or **ps**.

lo studente   *the student*   lo zio   *the uncle*
lo gnocco   *the dumpling*   lo psicologo   *the psychologist*

(c)   **la** before a feminine noun in the singular beginning with a consonant.

la penna   *the pen*
la studentessa   *the student*
la zia   *the aunt*

(d)   **l'** before a masculine or a feminine noun in the singular beginning with a vowel.

l'alunno   *the pupil* (m)
l'alunna   *the pupil* (f)

Gender of nouns

In Italian there are only two genders; every noun must be either masculine or feminine.

As a preliminary guide, it is useful to know that:

(a)   nouns ending in **-o** are masculine.
il libro   *the book*
il quaderno   *the exercise book*

There are only a few exceptions to this rule, the most common being:
la mano   *the hand*   la radio   *the radio*

(b)   nearly all nouns ending in **-a** are feminine:
la penna   *the pen*   la matita   *the pencil*

For masculine nouns ending in **-a** (eg **il poeta**   *poet*), see Lesson 16.

(c)   most nouns ending in **-ione** are feminine.
la stazione   *the station*
la televisione   *the television*

(d)   nouns ending in **-e** may be of either gender. Those denoting people are easy to remember.
il padre   *the father*   la madre   *the mother*

Others may cause confusion.
la classe   *the classroom*   il nome   *the name*
l'animale (m)   *the animal*   la frase   *the sentence*

Faced with this confusion, you should try from the beginning to associate all nouns with their corresponding articles.

To form the feminine of nouns which denote people and which end in **-o**, change the **-o** to **-a**.
il maestro   *master*   → la maestra   *mistress*
il ragazzo   *boy*   → la ragazza   *girl*

VOCABULARY

la classe	*class, classroom*	sotto	*under*
il maestro	*master, teacher*	la stazione	*station*
la maestra	*mistress*	la televisione	*television*
l'alunno	*pupil* (m)	il nome	*name*
l'alunna	*pupil* (f)	l'animale	*animal* (m)
il tavolo	*table*	la frase	*phrase, sentence*
la tavola	*dining table*	la radio	*radio, wireless*
la sedia	*chair*	lo studio	*study, studio*
la porta	*door*	lo studente	*student* (m)
il libro	*book*	la studentessa	*student* (f)
il quaderno	*exercise book*	lo zio	*uncle*
la finestra	*window*	la zia	*aunt*
il banco	*desk*	il padre	*father*
la penna	*pen*	la madre	*mother*
la matita	*pencil*	e (or ed before	*and*
è	*is*	a vowel)	
chi ha?	*who has?*	mi passi	*pass me*
dove?	*where?*	mi mostri	*show me*
dov'è?	*where is?*	per favore	*please*
ecco	*here is, here are,*	per piacere	
	there is,	signore	*sir, Mr*
	there are	signora	*madam, Mrs*
sopra	*on, upon*	signorina	*Miss*

Note that **Signore** (like all the other titles ending in **-ore**, such as **senatore**, **professore**, **dottore**) drops the final **-e** before a name or title.

Useful phrases

Buon giorno.	*Good morning (day).*
Buona sera.	*Good evening.*
Come sta?	*How are you?*
Bene, grazie, e Lei?	*Well, thank you, and you?*
Molto bene, grazie.	*Very well, thank you.*

READING PASSAGE

La classe

Ecco la classe. Ecco il maestro. Il libro è sopra il tavolo. Il quaderno è sopra il banco. Ecco l'alunno. L'alunno ha la matita. Ecco l'alunna. L'alunna ha la penna. Ecco la porta. Dov'è la finestra? Mi mostri la sedia, per favore. Ecco la sedia. Mi mostri il tavolo. Ecco il tavolo. Chi ha il libro? Il maestro ha il libro. Mi mostri il banco. Ecco il banco.

EXERCISES

A Translate, and then answer in Italian, the following questions about the passage you have just read:

1 Dov'è il libro?	6 Dov'è il banco?
2 Dov'è la porta?	7 Chi ha la sedia?
3 Chi ha il quaderno?	8 Chi ha la matita?
4 Chi ha la penna?	9 Dov'è l'alunno?
5 Dov'è la sedia?	10 Dov'è l'alunna?

B Put the correct form of the definite article in front of the following nouns:

1 ___ alunno	7 ___ quaderno
2 ___ maestro	8 ___ porta
3 ___ penna	9 ___ zio
4 ___ libro	10 ___ banco
5 ___ studente	11 ___ finestra
6 ___ matita	12 ___ zia

C Translate into Italian:

1 The girl and the pencil.
2 The boy and the pen.
3 The master and the pupil (m).
4 The mistress and the pupil (f).
5 The door and the window.
6 The book and the exercise book.
7 Here is the student (m).
8 Here is the student (f).
9 Pass me the chair, please.
10 Thank you. Show me the table.

D Translate into Italian:

1 Good morning, madam.
2 Good morning, sir.
3 How are you?
4 Well, thank you, and you?
5 Very well, thank you.
6 Where is the teacher (f)?
7 Who has the book?
8 Show me the pencil, please.
9 Pass me the exercise book, please.

10 Thank you, madam.

E Complete the following and then translate into English:

1 Il maestro ha ___ libro e ___ penna.
2 Mi mostri ___ televisione.
3 Dov'è ___ animale?
4 Per favore, signore, mi passi ___ sedia.
5 Il quaderno è sotto ___ tavolo.
6 La matita è sopra ___ radio.
7 Mi mostri ___ quaderno, per favore.
8 Ecco ___ studio.
9 La ragazza ha ___ matita.
10 Dov'è ___ studente?

2

GRAMMAR

The indefinite article: -a, an

A, an is translated by:

(a)   **un** before masculine nouns in the singular, except those beginning with **s** impure or with **z**.

    un libro   *a book*   un amico   *a friend* (m)

(b)   **uno** before a masculine noun in the singular beginning with **s** impure, **z** or **gn**.

    uno spillo   *a pin*   uno zio   *an uncle*
    uno gnomo   *a gnome*

(c)   **una** before a feminine noun in the singular beginning with a consonant.

    una penna   *a pen*   una sala   *a room*

(d)   **un'** before a feminine noun in the singular beginning with a vowel.

    un'amica   *a friend* (f)   un'ora   *an hour*

Cardinal numbers

1	uno	7	sette
2	due	8	otto
3	tre	9	nove
4	quattro	10	dieci
5	cinque	11	undici
6	sei	12	dodici

Note that **uno**, with its different forms **un**, **una**, **un'** as explained above, is the only number which changes its form according to the noun which follows.

Forming plural nouns

(a)   Masculine nouns ending in **-o**, **-a** or **-e** change the final vowel to **-i**.

libro → libri   padre → padri
poeta → poeti

(b)   To form the plural of nouns ending in **-io** omit the **-o**, unless the **-i-** is stressed, in which case change **-io** to **-ii**.

figlio → figli   zio → zii

(c)   Feminine nouns ending in **-a** change **-a** to **-e**.

(d)   Feminine nouns ending in **-e** change **-e** to **-i**.
madre → madri

The plural of the feminine nouns **la mano** (*hand*), **l'arma** (*weapon, arm*) and **l'ala** (*wing*) are **le mani**, **le armi**, and **le ali**.

VOCABULARY

una casa	*house*	un'amica	*friend* (f)
un giardino	*garden*	un'ora	*hour*
una sala	*hall, room*	uno spillo	*pin*
un salotto	*lounge,*	che?	*what?*
	living-room	c'è	*there is;*
una sala da	*dining-room*		*is there?*
pranzo		chi è?	*who is?*
una cucina	*kitchen*	che ha? or	} *what has?*
un ragazzo	*boy*	che cosa ha?	
una ragazza	*girl*	questo, questa	*this* (m),
un giornale	*newspaper*		*this* (f)
una rivista	*magazine*	a destra	*to the right*
un amico	*friend* (m)	a sinistra	*to the left*

Useful phrases

Cos' è questo? Che (cosa) è questo? }	*What is this?*
Permesso.	*Allow me; excuse me.*
Avanti.	*Forward, come in.*
Mi scusi.	*Excuse me.*
Prego.	*Please; don't mention it.*

READING PASSAGE

Una casa

Ecco un giardino. Ecco una casa. Ecco una porta. A destra c'è la sala da pranzo. A sinistra c'è il salotto. Ecco la cucina. La casa ha quattro porte e sei finestre. Ecco il padre. Ecco la madre. Il padre ha un giornale. La madre ha una rivista. Ecco una ragazza. Ecco due ragazze. Ecco un ragazzo. Ecco due ragazzi. Chi è questa ragazza? È Maria. Chi è questo ragazzo? È Giovanni. Maria ha un libro. Giovanni ha un quaderno.

EXERCISES

A Translate, and then answer in Italian, the following questions about the passage you have just read:

1 Dov'è la casa?
2 Dov'è la porta?
3 Che c'è a sinistra?
4 Che c'è a destra?
5 Chi è questa ragazza?
6 Chi è questo ragazzo?
7 Che cosa ha il padre?
8 Che cosa ha la madre?
9 Che cosa ha Maria?
10 Che cosa ha Giovanni?

B Put the correct form of the indefinite article in front of the following nouns:

1 ___ zia
2 ___ casa
3 ___ amico
4 ___ porta

5 ___ amica
6 ___ rivista
7 ___ ragazzo
8 ___ zio

9 ___ sala
10 ___ giornale
11 ___ padre
12 ___ studente

C Translate into Italian:

1 A boy and a girl.
2 A father and a mother.
3 A student (m) and a pupil (f).
4 A house and a garden.
5 To the right there is a door.
6 To the left there is a window.
7 Here is a dining-room.
8 Here is a lounge.
9 A newspaper is on the chair.
10 A magazine is under the table.

D Translate into Italian:

1 Good evening, sir.
2 Good evening, madam.
3 Where is the dining-room?
4 To the right, madam.
5 Where is the lounge?

6 To the left, sir.
7 What is this?
8 It is a magazine.
9 What is this?
10 It is a newspaper.

E Complete with a noun:

1 Ecco un _____.
2 Ecco una _____.
3 Ecco un' _____.
4 Mi mostri una _____.
5 Chi ha uno _____.

6 Mi passi tre _____.
7 Mi mostri due _____.
8 Ecco cinque _____.
9 Ecco sette _____.
10 Ecco nove _____.

3

GRAMMAR

Plural of the definite article

The plural of **il** is **i**
The plural of **la** is **le**
The plural of **l'** (m) is **gli**
The plural of **l'** (f) is **le**
The plural of **lo** is **gli**

il libro	→	i libri
la penna	→	le penne
l'alunno	→	gli alunni
l'alunna	→	le alunne
lo studente	→	gli studenti

Agreement of adjectives

All adjectives must agree in gender and number with the noun they qualify:

(a) If the adjective ends in **-o** the feminine is formed by changing the **-o** to **-a**.

nero	*black* (m)	→	nera (f)
italiano	*Italian* (m)	→	italiana (f)

The plural is formed by changing the **-o** to **-i** and the **-a** to **-e**.

un ragazzo italiano	→	due ragazzi italiani
una ragazza italiana	→	due ragazze italiane

(b) If the adjective ends in **-e**, it remains the same for the feminine singular. To form the plural for both genders change the **-e** to **-i**.

un ragazzo inglese	→	due ragazzi inglesi
una ragazza inglese	→	due ragazze inglesi

Position of adjectives

The general rule for the position of adjectives is that they follow the noun, particularly where the adjective refers to colour and nationality.

un libro nero	*a black book*
una penna nera	*a black pen*
un libro quadrato	*a square book*
una tavola rotonda	*a round table*
un signore italiano	*an Italian gentleman*
una signora italiana	*an Italian lady*
un signore spagnolo	*a Spanish gentleman*
una signora greca	*a Greek lady*

Ordinal numbers

1st	primo		*5th*	quinto
2nd	secondo		*6th*	sesto
3rd	terzo		*7th*	settimo
4th	quarto			

Ordinal numbers used as adjectives, agree with the noun they qualify and usually precede it.

il primo giorno	*the first day*
la prima settimana	*the first week*
i primi mesi	*the first months*
le prime lezioni	*the first lessons*

Note that whereas English tends to use the present perfect in sentences of the type: '*It is the first time I have seen him*', Italian uses the present tense: '**È la prima volta che lo vedo**'.

Days of the week: i giorni della settimana

lunedì	*Monday*
martedì	*Tuesday*
mercoledì	*Wednesday*
giovedì	*Thursday*
venerdì	*Friday*
sabato	*Saturday*
domenica	*Sunday*

As already stated, days of the week are written with a small initial letter.

VOCABULARY

l'entrata	*entrance*	azzurro (-a)	*blue*
l'albero	*tree*	blu	*blue*
il fiore	*flower*	bruno (-a)	*dark brown*
l'erba	*grass*	marrone	*brown*
la foglia	*leaf*	grande	*big*
il garofano	*carnation*	piccolo (-a)	*small*
il papavero	*poppy*	molto (-a)	*much, a lot*
la rosa	*rose*	molti (-e)	*many*
la margherita	*daisy*	sì	*yes*
la farfalla	*butterfly*	no	*no*
il colore	*colour*	più	*more*
l'idea	*idea*	meno	*less*
il mese	*month*	di (or d' before	*of*
la lezione	*lesson*	a vowel)	
bianco (-a)	*white*	ci sono	*there are;*
nero (-a)	*black*		*are there?*
giallo (-a)	*yellow*		
rosso (-a)	*red*	dove sono?	*where are?*
verde	*green*	quanto (-a)	*how much?*
celeste	*pale blue*	quanti (-e)	*how many?*

Useful phrases

Di che colore è questo?	*What colour is this?*
Che è questo?	*What is this?*
Che sono questi?	*What are these?*
Quanto fa sette più tre?	*How many are seven plus three?*
	(Lit. *How much make...?*)
Sei meno cinque fa uno.	*Six minus five are one.*

READING PASSAGE

Un giardino

Ecco un giardino. Questo giardino è piccolo. Ecco un albero. Sotto l'albero c'è un piccolo tavolo verde e ci sono due sedie verdi. Ci sono molti fiori in questo giardino, fiori rossi, gialli e celesti. Le foglie di questi fiori sono verdi. L'erba è verde. Ecco un piccolo ragazzo. Il ragazzo ha tre fiori. Questi fiori sono papaveri. Ecco una piccola ragazza. La ragazza ha dieci fiori, e questi fiori sono margherite. La madre di questa ragazza ha quattro rose. Il padre ha due garofani. Ecco una farfalla; questa farfalla è gialla.

EXERCISES

A Translate, and then answer in Italian, the following questions about the passage you have just read:

1 È grande il giardino?
2 Che c'è sotto l'albero?
3 Di che colore è l'erba?
4 Di che colore è la rosa?
5 Quanti papaveri ha il ragazzo?
6 Quante margherite ha la ragazza?
7 Chi ha quattro rose?
8 Chi ha due garofani?
9 Quanto fa sei più due?
10 Quanto fa nove meno quattro?

B Translate into Italian:

1 Here is the garden.
2 Where is the entrance?
3 This table is round.
4 Where are the chairs?
5 There is a boy under the tree.
6 There are many butterflies in this garden.
7 What is this?
8 What are these?
9 Here is the teacher.
10 Here are the students.

C Translate into English:

1 Questo signore è italiano.
2 Questa signora è inglese.
3 Questi ragazzi sono italiani.
4 Queste ragazze sono inglesi.
5 Ecco un quaderno rosso.
6 Ecco una matita gialla.
7 Ecco un libro verde.
8 Ecco due penne nere.

9 Dieci più due fa dodici.

10 *Undici* meno due fa nove.

D Translate into Italian:

1 One red rose and two carnations.
2 One butterfly and three flowers.
3 Four tables.
4 Five gardens.
5 Six trees.
6 Seven flowers.
7 This red book.
8 This black pen.
9 These yellow flowers.
10 These green pencils.

E Put the correct plural form of the definite article in front of the following nouns:

1 __ fiori
2 __ rose
3 __ colori
4 __ idee
5 __ giorni

6 __ studenti
7 __ garofani
8 __ zie
9 __ case
10 __ giardini

4

GRAMMAR

Subject pronouns

The personal subject pronouns are:

io	*I*
tu	*you* (familiar form sing)
egli, lui, esso	*he, it*
ella, lei, essa	*she, it*
Lei	*you* (polite form m and f sing)
noi	*we*
voi	*you* (familiar form pl)
essi, loro	*they* (m)
esse, loro	*they* (f)
Loro	*you* (polite form m and f pl)

In Italian the subject pronouns are usually omitted before the verb as nearly all the verbal forms may be recognised by their terminations. These pronouns must, however, be used in the following cases:

(a) for emphasis.
Io non parlo italiano, signora.   *I do not speak Italian, madam.*

(b) when there are two subjects in contrast.
Carlo parla italiano,   *Carlo speaks Italian,*
  io parlo francese.   *I speak French.*

(c) after the word **anche** (*too, also, even*).
Roberto parla francese,   *Roberto speaks French,*

anch'io parlo francese.   *I too speak French.*

egli (fem. = **ella**) and **lui** (fem. = **lei**) are used only for persons.
egli and **ella** are used in writing, **lui** and **lei** in both conversation and writing, and for emphasis.
esso (fem. = **essa**) is used for persons, animals or things and is more often found in writing than in speech.

Note that *it*, used as a subject pronoun, is seldom expressed in Italian.

Dov'è il giornale?   *Where is the newspaper?*
È sopra il tavolo.   *It is on the table.*
Dov'è?   *Where is it?*

You

In Italian there are four ways of translating *you* as a subject pronoun: **tu**, **Lei**, **voi** and **Loro**.

(a)   **tu**, known as the familiar form, is used when speaking (or writing) to a relation, an intimate friend, a child or an animal. The plural of **tu** is **voi**.

Tu parli italiano molto   *You speak Italian very well,*
  bene, Roberto.   *Roberto.*
Voi pronunciate bene queste   *You pronounce these words well,*
  parole, ragazzi.   *children.*

(b)   **Lei**, known as the polite form, is used when addressing a lady or a gentleman with whom you are not on intimate terms. The plural of **Lei** is **Loro**. This form is derived from an old expression similar to *Your Lordship* or *Your Ladyship*. **Lei** must be followed by the verb in the third person singular, **Loro** by the verb in the third person plural. **Lei** and **Loro** are often spelt with a capital letter, and it must be remembered that they are, in any case, omitted more often than not.

Lei è molto gentile, signora.   *You are very kind, madam.*
Loro sono molto gentili,   *You are very kind, gentlemen.*
  signori.
Come sta, signora?   *How are you, madam?*

(**Lei** being understood).

Come stanno, signorine?　　　*How are you, ladies?*

(**Loro** being understood).

(c)　**voi**, besides being the plural form of **tu**, is used in commerce.

Il prezzo che (voi) domandate　*The price you are asking is high.*
è alto.

The auxiliary verbs avere and essere

Now let us study the present indicative of the auxiliary verbs **avere** (*to have*) and **essere** (*to be*) with all the subject pronouns.

PRESENT INDICATIVE			
Avere　*to have*		**Essere**　*to be*	
io ho	*I have*	io sono	*I am*
tu hai	*you have*	tu sei	*you are*
egli, lui, esso ⎫	*he, it has*	egli, lui, esso ⎫	*he, it is*
ella, lei, essa ⎬ha	*she, it has*	ella, lei, essa ⎬è	*she, it is*
Lei ⎭	*you have*	Lei ⎭	*you are*
noi abbiamo	*we have*	noi siamo	*we are*
voi avete	*you have*	voi siete	*you are*
essi, loro ⎫	*they have*	essi, loro ⎫	*they are*
esse, loro ⎬hanno	*they have*	esse, loro ⎬sono	*they are*
Loro ⎭	*you have*	Loro ⎭	*you are*

Note that to form the negative, place **non** in front of the verb:

io non ho　*I have not*　　　io non sono　*I am not*

The interrogative is formed by leaving the verb and pronoun as they stand and either by inflecting the voice, as you do in English when denoting surprise:

Lei ha una macchina?　　　*You have a car?*

Giovanni ha un telefono?　*Has Giovanni got a telephone?*

or by using **non è vero?** (*is it not?*):

    Il libro è caro, non è vero?   *The book is dear, is it not?*

    La tavola è rotonda,   *The table is round, isn't it?*
      non è vero?

(**Non è vero** is frequently reduced to **vero?** in spoken Italian.)

Months of the year: i mesi dell'anno

gennaio	*January*	luglio	*July*
febbraio	*February*	agosto	*August*
marzo	*March*	settembre	*September*
aprile	*April*	ottobre	*October*
maggio	*May*	novembre	*November*
giugno	*June*	dicembre	*December*

VOCABULARY

il pranzo	*dinner*	il bicchiere	*glass*
la credenza	*sideboard*	l'ora	*hour, the time*
la tovaglia	*tablecloth*	il figlio	*son*
il tovagliolo	*serviette, table napkin*	la figlia	*daughter*
		i figli	*the children*
il vaso	*vase*	pronto	*ready*
il piatto	*plate, dish*	il signor Valli	*Mr Valli*
il coltello	*knife*	quale **or** qual	*which*
la forchetta	*fork*		
il cucchiaio	*spoon*		

READING PASSAGE

Una sala da pranzo

Ecco una sala da pranzo. In questa sala c'è una grande tavola, ci sono sei sedie ed una credenza a sinistra. Sopra la tavola c'è una tovaglia bianca, e c'è un vaso di fiori; questi fiori sono rose. Ci sono piatti, coltelli, forchette, cucchiai, bicchieri e tovaglioli. Il pranzo è pronto. Ecco il pradre, il signor Valli, la madre, la signora Valli, e i due figli, Pietro e Mario.

EXERCISES

A Translate these questions on the passage, then answer them in Italian:

1 Che c'è in questa sala da pranzo?
2 E che c'e sopra la tavola?
3 Quante sedie ci sono?
4 Che c'è a sinistra?
5 Che fiori ci sono in questo vaso?
6 Chi è il padre?
7 Chi è la madre?
8 Chi sono i due figli?
9 Qual è il primo mese dell'anno?
10 Qual è il secondo mese?

B Put the subject pronoun before these verbal forms:

1 ___ abbiamo   4 ___ siamo
2 ___ è   5 ___ hai
3 ___ ho   6 ___ siete

7 ___ sei   9 ___ ha

8 ___ sono   10 ___ hanno

C Put a suitable adjective after the following nouns:

1 Il padre è _____ .
2 La madre è _____ .
3 Ecco un fiore _____ .
4 Ecco una tavola _____ .
5 Questa sala da pranzo è _____ .
6 Questo vaso è _____ .
7 Questi fiori sono _____ .
8 Queste sedie sono _____ .
9 I papaveri sono _____ .
10 L'erba è _____ .

D Translate into Italian:

1 I have
2 he has
3 we have
4 she is
5 we are
6 you (polite form sing) are
7 they have
8 I am
9 you (polite form pl) have
10 we are not

E Translate:

1 three knives
2 four forks
3 two glasses
4 five hours
5 the second month
6 the fourth day
7 the first year
8 we have a small house
9 you (sing) are Italian.
10 I haven't a glass.

5

GRAMMAR

Interrogatives

The following are all pronouns and are invariable.

Chi?	*Who? Whom?*
Che?	
Che cosa? }	*What?*
Cosa?	

Chi è questo ragazzo?	*Who is this boy?*
Chi è questa ragazza?	*Who is this girl?*
Chi sono queste signore?	*Who are these ladies?*

The words **dove?** *where?* (usually **dov'** before a vowel), **come?**, *how?* and **perchè?** *why?* are also invariable.

Dov'è Maria?	*Where is Maria?*
Dov'è Giovanni?	*Where is Giovanni?*
Dove sono le signore?	*Where are the ladies?*
Come sta?	*How are you?*
Perchè non compra una villa?	*Why do you not buy a villa?*

Note that **perchè** also means *because*.

Perchè (io) non ho denaro.	*Because I have no money.*

The following interrogatives may be used as pronouns or adjectives, but they are variable and therefore agree in number and gender with their nouns.

Quanto?	*How much?*		Quale?	*Which?*
Quanti?	*How many?*			

Used adjectively:

Quanto denaro?	*How much money?*

34

Quanta carne?	*How much meat?*
Quanti giorni?	*How many days?*
Quante settimane?	*How many weeks?*
Quale giorno?	*Which day?*
Quali settimane?	*Which weeks?*

Used as pronouns:

Quale?	*Which one?*
Quali?	*Which ones?*
Quanti?	*How many?*
Ho due penne, quale preferisce?	*I have two pens, which one do you prefer?*
Ecco dei giornali inglesi, quali desidera?	*Here are some English newspapers, which ones do you want?*

Plurals of nouns ending in -co, -go, -ca, -ga

Nouns and adjectives ending in **-co** and **-go** generally insert **h** in the plural to keep the hard sound. The general rule is that if the stress falls on the last syllable but one, insert the **h**, otherwise change the **-o** to **-i** in the normal way:

il fuoco	*fire*	→	i fuochi
lungo	*long*	→	lunghi
tedesco	*German*	→	tedeschi

but

| il medico | *doctor* | → | i medici |
| magnifico | *magnificent* | → | magnifici |

There are exceptions, however, two of which are:

| l'amico | *friend* → | gli amici |
| greco | *Greek* → | greci |

Feminine nouns and adjectives ending in **-ca** and **-ga** always take **h** in the plural:

la barca	*boat*	→	le barche
lunga	*long*	→	lunghe
magnifica	*magnificent* →	magnifiche

35

Conjugating regular verbs

Italian verbs are divided into three conjugations; these are determined by their infinitive endings.

The first conjugation ends in **-are**.

The second conjugation ends in **-ere**.

The third conjugation ends in **-ire**.

    parlare   *to speak*
    vendere   *to sell*
    capire   *to understand*

The stem or root of all regular verbs never changes. The stem is the part preceding the infinitive ending:

    parl-are   vend-ere   cap-ire

Different endings are added to the stem to denote the person, the number, the tense and the mood.

With **parlare** and **vendere** as model verbs of the first and second conjugations, now let us study the present indicative, together with the subject pronouns. The third conjugation will be studied in Lesson 6.

PRESENT INDICATIVE			
Parlare *to speak*		**Vendere** *to sell*	
io parlo	*I speak*	io vendo	*I sell*
tu parli	*you speak*	tu vendi	*you sell*
egli	*he speaks*	egli	*he sells*
ella } parla	*she speaks*	ella } vende	*she sells*
Lei	*you speak*	Lei	*you sell*
noi parliamo	*we speak*	noi vendiamo	*we sell*
voi parlate	*you speak*	voi vendete	*you sell*
essi	*they* (m) *speak*	essi	*they* (m) *sell*
esse } parlano	*they* (f) *speak*	esse } vendono	*they* (f) *sell*
Loro	*you speak*	Loro	*you sell*

The Italian present translates not only the simple present *I speak*, but also the progressive *I am speaking* and the emphatic *I do speak*, although it is also possible to translate *I am speaking* by the progressive construction (**Io**) **sto parlando** (cf. Lesson 21).

Note that the verb *to do* used as an auxiliary is not translated in Italian.

Note the following common endings in the present indicative of all regular verbs:

The first person singular ends in **-o**.

The second person singular ends in **-i**.

The third person singular ends in **-a** or **-e**.

The first person plural ends in **-iamo**.

The second person plural ends in **-ate**, **-ete**, **-ite** (Lesson 6).

The third person plural ends in **-ano** or **-ono**.

Verbs conjugated like **parlare**:		Verbs conjugated like **vendere**:	
comprare	*to buy*	ricevere	*to receive*
entrare	*to enter*	credere	*to believe*
	(followed by	ripetere	*to repeat*
	the preposition	perdere	*to lose*
	in before nouns)		
domandare	*to ask*		
mostrare	*to show*		

Note that infinitives of verbs ending in **-ere** have the stress on the third syllable from the end, like *essere*.

As already stated, the subject pronouns are rarely used in Italian, except for clarity or emphasis.

In conversation, **lui** (*he*) and **lei** (*she*) with the plural **loro** (*they*) are used in preference to the other third person pronouns. (Note the small initial letter, and do not confuse these pronouns with **Lei** and **Loro**, the polite forms for *you*.)

VOCABULARY

la città		alcuno, alcuni	
(pl. = città)	*town*	alcuna, alcune }	*some, any*
in città	*in town,*	altro	*other*
	into town	parlare	*to speak*
l'edificio	*building*	vendere	*to sell*
la cattedrale	*cathedral*	le quattro	*the four*
il duomo	*the city*	stagioni	*seasons*
	cathedral	la primavera	*spring*
	(eg. **Il**	l'estate (f)	*summer*
	Duomo	l'autunno	*autumn*
	such as in	l'inverno	*winter*
	Florence)	lungo	*long*
la chiesa	*church*	largo	*wide*
il municipio }		corto	*short*
il comune	*town hall*	stretto	*narrow*
il museo	*museum*	l'anno	*year*
la piazza	*square*	dell'anno	*of the year*
il viale	*avenue*	il denaro	*money*
la via	*road, street*	(**or** danaro)	
la scatola	*box*	i soldi (m pl.	*money*
il fazzoletto	*handker-*	popular)	
	chief	il negozio	*shop*
la stagione	*season*	l'ultimo	*last*
tutto (-a)	*all*	con	*with*

READING PASSAGE

In città

In una città ci sono molti edifici. In questa piazza, a sinistra c'è una cattedrale, a destra c'è un museo. In un'altra piazza c'è il municipio. Alcune vie sono lunghe, altre sono corte. I viali sono lunghi e larghi. Due signore entrano in un negozio e comprano una tovaglia bianca e dodici tovaglioli. Una signorina compra una scatola con sei fazzoletti. Le quattro stagioni dell'anno sono la primavera, l'estate, l'autunno, l'inverno. La primavera è la prima stagione, l'inverno è l'ultima.

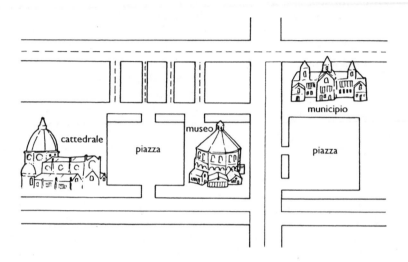

EXERCISES

A Translate, then answer in Italian:

1 Che c'è in questa piazza, a destra?
2 E che c'è a sinistra?
3 Dov'è il municipio?
4 Sono lunghe tutte le vie?
5 Sono stretti i viali?
6 Dove entrano le due signore?
7 Che comprano?
8 Che compra la signorina?
9 Quanti giorni ci sono in una settimana?
10 Quante stagioni ci sono in un anno?

B Put a suitable subject pronoun in front of the following verbs and translate:

1	__ compriamo	6	__ credo
2	__ parlo	7	__ non compra
3	__ vende	8	__ vendono
4	__ trovate	9	__ mostri
5	__ non riceve	10	__ riceviamo

C Translate into Italian:

1	I do not sell	6	we find
2	we buy	7	he speaks
3	she believes	8	I lose
4	I am speaking	9	they find
5	they believe	10	you (**tu**, **voi**, **Lei**, **Loro**) buy

D Put into the plural:

1 Questo fazzoletto è bianco.
2 Questa scatola è bianca.
3 Il giardino è lungo.
4 La porta è larga.
5 Questo ragazzo è tedesco.
6 Questa ragazza è tedesca.
7 Questo signore compra la casa.
8 Questa signora parla italiano.
9 L'alunno passa il quaderno.
10 L'alunna ripete la lezione.

E Translate into English:

1 A destra c'è il muncipio.
2 A sinistra c'è un negozio.
3 Ci sono due chiese in questa via.
4 Mi passi la rivista francese, per favore.
5 Dov'è il museo, signora, per favore?
6 Mi scusi, signore, dov'è il duomo?
7 Che cos'è questo?
8 È un giornale tedesco.
9 Che cosa sono questi?
10 Sono due giornali tedeschi.

6

GRAMMAR

Regular verbs (continued)

In the third conjugation the verbs are in two groups:
(1) those conjugated like **capire** (*to understand*).
(2) those conjugated like **servire** (*to serve*).

The endings of the present indicative are the same for both groups, but those in the first group take -**isc**- between the stem and the ending in all the persons of the singular and in the third person plural.

Now study a model verb in each of the groups. (See pages 196-7 for further examples.)

PRESENT INDICATIVE	
Capire *to understand*	
io capisco	*I understand*
tu capisci	*you understand*
egli	*he understands*
ella ⎬capisce	*she understands*
Lei	*you understand*
noi capiamo	*we understand*
voi capite	*you understand*
essi	*they* (m) *understand*
esse ⎬capiscono	*they* (f) *understand*
Loro	*you understand*

Servire *to serve*			
io servo	*I serve*	noi serviamo	*we serve*
tu servi	*you serve*	voi servite	*you serve*
egli	*he serves*	essi	*they* (m) *serve*
ella } serve	*he/she serves*	esse } servono	*they* (f) *serve*
Lei	*you serve*	Loro	*you serve*

The negative is, as already stated, formed by placing **non** before the verb:

| (Io) Non capisco. | *I do not understand* |
| (Io) Non servo. | *I do not serve.* |

The interrogative is formed either by placing the subject after the verb:

| Capisce (Lei)? | *Do you understand?* |
| Capiscono i ragazzi? | *Do the boys understand?* |

or by mere intonation of the voice.

Prepositions

a	*to, at*	su	*on*
da	*from, by*	per	*for*
di	*of*	con	*with*
in	*in*		

These prepositions are used in the normal way before the indefinite article:

| a un ragazzo | *to a boy* |
| da una signora | *from a lady* |

Note that **da** is not elided here.

Contracting prepositions

However, when these prepositions precede the definite article, they are joined to it and form one word:

| al ragazzo (a + il) | *to the boy* |
| dalla signora (da + la) | *from the lady* |

Now let us take the preposition **a** with all the different forms of the definite article.

a + il	→	al	al ragazzo
a + la	→	alla	alla ragazza
a + l'	→	all'	all'alunno
			all'alunna
a + lo	→	allo	allo studente
			allo zio
a + i	→	ai	ai ragazzi
a + gli	→	agli	agli studenti
			agli zii
			agli alunni

Note also these forms:

from the,	da + il	→	dal
	da + la	→	dalla
of the,	di + il	→	del
	di + la	→	della
in the,	in + il	→	nel
	in + la	→	nella
on the,	su + il	→	sul
	su + la	→	sulla

The preposition **con** (*with*) usually contracts only with the masculine **il** and **i**, or it may be written as two words if desired – both ways are correct.

| col (or con il) ragazzo | *with the boy* |
| coi (or con i) ragazzi | *with the boys* |

In writing, all the other contractions with **con** are obsolete. At the spoken level, most of the contractions tend to be maintained.

This table will help you see, at a glance, the prepositions contracted with the definite article:

	+il	+la	+l'	+lo	+i	+le	+gli
a (*to, at*)	al	alla	all'	allo	ai	alle	agli
da (*from, by*)	dal	dalla	dall'	dallo	dai	dalle	dagli
di (*of*)	del	della	dell'	dello	dei	delle	degli
in (*in*)	nel	nella	nell'	nello	nei	nelle	negli
su (*on*)	sul	sulla	sull'	sullo	sui	sulle	sugli
con (*with*)	col	con la	con l'	con lo	coi	con le	con gli
	(*or* con il)				(*or* con i)		

Possession

In Italian, possession is shown by the use of the preposition **di** (usually **d'** before a vowel unless the vowel is the first letter of a proper name: cf. **un quarto d'ora** but **la penna di Anna**). There is no equivalent to the English 's: *Anna's pen.*

il libro di Maria   *Maria's book*
il libro del ragazzo   *the boy's book*
le penne dei ragazzi   *the children's pens*

VOCABULARY

la campagna	*country*		
in campagna	*in* or *into the country*	lontano da	*far from*
il sole	*sun*	(*usually used adverbially, ie without agreement*)	
l'uccello	*bird*		
la giornata	*whole day*		
Che bella giornata!	*What a beautiful day!*	pieno	*full*
		altrettanto a Lei	*the same to you*
il cestino	*basket*	dentro	*inside*
la cosa	*thing*	fuori	*outside*
il pane	*bread*	ora, adesso	*now*
il formaggio	*cheese*	splendere (E/A)	*to shine*
il prosciutto	*ham*	cantare	*to sing*
la bottiglia	*bottle*	passare (E/A)	*to pass, spend (time)*
la limonata	*lemonade*		
l'aranciata	*orangeade*		
la frutta (pl le frutta)	*fruit*	aprire	*to open*
		tirare	*to draw, pull*
la (prima) colazione	*breakfast*	tirare fuori	*to pull out*
		cominciare	*to begin*
vicino a (*usually used adverbially, ie without agreement*)	*near*	mangiare	*to eat*
		vedere	*to see*
		dice (*from* dire, *to say*)	*(he) says*
		rispondere	*to reply*
		la domanda	*question*

Note that **vicino** (*near*) is followed by **a**:

vicino a Lei   *near you*

entrare (*to enter*) is followed by the preposition **in** before a noun:

entriamo in una casa   *we enter a house*

cominciare (*to begin*) is followed by the preposition **a** before another verb:

cominciamo a parlare   *we begin to speak*

READING PASSAGE

In campagna

È primavera, il sole splende e gli uccelli cantano. Roberto e tre altri ragazzi passano la giornata in campagna. Ora sono sotto un albero e vicino all'albero hanno un cestino. Che c'è in questo cestino? Molte cose per il pranzo dei ragazzi. Roberto apre il cestino e tira fuori pane, formaggio, prosciutto, frutta e due bottiglie. Una bottiglia è piena di limonata, l'altra è piena d'aranciata. È

l'ora di colazione – i ragazzi cominciano a mangiare. Una signora vede i ragazzi e dice (*says*) – Buon appetito. – Grazie, altrettanto a Lei, signora, rispondono i ragazzi.

EXERCISES

A Answer in Italian:

1 Dove sono Roberto e gli altri tre ragazzi?
2 Che cosa c'è vicino all'albero?
3 Che cosa c'è nel cestino?
4 Chi apre il cestino?
5 Che c'è in una bottiglia?
6 E nell'altra?
7 Cosa dice la signora?
8 Che rispondono i ragazzi?

B Translate into English:

1	della signora	6	con gli studenti
2	sul libro	7	per il signore
3	dall'alunno	8	con la zia
4	nello studio	9	nel giardino
5	al maestro	10	dagli zii

C Translate:

1 I ragazzi capiscono quasi (*almost*) tutto.
2 Noi rispondiamo alle domande.
3 Il maestro non è nello studio.
4 I giornali sono sulla tavola.
5 La frutta è nel cestino.
6 Questa bottiglia è piena d'acqua.
7 Sotto questa sedia c'è una rivista.
8 Ecco i libri della ragazza.
9 Questo uccello canta bene.
10 I quaderni degli studenti sono sull'erba.

D Translate into Italian:

1 There is a bottle on the grass.
2 There are two boys near the tree.
3 The sun is not shining now.

4 A bird is singing.
5 I do not see the bird.
6 We begin to speak Italian.
7 I do not understand.
8 Do you understand, Roberto?
9 The students reply well.
10 Here is a book for you, Madam.

E (a) Translate:

1 the lady's basket
2 the boy's hand
3 Anna's lunch
4 two bottles of lemonade
5 near the house
6 far from the tree
7 in the basket
8 of the girl
9 to the gentleman
10 from the master

(b) Write the present indicative of **avere** and *essere* in the negative form, eg **io non ho**, etc, **io non sono**, etc.

Il Primo Gioco Dell' Alfabeto

This Alphabet Game is intended to help you revise the vocabulary studied in the lessons; the Italian translations of the given words are in alphabetical order.

Example

1	*August*	agosto
2	(*the*) *glass*	(il) bicchiere
3	(*the*) *house*	(la) casa

Note that the article must not be omitted, but should be placed, in brackets, before or after the noun.

Now translate into Italian:

1		April	a _____
2		white	b _____
3	(the)	knife	c _____
4		Sunday	d _____
5		here is, here are	e _____
6		February	f _____
7	(the)	garden	g _____
8		have you? (polite form)	h _____
9	(the)	winter	i _____
10		July	l _____
11	(the)	pencil	m _____
12		nine	n _____
13		October	o _____
14	(the)	first	p _____
15		this	q _____
16	(the)	rose	r _____
17	(the)	student	s _____
18	(the)	table	t _____
19		eleven	u _____
20		Friday	v _____
21	(the)	uncle	z _____

7

GRAMMAR

Direct object pronouns

The direct object pronouns are as follows:

mi	*me*	ci	*us*
ti	*you*	vi	*you*
lo	*him* or *it* (m)	li	*them* (m)
la	*her* or *it* (f)	le	*them* (f)
La	*you* (m or f sing, polite form)	Li	*you* (m pl, polite form)
		Le	*you* (f pl, polite form)

They are placed immediately before the verb except in a few cases which will be explained later.

Note that the forms **Li** and **Le** are so rare in both speech and writing that it might be advisable to use **Loro** for both; unlike the other direct object pronouns, **Loro** follows the verb.

I see him or *it*	io **lo** vedo
I see her or *it*	io **la** vedo
we see them (m)	noi **li** vediamo
we see them (f)	noi **le** vediamo
Maria sees me	Maria **mi** vede
I have it	io l'ho
we invite him	noi l'invitiamo
you invite us	Lei **ci** invita

Note that **mi**, **ti**, **lo**, **la** and **vi** drop the vowel and take an apostrophe before a verb beginning with a vowel or **h**.

The partitive construction: some, any

(a) *Some* or *any* before a noun is usually translated by **di** and the contracted form of the definite article, when it stands for a part of something:

del pane	*some bread*
della carne	*some meat*
degli spinaci	*some spinach*
dell'acqua	*some water*
(Lei) ha del pane?	*Have you any bread?*

However, it is omitted in negative sentences if the noun is collective or plural:

Non ho pane	*I have no bread.*
	or *I haven't any bread.*
Non abbiamo libri.	*We have no books.*

It may also be omitted in cases of enumeration:

Ho penne, matite e libri.	*I have pens, pencils and books.*

(b) *Some* or *any* is translated by **alcuno**, with its different forms **alcuna** (f), **alcuni** (m pl) and **alcune** (f pl), by **qualche**, when *some* or *any* indicates *a few*, or by **un poco** (**un po'**), *a little*:

un po' di pane	*a little bread*

Alcuni (**-e**) agrees in gender with the noun to which it refers:

alcuni libri	*some books*
alcune penne	*some pens*

Qualche must be followed by a noun in the singular, and any adjective or verb used in connection with it must also be in the singular:

qualche libro	*some books*

VOCABULARY

il mare	*sea*	la vacanza	*holiday*
al mare	*at the*	la salute	*health*
	seaside	il tempo	*weather, time*

il bagno	*bathe, bath*	l'asciugamano	*towel*
il costume da bagno	*bathing costume*	l'ombrellone	*large umbrella*
il vino	*wine*	la sedia a sdraio	*deckchair*
il pane	*bread*	abbronzato	*bronzed, tanned*
la carne	*meat*		
lo zucchero	*sugar*	sano	*healthy*
la cabina	*cabin*	calmo	*calm*
la spiaggia	*beach*	mosso	*rough (sea)*
la fine	*end*	mare grosso	*rough sea*
sempre	*always*	forte	*strong*
spesso	*often*	quasi	*almost*
durante	*during*	molto tempo	*long time*
una volta	*once*	un poco (*or* un po')	*a little*
due volte	*twice*		
qualche volta	*sometimes*	affittare	*to rent, hire*
la famiglia	*family*	portare	*to carry, bring*
l'aria	*air*		
il sole	*sun*	imparare	*to learn*
ma	*but*	dopo	*after*

READING PASSAGE

Al mare

Durante i mesi estivi, giugno, luglio ed agosto, molte famiglie passano le vacanze al mare. L'aria del mare è sana. Sulla spiaggia ci sono cabine con tavoli e sedie. Alcune famiglie affittano una cabina per due o tre settimane; portano i costumi da bagno e gli asciugamani e passano molte ore sulla spiaggia. Il mare non è sempre calmo, qualche volta è mosso. Il sole è forte durante i mesi di luglio e agosto ma ci sono gli ombrelloni e, sotto questi ombrelloni, le sedie a sdraio. I ragazzi passano molto tempo nel mare e, dopo un bagno, hanno sempre molto appetito. Alla fine delle vacanze sono abbronzati.

EXERCISES

A Answer in Italian:

    1 Quali sono i mesi estivi?
    2 Dove passa (Lei) le vacanze d'estate?
    3 È sempre calmo il mare?
    4 Che c'è sulla spiaggia?
    5 Che c'è sotto gli ombrelloni?
    6 È sana l'aria del mare?
    7 Lei preferisce il mare o la campagna?
    8 Dove passano molto tempo i ragazzi?

B Complete with the partitive article and translate:

    1 Maria ha ___ penne.
    2 Roberto ha ___ libri.

3 Ecco ___ pane.
4 Ecco ___ frutta.
5 Io ho ___ acqua fresca.
6 Lei ha ___ vino rosso.
7 Questa signora compra ___ riviste.
8 Questo signore compra ___ giornali.

C Translate

1 Maria understands it (f).
2 Giovanni learns it (m).
3 We find them (m).
4 They lose them (f).
5 We see you (familiar form).
6 Anna sees us.
7 We have them (f)
8 I have them (m).
9 Anna has it (f).
10 They do not have it (m).

D Complete with a noun:

1 Io ho del _____.
2 Noi abbiamo della _____.
3 Essi comprano dello _____.
4 Il maestro mostra dei _____.
5 Maria compra delle _____.
6 Non capisco la _____.
7 Anna compra un _____.
8 La signora vede il _____.
9 Il signore vede la _____.
10 Noi affittiamo una _____.

E Translate:

1 We do not see the beach.
2 You find a cabin.
3 They speak to the lady.
4 He understands this lesson.
5 She buys some bread.

6 I buy some sugar.
7 Have you any Italian friends (m)?
8 No, I have no Italian friends (m).
9 Have they any English friends (f)?
10 Yes, they have many English friends (f).

F Write the present tense of **comprare** and **vendere** in the negative form.

    1 non compro, etc.   2 non vendo, etc.

8

GRAMMAR

Indirect object pronouns

The indirect object pronouns are:

mi	*to me*	ci	*to us*
ti	*to you*	vi	*to you*
gli	*to him*	loro	*to them* (m + f)
le	*to her*		
Le	*to you* (m + f)	Loro	*to you* (m + f)

These pronouns, with the exception of **loro** and **Loro**, usually precede the verb, except in certain cases which will be explained in a later lesson.

Maria **mi** parla	*Maria is speaking to me.*
(Io) **le** parlo.	*I am speaking to her.*
Roberto **ci** parla.	*Roberto is speaking to us.*
(Noi) **gli** parliamo.	*We are speaking to him.*
Giovanni parla **Loro**.	*Giovanni is speaking to you* (pl).
(Noi) parliamo **loro**.	*We are speaking to them.*
Io **gli** mando una lettera.	*I send him a letter.*

Note that the object is indirect when it is preceded by **to** or when **to** is understood, as in the last example. Also **loro** as an indirect object pronoun following the verb can be, and often is (especially in the spoken language), rendered by **gli** preceding the verb. Thus the example above, (**Noi**) **parliamo loro** may be rendered (**Noi**) **gli parliamo**. This use is gaining ground at the written level, too, although it is still considered inelegant.

Cardinal numbers (continued)

13	tredici	31	trentuno
14	quattordici	32	trentadue
15	quindici	33	trentatrè
16	sedici	34	trentaquattro
17	diciassette	40	quaranta
18	diciotto	41	quarantuno
19	diciannove	50	cinquanta
20	venti	60	sessanta
21	ventuno	70	settanta
22	ventidue	80	ottanta
23	ventitrè	90	novanta
30	trenta	100	cento

Note the following:

(a) **Venti** (*20*), **trenta** (*30*), **quaranta** (*40*), and so on up to 100 drop the final vowel when combined with **uno** and **otto**:

ventuno (*21*), ventotto (*28*), trentuno (*31*)

(b) The **e** of **tre** (*3*) when used by itself has no accent but when it is combined with another number a grave accent is placed over it:

ventitrè, trentatrè

(c) **Cento** (*100*), has no plural form:

eg   duecento   *two hundred*

(d) **Mille** (*1,000*) has an irregular plural **mila**:

cinquemila   *five thousand*

(e) *One* is not translated before **cento** and **mille**:

milleseicentoquaranta   *one thousand six hundred and forty*

And is not translated between numbers.

(f) **Un milione** (plural **milioni**) (*1,000,000*).
Insert the preposition **di** or **d'** after **milione** when a noun follows:

un milione d'abitanti   *one million inhabitants*

Dates

In Italian, the cardinal numbers are used to express the days of the month, with the exception of **primo** (*first*). *On* and *of* are not translated, and the article **il** (**l'**) is omitted when preceded by the day of the week.

il primo aprile (il l° aprile)	*on the first of April*
martedì, due luglio	*Tuesday, July 2nd*
l'otto dicembre	*December 8th*
il 1900	*1900*
nel 1944	*in 1944*
nel settembre del 1960	*in September 1960*

Note that in Italian, there are two ways of expressing centuries; *The seventeenth century*, for example, can be translated **il diciassettesimo secolo** or **il Seicento** (cf. *the 1600s*).

Age

Age is expressed by means of the verb **avere**.

Quanti anni ha Roberto?	*How old is Roberto?*
Ha nove anni.	*He is nine years old.*
Quanti anni ha Lei?	*How old are you?*
Ho diciannove anni.	*I am nineteen years of age.*
Quanti anni ha il padre di Maria?	*How old is Maria's father?*
Ha quarantasette anni.	*He is forty-seven.*

VOCABULARY

il villaggio	*village*	il piacere	*pleasure,*
la collina	*hill*		*favour*
la montagna	*mountain*	il sentiero	*path, footpath*
il bosco	*wood*	l'ombra	*shade*
il lago	*lake*	all'ombra	*in the shade*
il temporale	*storm*	la cartolina	*postcard*

la fine	*end*	facile	*easy*
l'anno bisestile	*leap year*	di solito	*usually*
la parola	*word*	ogni	*each, every*
la data	*date*	durare(E) molto	*to last a*
la pagina	*page*		*long time*
il numero	*number*	cambiare	*to change*
fresco	*fresh, cool*	diventare(E)	*to become*
freddo	*cold*	camminare	*to walk*
profondo	*deep*	preferire	*to prefer*
alto	*high*	nuotare	*to swim*
basso	*low*	mandare	*to send*
difficile	*difficult*		

READING PASSAGE

La montagna

L'*aria* di montagna è fresca e sana. Alcune fam*i*glie prefer*i*scono la montagna al mare. Ci sono dei p*i*ccoli villaggi, delle colline, dei boschi e dei laghi di montagna. L'acqua di questi laghi è molto fredda. Qualche volta ci sono dei temporali, ma, di s*o*lito, non d*u*rano molto. Alla fine de l'estate le f*o*glie degli *a*lberi c*a*mbiano colore e div*e*ntano gialle, quasi rosse. Il sole è forte, ma è un piacere camminare nei sentieri dei boschi, all'ombra degli *a*lberi.

EXERCISES

A Answer in Italian:

1 Com'è l'aria di montagna?
2 Che cosa c'è in montagna?
3 Com'è l'acqua dei laghi?
4 Che data è oggi?
5 Quanti giorni ci sono del mese di settembre?
6 Di che colore sono le f*o*glie in autunno?
7 Cammina molto (Lei)?
8 Nuota (Lei)?
9 Preferisce il mare alla montagna?
10 Quanti giorni ci sono in un anno bisestile?

B Translate:

1 On June 1st.
2 On December 11th.
3 There are twenty-eight days in the month of February.
4 There are three hundred and sixty-five days in a year.
5 Today is October 28th.
6 This year is not a leap year.
7 This leaf is nearly yellow.
8 This path is short.
9 These lakes are very deep.
10 These mountains are high.

C Translate:

1 I speak to her.
2 We speak to him.
3 She speaks to me.
4 You speak to them.
5 We send him a newspaper.
6 She sends us a postcard.
7 I send her a box of handkerchiefs.
8 Maria sends me a letter.
9 The children send us some flowers.
10 You send him a magazine.

D Translate:

1 Quanti anni ha questo ragazzo?
2 Ha quasi sette anni.
3 Quanti anni ha Lei?
4 Ho diciotto anni.
5 Giovedì, quindici maggio.
6 Nel millenovecentoquarantasei.
7 Ci sono tre mesi in ogni stagione.
8 Ci sono duecentosei pagine in questo libro.
9 L'Italia ha cinquanta milioni d'abitanti.
10 In un anno bisestile ci sono trecentosessantasei giorni.

E Translate:

1 This mountain is high.
2 This hill is low.
3 The month of February is short.
4 The air is fresh.
5 Here is a wood.
6 These leaves are nearly yellow.
7 Each season lasts three months.
8 Friday, July 10th, 1959.
9 Four hundred and thirty-eight.
10 Two thousand seven hundred and sixty.

F Write the present indicative of:

1 **diventare**(E) (*to become*)
   io divento, tu diventi ...
2 **credere** (*to believe*)
   io credo, tu credi ...
3 **preferire** (*to prefer*)
   io preferisco, tu preferisci ...
4 **sentire** (*to hear*)
   io sento, tu senti ...

9

GRAMMAR

Reflexive verbs and reflexive pronouns

Reflexive verbs are those whose subject and object are the same person or thing.

I wash *myself; she* enjoys *herself; it* stops *itself.*

Sometimes a verb is reflexive in Italian but not in English; these verbs are easy to recognise in Italian as they always have the reflexive pronoun **si** (*oneself*) appended to the infinitive. Note that the final **-e** of the infinitive is omitted:

lavare	*to wash*
lavarsi	*to wash oneself*
divertire	*to amuse*
divertirsi	*to enjoy oneself*

Whereas the reflexive pronoun is often omitted in English, it must always be used in Italian:

Io mi preparo.	*I am getting ready.*
Lei si avvicina alla stazione.	*She is/You are* (polite form sing.) *approaching the station.*

Note that not only the reflexive pronoun **si** but any of the conjunctive pronouns, except **loro** and **Loro**, may thus be appended to the infinitive of a verb:

Vado a comprarlo.	*I am going to buy it.*
Andiamo a vederli.	*We are going to see them.*
Vado a parlargli.	*I am going to speak to him.*

Here are the reflexive pronouns:

mi	*myself*	ci	*ourselves*
ti	*yourself*	vi	*yourself, yourselves*
si	*himself, herself, itself, yourself*	si	*themselves* (m and f), *yourselves*

Note that **mi**, **ti**, **si**, etc. can also mean *to/for myself, to/for yourself, to/for himself, herself, itself, themselves* and so on.

Conjugating reflexive verbs

The present indicative of reflexive verbs follows this pattern:

PRESENT INDICATIVE	
Lavarsi *to wash oneself*	**Divertirsi** *to enjoy oneself*
io mi lavo	io mi diverto
tu ti lavi	tu ti diverti
egli \\ ella } si lava \\ Lei	egli \\ ella } si diverte \\ Lei
noi ci laviamo	noi ci divertiamo
voi vi lavate	voi vi divertite
essi \\ esse } si lavano \\ Loro	essi \\ esse } si divertono \\ Loro

In the negative and interrogative form of all reflexive verbs **non** is placed before the reflexive pronoun:

Io non mi diverto.	*I am not enjoying myself.*
Non ti diverti (tu)? } Non si diverte (Lei)? }	*Are you not enjoying yourself?*

Note that the pronoun **si**, apart from its uses as *himself, herself, themselves*, etc. is widely used as an impersonal pronoun, thereby providing a partial alternative to the passive (cf. Appendix 3).

Irregular verbs: andare, dare, fare, stare

Having studied the present indicative of the regular verbs ending:

PRESENT INDICATIVE			
Andare *to go*	**Dare** *to give*	**Fare** *to make, do*	**Stare** *to be, stay*
vado	do	faccio	sto
vai	dai	fai	stai
va	dà	fa	sta
andiamo	diamo	facciamo	stiamo
andate	date	fate	state
vanno	danno	fanno	stanno

in **-are** now look at the only four irregular verbs which end in **-are**. Note that the third person singular of the verb **dare** has a grave accent over the vowel; and in the third person plural note the **-anno** in all four verbs. Note also the peculiar use of **fare** in the construction **far fare qualcosa** (*to have something done*); cf. Lesson 30 under **fare**.

The conjunctive pronoun ne

Another conjunctive pronoun to be studied is **ne**, meaning *some, any, some of it, any of it* when referring to a substantive previously mentioned. Used as an adverb, **ne** means *from there*.

Lei ha dei libri?	*Have you any books?*
Sì, ne ho molti.	*Yes, I have many (of them).*
Maria ha delle penne?	*Has Maria any pens?*
Sì, ne ha due.	*Yes, she has two (of them).*

In English, *of them* is understood, but **ne** must not be omitted in an Italian sentence when an adjective of quantity or number follows the verb.

Note that the pronouns **mi**, **ti**, **lo**, **la**, **ci**, **vi**, **li**, **le** and **ne** can be appended to the interjection **ecco** (*here is/are/am, there is/are/am*).

*ec*comi	*here/there I am*
*ec*coti	*here/there you are*
*ec*colo	*here/there he/it is*

VOCABULARY

l'incontro	*meeting*	l'entrata	*entrance*
la vetrina	*shop*	il ristorante	*restaurant*
	window	l'orologio	*watch*
la compera	*purchase*		(or *clock*)
il guanto	*glove*	il genitore	*parent*
il cappello	*hat*	la biblioteca	*library*
la sciarpa	*scarf*	la borsa	*bag, purse*
il prezzo	*price*	nuovo	*new*
l'articolo	*article*	poi	*then*
il nailon	*nylon*	puro	*pure*
la seta	*silk*	verso	*towards*
l'uscita	*exit*	insieme	*together*
davanti a	*in front of*	far la spesa	*to do the*
tutt'e due	*both*		*shopping*
tutt'e quattro	*all four*	fare colazione	*to have*
ammalato	*ill*		*lunch*
alzarsi	*to get up*	fare una	*to go for a*
desiderare	*to want*	passeggiata	*walk*
incontrare	*to meet*	finire	*to finish*
fermare ⎫	*to stop*	escono (from	*they go out*
fermarsi ⎭		uscire(E), irr.)	
conversare	*to chat*	mentre	*while,*
riposarsi	*to rest*		*whilst*
far delle spese ⎫	*to do some*	quando	*when*
far delle compere ⎭	*shopping*		

READING PASSAGE

 *Un incontro*

Anna incontra un'amica, Maria, in città e tutt'e due fanno delle compere insieme. Si fermano davanti ad un negozio per qualche minuto. Nella vetrina di questo negozio vedono guanti, cappelli e sciarpe, ma non c'è il prezzo di questi articoli. Le due signorine entrano nel negozio e domandano il prezzo delle sciarpe. Anna desidera una sciarpa verde, di nailon, Maria ne desidera una celeste, di seta pura. Le comprano, poi vanno verso l'uscita. Mentre escono incontrano due altre amiche, Caterina e Margherita, conversano un poco insieme, poi entrano tutt'e quattro in un ristorante a mangiare.

EXERCISES

A Answer the following:

1 Dove vanno Anna e Maria?
2 Dove si fermano?
3 Che c'è nella vetrina?
4 Ci sono i prezzi degli articoli?
5 Che fanno le signorine?
6 Che cosa compra Anna?
7 Che cosa compra Maria?
8 Lei preferisce il nailon alla seta?

9 Chi incontrano quando escono dal negozio?

10 Dove vanno tutt'e quattro?

B Replace the infinitive by the correct form of the present indicative of each verb:

1 Questa ragazza (alzarsi) presto.

2 Rosa (comprare) molte cose.

3 Noi (divertirsi) molto.

4 Loro (ricevere) una lettera.

5 Io (finire) la lezione.

6 Lei (divertirsi) oggi.

7 Carlo (avere) dei libri.

8 Giovanni e Roberto (essere) contenti.

9 Anna e Caterina (parlare) italiano.

10 Maria (capire) questa lezione.

C Translate:

1 I have some new gloves. Here they are.

2 Maria has some letters. Here they are.

3 Where are the silk scarves?

4 There they are in the window.

5 Where are you going?

6 What are you doing?

7 How are you, ladies?

8 We are all well, thank you.

9 I stay at home (**a casa**) every Tuesday.

10 These children are not well.

D Place the reflexive pronoun before the verbs and translate:

1	___ diverte	6	___ divertite
2	___ alziamo	7	___ lavano
3	___ divertono	8	___ alzo
4	___ lavate	9	___ lavi
5	___ alzano	10	___ divertiamo

E Translate:

1 Questo ragazzo si diverte.

2 Maria non va in città ogni giorno.
3 Questa sciarpa non è di nailon.
4 Questa lezione non è facile.
5 Questi ragazzi non stanno bene.
6 Noi ci divertiamo al mare.
7 Anna va spesso ai negozi.
8 Facciamo una passeggiata in campagna.
9 Si diverte Lei, signorina?
10 Si, grazie, mi diverto molto.

10

GRAMMAR

Possessive adjectives and pronouns

Italian uses the possessives both as adjectives and as pronouns. They are usually preceded by the definite article, and they agree with the thing or person possessed.

il mio	*mine*	la sua	*his* (or *hers*)
i miei	*mine*	le sue	*his* (or *hers*)

il mio libro	*my book*
i miei libri	*my books*
la sua penna	*his* (or *her*) *pen*
le sue penne	*his* (or *her*) *pens*

Masculine		**Feminine**		**Meaning**	
singular	plural	singular	plural	adjective	pronoun
il mio	i miei	la mia	le mie	*my*	*mine*
il tuo	i tuoi	la tua	le tue	*your*	*yours*
il suo	i suoi	la sua	le sue	*his, her, its*	*his, hers, its*
il Suo	i Suoi	la Sua	le Sue	*your*	*yours*
il nostro	i nostri	la nostra	le nostre	*our*	*ours*
il vostro	i vostri	la vostra	le vostre	*your*	*yours*
il loro	i loro	la loro	le loro	*their*	*theirs*
il Loro	i Loro	la Loro	le Loro	*your*	*yours*

You can see in the examples and box above that each possessive has four forms: masculine singular, masculine plural, feminine singular and feminine plural.

Il suo, **la sua**, may refer to four persons, *his*, *her*, *its* and *your* (polite form, frequently spelt **il Suo**, etc.).
If there is any doubt as to the person referred to, confusion may be avoided by using **di lei** (*of her*) or **di lui** (*of him*).

Maria legge il suo giornale.   *Maria is reading her newspaper.*

But if you want to say *Maria is reading **his** newspaper*, you translate: **Maria legge il giornale di lui**.

The article is not used before the possessive when it precedes a noun denoting family relationships, provided that:

(a) the noun is in the singular
(b) the noun is not qualified by an adjective
(c) the noun is not diminutive
(d) the possessive is not **loro** or **Loro** (*their* or *your*)

mia madre, mio padre   *my mother, my father*

but

la mia buona madre }
la mia piccola sorella }   *my good mother*
la mia sorellina   *my little sister*
i miei fratelli   *my brothers*
il loro padre   *their father*
la Loro madre   *your mother*

The article should be used when one is speaking of the following relations:

nonno	*grandfather*	nonna	*grandmother*
mamma	*mother*	papà } babbo }	*dad, daddy*

Note that although **il mio nonno/babbo/papà** and **la mia nonna/mamma** are technically more correct, you will also hear **mio nonno/babbo/papà** and **mia mamma/nonna** fairly often.

The indefinite article may also be used before a possessive:

un mio libro	*a book of mine* (or *one of my books*)
due miei libri	*two of my books*
molti miei amici	*many of my friends*

Of is not translated.

Relative pronouns

The most frequently used relative pronouns in Italian are **che** and **cui**:

che	*who, whom, which, that*
cui	(*to*, etc.) *whom, which*

Both are invariable and both are used for persons or things. **Che** is used as subject or direct object of a verb; although often omitted in English, it may never be omitted in Italian:

la signora **che** parla	*the lady who is speaking*
il libro **che** compro	*the book I am buying*

Cui is used when the relative is an indirect object or when it is governed by a preposition.

la signora **a cui** parlo	*the lady to whom I am speaking*
il libro **di cui** parlo	*the book of which I am speaking*

There is also another relative pronoun which refers to persons or things, viz: **il quale** (f. = **la quale**, with the plurals **i quali** and **le quali**). This pronoun is used instead of **che** or **cui** to avoid ambiguity. When **il quale** is governed by a preposition, this preposition and the article combine to form one word as already shown in Lesson 7.

La sorella del professore, alla quale ho mandato la cartolina.	*The professor's sister to whom I sent the postcard.*

The relative pronoun *whose* is translated by **il cui**, **la cui**, etc. The article agrees with the noun which follows:

Questa ragazza, il cui cane è perduto, è triste.	*This girl, whose dog is lost, is sad.*

Ordinal numbers (continued)

8th	ottavo		13th	tredicesimo, etc.
9th	nono		20th	ventesimo
10th	decimo		21st	ventunesimo
11th	undicesimo		22nd	ventiduesimo
12th	dodicesimo		30th	trentesimo, etc.

Ordinal numbers, except *1st* to *10th*, are formed by dropping the final vowel of the cardinal number and adding **-esimo**:

undici	11	→	undicesimo	11th
dodici	12	→	dodicesimo	12th
venti	20	→	ventesimo	20th

but the last vowel of *23, 33, 43*, etc., being a stressed vowel, is not omitted:

ventitrè	→	ventitreesimo
trentatrè	→	trentatreesimo

Remember that ordinal numbers are adjectives and must agree with the noun:

il secondo mese	*the second month*
la prima stagione	*the first season*
i primi giorni	*the first days*
le prime settimane	*the first weeks*

Ordinal numbers are used in Italian without the article after names of rulers:

Enrico quinto	*Henry V*
Pio decimo	*Pius X*

They are also used after a few words such as **canto**, **capitolo**, **volume**, **lezione** and so on.

Canto settimo	*Canto 7*	Volume secondo	*Volume 2*
Capitolo quarto	*Chapter 4*	Lezione nona	*Lesson 9*

Fractions

Fractions are formed as in English by using the cardinal numeral as the numerator and the ordinal numeral as the denominator:

| un terzo | *one third* | quattro quinti | *four-fifths* |
| tre quarti | *three-quarters* | | |

mezzo (or **mezz'**) *half*, when used as an adjective, agrees with the noun:

| una mezza bottiglia | *a half bottle* |
| una mezz'ora | *half an hour* |

but is usually invariable when the noun comes first:

| una bottiglia e mezzo | *one bottle and a half* |
| un'ora e mezzo | *an hour and a half* |

However, **una bottiglia e mezza** and **un'ora e mezza** are acceptable alternatives and quite common. Note that the noun *half* is **la metà**.

VOCABULARY

il mercato	*market*	lo zucchino	*small marrow*
la collaboratrice domestica	*servant*	gli spinaci	*spinach*
la macelleria	*butcher's shop*	il fruttivendolo	*fruiterer*
		la pera	*pear*
il macellaio	*butcher*	la mela	*apple*
il manzo	*beef*	la pesca	*peach*
il vitello	*veal, calf*	l'uva	*grapes*
l'agnello	*lamb*	il melone	*melon*
il pesce	*fish*	il cocomero	*water melon*
il pescivendolo	*fishmonger*	la macedonia di frutta	*fruit salad*
la sogliola	*sole*		
il merluzzo	*cod*	il(la) nipote	*nephew (niece)*
la triglia	*mullet*	l'esercizio	*exercise*
la verdura	*vegetables*	il tipo	*type*
il pisello	*pea*	qui, qua	*here*
il fagiolino	*French bean*	poi	*then*
		caro	*dear, expensive*

crudo	*raw*	estivo	*summer* (adj.)
cotto	*cooked*	mi dica	*tell me*
o	*or*	stare(E) a casa	*to stay at home*
o…o	*either…or*	vuole (from	*he, she, it*
eccetera	*etcetera* (*etc.*)	volere	*wants, you*
(abb. ecc.)		(E/A) irr.)	(polite sing.)
gradito	*welcome*		*want*

Note that the word **la frutta** is a collective term meaning fruit in general, although you may well hear **una frutta** (*a fruit*). Technically, this is an unacceptable term, although, paradoxically, the plural form, **le frutta** (ie. treating **frutta** as a countable noun) is quite regular. **Frutto** is largely a metaphorical term: **I frutti del mio lavoro** (*The fruits of my labour*).

READING PASSAGE

Al mercato

Ogni mattina, Rosa, la collaboratrice domestica della signora Valli, si alza presto e va al mercato. Vicino al mercato c'è una macelleria dove Rosa compra la carne: manzo, vitello o agnello.

Quando la signora Valli vuole del pesce, Rosa lo compra dal pescivendolo: sogliola, merluzzo, triglia, ecc.

Guarda i prezzi della verdura; piselli, fagiolini, zucchini; poi della frutta: mele, pere, uva, meloni e cocomeri.

La frutta è buona per la salute, e non è cara nei mesi estivi: così ogni famiglia ne mangia molta, o cruda o cotta. La macedonia di frutta è sempre gradita, non è vero?

Ogni domenica la signora Valli prepara una macedonia di frutta e invita i suoi nipoti a pranzo.

Buon appetito a tutti!

EXERCISES

A Answer in Italian:

1 Chi è Rosa?
2 Dove va ogni mattina?
3 Che cosa compra al mercato?
4 Mangia molta carne Lei?
5 Preferisce il pesce?
6 Mi dica i nomi di tre tipi di frutta.
7 E i nomi di tre tipi di verdura?

B Translate the word in brackets:

1 Ecco (*my*) giardino.
2 Ecco (*his*) casa.
3 Dov'è (*your*) sorella?
4 Dov'è (*their*) fratello?
5 Ecco (*my*) penna.
6 Ecco (*her*) libro.

7 Dove sono (*your*) genitori?

8 Dove sono (*his*) zii?

9 Queste sono (*her*) sorelle.

10 Questi sono (*my*) fratelli.

C Translate:

1 The first house.

2 Chapter three.

3 Henry VIII.

4 Volume six.

5 Lesson five.

6 The ladies who are speaking Italian are English.

7 The gentlemen of whom you are speaking are French.

8 The boy to whom I give the book.

9 The girl from whom I receive a letter.

10 The students who are in this classroom.

11 Half of this pear is for you (polite form).

12 Thirty minutes make half an hour.

D Translate:

1 Mio fratello va alla biblioteca.

2 Scrivo l'esercizio nel mio quaderno.

3 Gli studenti studiano le loro lezioni.

4 Rispondo alla lettera di mia madre.

5 Scrivo una cartolina alla mia amica.

6 Io sto bene ma mia sorella è ammalata.

7 Il fratello del mio amico è al mare.

8 I miei genitori stanno bene.

9 Ecco l'orologio di mio padre.

10 Ecco la borsa di mia madre.

E Translate:

1 I am not going to the market.

2 My father is going to town.

3 Anna is not here today.

4 We are very well, thank you.

5 My sister is not well.

6 My brothers are in the country.
7 Our friends are at the seaside.
8 Have you any brothers, Maria?
9 Yes, I have two brothers and three sisters.

REVISION

A Translate and put into the plural:

1 this book	6 the garden
2 the door	7 the window
3 the idea	8 the name
4 the uncle	9 the student (m)
5 the lesson	10 the student (f)

B Complete with a suitable noun:

1 Il _____ italiano	6 L' _____ italiana
2 La _____ francese	7 Le _____ tedesche
3 I _____ inglesi	8 I _____ tedeschi
4 Le _____ gialle	9 Molti _____ lunghi
5 I _____ rossi	10 Molte _____ lunghe

C Translate:

1 Maria and Giovanni have many friends.
2 Anna and Roberto are Italian.
3 They speak French.
4 We receive a postcard.
5 You receive a letter.
6 Their children are well.
7 I do not understand all these words.
8 We understand our lesson because it is easy.

D Answer in Italian:

1 Come sta, signorina (*o* signore)?
2 Dov'è il Suo quaderno?
3 Qual è il terzo mese dell'anno?

4 Qual è la quarta stagione dell'anno?
5 Di che colore è l'erba?
6 Di che colore è il Suo dizionario?
7 Capisce (Lei) questa lezione?
8 Capìscono (Loro) tutte le parole?
9 Quanto fa trèdici più due?
10 Quanto fa diciannove meno tre?

E Translate:

1 in my box
2 on the tree
3 for the lady
4 in their garden
5 at your house
6 with our student (m)
7 from the friend (m)
8 of his uncle
9 to the student (f)
10 of the master

F Put the answers to Exercise E into the plural.

G Write in letters:

28, 35, 49, 52, 69, 100, 460, 1000, 5800, 1,000,000, $^2/_3$, $^1/_4$, $^3/_4$, $^1/_5$.

H Translate

1 On the 6th of May
2 On the 1st of July
3 In 1949
4 This is the third watch I have bought.
5 This is the first time I have seen him.

I Complete with a suitable adjective:

1 I ragazzi sono _____ .
2 Le ragazze sono _____ .
3 Questo giardino è _____ .
4 Questa casa è _____ .
5 Questi signori sono _____ .

J Translate:

1 I see the master, I see him.
2 We see the mistress, we see her.
3 Mary speaks to him.
4 John speaks to her.
5 The teachers speak to us.

Section Two

GRAMMAR

Forming past participles

To form the past participles of regular and some irregular verbs, change the infinitive endings as follows:

-are → **-ato**   **-ere** → **-uto**   **-ire** → **-ito**

parlare → parlato
vendere → venduto
capire → capito
potere(E/A) (irr.) → potuto
uscire(E) (irr.) → uscito

Note that the characteristic **-e-** of the verbs in the second conjugation has changed to **-u-**.

The compound tenses are formed by using one of the auxiliary verbs **avere** or **essere** together with the past participle. **Avere** is used in conjugating all transitive and some intransitive verbs.

Note that transitive verbs are those which take an object, eg **comprare**, **vendere**, etc. Intransitive verbs are those used without an object, eg **arrivare**, **restare**, etc. (Compare with the note on Past participles continued in Lesson 12.)

Perfect tense

Parlare *to speak*	
ho parlato	*I spoke/have spoken*
hai parlato	*you spoke/ have spoken*
ha parlato	*he/she spoke/ has spoken*
abbiamo parlato	*we spoke/ have spoken*
avete parlato	*you spoke/ have spoken*
hanno parlato	*they spoke/ have spoken*

Similarly:
Vendere, ho venduto
Capire, ho capito

Using the perfect tense

The perfect tense expresses an action which happened in the past but has reference to the present, or an action whose effects are still lasting:

Roberto ha venduto la casa.   *Roberto has sold the house.*
Non ho ricevuto una lettera.   *I did not receive a letter today.*

Disjunctive pronouns

me	*me*	noi	*us*
te	*you*	voi	*you*
lui **or** esso	*him, it*	loro **or** essi	*them*
lei **or** essa	*her, it*	loro **or** esse	*them*
Lei	*you*	Loro	*you*
sè	*himself, herself, itself, themselves*		

These pronouns, except **lui**, **lei**, **loro** when used as emphatic subject pronouns (eg *lui* **dice che**, *he says that*, *loro* **dicono che**, *they say that*) usually follow the verb and are often separated from it by a preposition.

They are most commonly used:

(a)   after prepositions:

Ecco una lèttera per me.	*Here is a letter for me.*
Vado con lui.	*I am going with him.*

(b)   when a verb has two direct or indirect objects:

Abbiamo visto te e lei oggi.	*We saw (have seen) you and her today*
Parliamo a Lei ed a lui.	*We are speaking to you and to him.*

(c)   for emphasis:

Questa cartolina è per loro, non per noi.	*This postcard is for them, not for us.*

Time: l'ora

In Italian, the definite article precedes the hour:

Che ora è? **or** Che ore sono?	*What time is it?*
È l'una.	*It is one o'clock.*
Sono le due.	*It is two o'clock.*

è is used only with one o'clock, midday and midnight; **sono** is used with all the other hours.

È mezzogiorno.	*It is midday, noon.*
È mezzanotte.	*It is midnight.*

but

Sono le tre.	*It is three o'clock.*
Sono le otto.	*It is eight o'clock.*

Note that both the articles and the verb agree: in **è l'una**, **sono le due**, etc., the articles are feminine singular or feminine plural, the words **ora** and **ore** being understood.

alle tre e un quarto	*at 3.15 am/pm*	
alle tre meno un quarto	*at 2.45 am/pm*	depending
alle otto e mezzo (**or**	*at 8.30 am/pm*	on
alle otto e mezza)		context
alle nove e venti	*at 9.20 am/pm*	

The 24-hour system is used in Italy in official language, eg times of trains, theatre performances, hence 4 pm is translated **sedici**, at 11 pm **alle ventitrè**.

Il treno arriva alle
diciannove e dieci.

The train arrives at 7.10 pm.

VOCABULARY

il teatro	*theatre*	il violino	*violin*
la giornata	*day (the whole day)*	il violoncello	*cello*
		il tenore	*tenor*
la festa	*party, public holiday*	il soprano	*soprano*
		il basso	*bass*
l'onomastico	*saint's day or name day*	il bis	*encore*
		due volte	*twice*
il compleanno	*birthday*	bravo	*clever, able*
il biglietto	*ticket*	vero	*true, real*
il posto	*seat or place*	suonare	*to play (an instrument)*
l'opera	*opera*		
il secondo	*second*	giocare	*to play (a game)*
il silenzio	*silence*		
il direttore d'orchestra	*the conductor*	guardare attorno	*to look around*
la direzione	*direction*	potere (E/A) (irr.)	*to be able*
la sorpresa	*surprise*		
salutare	*to greet, to say hello to*	uscire (E) (irr.)	*to go out*
		chiamare	*to call*
lo strumento	*instrument*	già	*already*
il pianoforte	*piano*		

READING PASSAGE

Al teatro

Oggi è una bella giornata per Maria Bertipacini perchè è il suo onomastico. I suoi genitori hanno comprato i biglietti per l'opera, e hanno invitato Margherita, l'amica della loro figlia. Alle otto, tutti e quattro vanno insieme al teatro. L'opera comincia alle nove meno venti, e finisce a mezzanotte.

Eccoli ora ai loro posti; guardano attorno alla vasta sala, vedono amici e li salutano. L'opera che danno è la **Norma** di Vincenzo Bellini.

Dopo alcuni secondi di silenzio, l'orchestra, sotto la direzione del direttore, comincia a suonare. I genitori di Maria hanno già sentito quest'opera ma per Maria e la sua amica è una vera e bella sorpresa.

EXERCISES

A Answer the following:

1 Chi ha comprato i biglietti per l'opera?
2 Perchè?
3 Come si chiama l'amica di Maria?
4 Dove vanno tutti e quattro?
5 Quale opera vanno a vedere?
6 Di chi è quest'opera?
7 Chi ha già visto la **Norma**?
8 Ha visto un'opera italiana, Lei?
9 Canta Lei?
10 Suona uno strumento?
11 A che ora comincia l'opera?
12 E a che ora finisce?

B Give the past participle of the following:

1	finire	6	suonare
2	cantare	7	vendere
3	partire	8	servire
4	ricevere	9	credere
5	potere	10	giocare

C Translate:

1 I have not bought the tickets for them.
2 We have sold the house to you, not to him.
3 Roberto has received a letter today from her.
4 Carlo and Piero received a postcard from us.
5 I have finished my lunch.
6 This child has not understood the opera.
7 Have you (pl) heard this tenor?
8 These children have spoken Italian to me.
9 Mario has bought a piano.
10 My mother has invited some friends.

D Translate:

1 La signora apre il libro e lo legge.
2 Il signore compra una macchina per loro.
3 Noi abbiamo ricevuto due cartoline da lui.
4 Margherita ha suonato il violino per noi.
5 Il mio onomastico è il 15 agosto.
6 Ma il mio compleanno è il 6 ottobre.
7 Questo direttore d'orchestra è molto bravo.
8 Chi ha sentito quest'opera?

12

GRAMMAR

Past participles (continued)

The past participle of **avere** is **avuto**, and that of *essere* is **stato**. As already stated, **avere** is used to form the compound tenses of all transitive and some intransitive verbs. *Essere* is used with most intransitive verbs, all reflexive verbs and the verb *essere* itself.

The following are examples of verbs conjugated with *essere* in the compound tenses. Note that many of these are verbs of motion.

andare	*to go*	rimanere	*to remain*
arrivare	*to arrive*	(pp rimasto)	
cadere	*to fall*	salire	*to go up*
diventare	*to become*	sc*e*ndere	*to descend*
entrare	*to enter*	(pp sceso)	
morire (pp morto)	*to die*	uscire	*to go out*
n*a*scere (pp nato)	*to be born*	venire	*to come*
partire	*to depart*	(pp venuto)	
restare	*to remain, stay*		

Verbs like **correre**, **vivere**, **saltare**, **passare** take *essere* when the sense is intransitive:

Siamo vissuti in It*a*lia.	*We have lived in Italy.*
Sono saltato in *a*ria.	*I jumped in the air.*
Le ragazze sono passate di qua.	*The girls came this way*

and **avere** when the sense is transitive, ie when the verb takes a direct object:

Maria ha vissuto una vita interessante.	*Maria has lived an interesting life.*
Giovanni ha saltato la siepe.	*John jumped the hedge.*
Hai passato molto tempo in Italia?	*Have you spent a lot of time in Italy?*

Remember that such verbs, as well as modals, are marked E/A in the vocabulary lists of the lessons, and in the general vocabularies and verb lists at the back of the book.

Note that the past participles of verbs conjugated with **essere** (apart from reflexive verbs) always agree with the subject in gender and number:

Il ragazzo è arrivato.	*The boy has arrived.*
La ragazza è arrivata.	*The girl has arrived.*
I ragazzi sono arrivati.	*The boys have arrived.*
Le ragazze sono arrivate.	*The girls have arrived.*

Note also that the modal verbs **dovere** (*to have to*), **volere** (*to want*) and **potere** (*to be able to*), see the verb list, Appendix 7, are variably conjugated in the perfect and other compound tenses, ie they take **avere** or **essere** according to the conjugation of the verb with which they are used:

Hai dovuto comprare una macchina nuova.	*You had to buy a new car.*

but

Siete dovuti partire presto.	*You* (m pl) *had to leave early.*

In the first example **dovere** is conjugated with **avere** because **comprare** takes **avere** in its compound tenses; while **partire** in the second example is conjugated with **essere**, so that the modal also takes **essere**.

When the verb is conjugated with **avere**, the past participle may or may not agree with its direct object. It does not normally agree when the object follows the verb; it usually agrees when the object precedes the verb; it must always agree when the direct personal pronoun precedes the verb.

Abbiamo comprato una casa.	*We have bought a house.*
Ecco la casa che abbiamo comprato.	*Here is the house we have bought.*

The past participle may be used adjectivally, in which case it is known as a verbal adjective. It then follows the same rules of agreement as an adjective:

le vacanze passate a Roma	*the holidays spent in Rome*
i libri scritti dal Manzoni	*the books written by Manzoni*

Perfect tense of auxiliary verbs

Avere		**Essere**	
ho avuto	*I have had*	sono stato (a)	*I have been*
hai avuto	*you have had*	sei stato (a)	*you have been*
ha avuto	*he/she has had*	è stato (a)	*he/she has been*
abbiamo avuto	*we have had*	siamo stati (e)	*we have been*
avete avuto	*you have had*	siete stati (e)	*you have been*
hanno avuto	*they have had*	sono stati (e)	*they have been*

Perfect tense of reflexive verbs

Lavarsi *to wash oneself*	
mi sono lavato (a)	*I washed (myself)*
ti sei lavato (a)	*you washed (yourself)*
si è lavato (a)	*he/she washed (himself/herself)*
ci siamo lavati (e)	*we washed (ourselves)*
vi siete lavati (e)	*you washed (yourselves)*
si sono lavati (e)	*they washed (themselves)*

Divertirsi *to enjoy oneself* mi sono divertito (a), etc. The past participle of reflexive verbs usually agrees with the direct object.

In the negative and the interrogative forms **non** precedes the reflexive pronoun:

Non mi sono divertito (a).	*I did not enjoy myself.*
Non ti sei divertito (a).	*You did not enjoy yourself.*
Non si è divertito (a).	*He/she did not enjoy himself/herself.*
Non ci siamo divertiti (e).	*We did not enjoy ourselves.*
Non vi siete divertiti (e).	*You did not enjoy yourselves.*
Non si sono divertiti (e).	*They did not enjoy themselves.*
Non mi sono divertito (a) io?	*Did I not enjoy myself?*
Non ci siamo divertiti (e) noi?	*Did we not enjoy ourselves?*

Note that since all reflexive verbs are conjugated with **essere** in the compound tenses, it follows that the modal verbs (cf. Note on modals under Past Participles (continued)) will automatically take **essere** when used with reflexives:

Ci siamo dovuti(e) alzare.	*We had to get up.*
Si sono voluti(e) divertire.	*They wanted to enjoy themselves.*

However, forms such as **Hanno voluto divertirsi** and **Abbiamo dovuto alzarci** are not wrong, and are often used. For a more detailed analysis of reflexive verbs and their agreement, cf. Appendix 1.

Position of adjectives (continued)

Most adjectives, as already stated in Lesson 3, follow the noun they qualify. There are, however, adjectives of common use which usually precede the noun, unless they are modified by an adverb or used emphatically. Here is a list of these adjectives.

bello	*beautiful*	lungo	*long*
brutto	*ugly*	corto, breve	*short*
grande	*big*	giovane	*young*

piccolo	*small, little*	vecchio	*old*
buono	*good*	ricco	*rich*
cattivo	*bad, naughty*	povero	*poor*
santo	*holy*		

Some adjectives vary in meaning according to their position:

un grand'uomo	*a great man*
un uomo grande	*a tall man*
una povera donna	*an unfortunate woman*
una donna povera	*a poor woman*

Irregular adjectives

The adjectives undergo various changes when they precede the noun.

bello	*beautiful, lovely, fine*
buono	*good*
grande	*big, great*
santo	*saint*

Bello has similar forms to the definite article:

un bel cavallo	*a beautiful horse*
una bella rosa	*a beautiful rose*
un bell'albero	*a lovely tree*
una bell'isola	*a beautiful island*
(although **una bella isola** is acceptable)	
un bello specchio	*a lovely mirror*
due bei bambini	*two beautiful children*
due belle rose	*two beautiful roses*
due begli alberi	*two lovely trees*

Buono in the singular has forms similar to those of the indefinite article, but it is quite regular in the plural forms:

un buon ragazzo	*a good boy*

una buona ragazza	*a good girl*
una buon'amica	*a good friend* (f)
(although **una buona amica** is acceptable)	
un buon amico	*a good friend* (m)
un buono stipendio	*a good salary*
due buoni ragazzi	*two good boys*

Grande and **santo** become **gran** and **san** before a masculine noun in the singular beginning with any consonant except **s** impure or **z**, in which case its full form is kept (**San Zeno** being a notable exception). They become **grand'** and **sant'** before a noun beginning with a vowel (note that **grande** is often found in its full form, no matter what the noun following: **un grande favore**, etc.; this is quite common, and perfectly acceptable, especially at the spoken level and/or when it is done for emphasis.)

un gran favore	*a great favour*
un grande scrittore	*a great writer*
un grand'albero	*a large tree*
una grand'epoca	*a great epoch*
Sant'Antonio	*St. Anthony*
San Pietro	*St. Peter*
Santo Stefano	*St. Stephen*
Sant'Anna	*St. Anne*

Santo, however, is not irregular when it means *holy* or *blessed*:

| il santo Padre | *the Holy Father* (the Pope) |
| Litigano tutto il santo giorno. | *They argue the whole blessed day.* |

These adjectives are always written in their full form when they come after the noun they qualify or are separated from it.

| Ecco un bel duomo. | *Here is a beautiful cathedral.* |

but

| Questo duomo è bello. | *This cathedral is beautiful.* |
| Questo duomo è molto bello. | *This cathedral is very beautiful.* |

VOCABULARY

la fattoria	*farm*	il bue, pl buoi	*ox, pl. = oxen*
il parente	*relation*	la mucca	*cow*
il marito	*husband*	il maiale	*pig*
la moglie, pl mogli	*wife*	il mulo	*mule*
il cognato	*brother-in-law*	l'asino	*ass, donkey*
		l'oca	*goose*
la cognata	*sister-in-law*	l'anatra	*duck*
il (la) cugino (-a)	*cousin*	il gallo	*cock*
il contadino	*peasant, farm worker*	la gallina	*hen*
		il pulcino	*chick*
		il coniglio	*rabbit*
il cavallo	*horse*	la partenza	*departure*
il cane	*dog*	seguire	*to follow*
il gatto	*cat*	il campo	*field*
l'animale domestico	*domestic animal*	il legno	*wood*
		la legna	*firewood (collective)*
ogni tanto	*every now and again*	il genero	*son-in-law*
mentre	*while*	la nuora	*daughter-in-law*
dappertutto	*everywhere*	aiutare	*to help*
conversare }	*to converse, chat*	notare	*to note, to notice*
chiacchierare }			
la stalla	*cow-shed*		

READING PASSAGE

🖭 *Alla fattoria*

Il signor Moscari, fratello del padre di Carlo, abita in campagna con sua moglie e i loro due figli Roberto e Pietro. Hanno una fattoria, e ogni tanto Carlo ed i suoi genitori passano una giornata con i loro parenti. Mentre la madre di Carlo conversa con sua cognata e il padre visita la fattoria, i tre ragazzi si divertono insieme. I due cani. Pilù e Buffi, li seguono dappertutto. In questa fattoria ci sono oche, anatre, galline, pulcini, conigli e gatti. I ragazzi visitano le stalle dove sono le mucche, poi vedono i maiali. Notano i buoi che lavorano nei campi ed i muli che portano la legna. Parlano con i contadini che incontrano. Che bella giornata! Carlo è sempre un po' triste quando arriva l'ora di partire per la città.

EXERCISES

A Answer in Italian:

    1 Chi è il signor Moscari?
    2 Abita in città?
    3 Come si chiamano i suoi due figli?
    4 Dove passano una giornata, ogni tanto, Carlo e i suoi genitori?
    5 Che fa la madre di Carlo?
    6 Che fa suo padre?

7 Che cosa fanno i tre ragazzi?
8 Chi lavora bene nei campi?
9 Ha capito bene questa lezione?
10 Chi ha capito ogni parola?

B (a) Put the correct form of **buono** in front of the following nouns:

1 _____ amico   4 _____ amiche
2 _____ amici   5 _____ ragazzo
3 _____ amica

(b) Put the correct form of **grande** in front of the following:

1 Il _____ edificio   4 Una _____ biblioteca
2 La _____ sala   5 Due _____ uccelli
3 Un _____ viaggio

C Translate:

1 We do not live in the country.
2 Robert's father has a farm.
3 He has horses, cows, pigs and many other domestic animals.
4 This little dog follows me everywhere
5 This donkey is called Morella.
6 There are many rabbits on this farm.
7 The children enjoyed themselves.
8 They have helped their father.
9 They got up early this morning.
10 The peasants have worked well today.

D (a) Complete with the correct form of **bello**:

1 Un _____ cielo   4 Delle _____ rose
2 Una _____ bambina   5 Un _____ uccello
3 Dei _____ fiori

E Translate the words in brackets:

1 I cavalli (*that*) vediamo.
2 La ragazza (*who*) lavora bene.
3 Lo zio (*with whom*) parliamo.
4 I fiori (*that*) vedo.

5 La contadina (*of whom*) parlano.
6 L'uccello (*that*) guardo.
7 La zia (*from whom*) ho ricevuto la lettera.
8 La signora (*to whom*) ho mandato una cartolina.
9 I ragazzi (*who*) abitano in campagna.
10 I cani (*that*) sono davanti alla porta.

Write in full the perfect tense of the following verbs:

1 parlare   2 ricevere   3 partire

IL SECONDO GIOCO DELL' ALFABETO

This time the definitions are in Italian, but the answers to the definitions will be in alphabetical order:

1 L'ottavo mese dell'anno   a _____
2 Il contrario di *alto*   b _____
3 Un numero cardinale   c _____
4 Una chiesa importante   d _____
5 Una stagione dell'anno   e _____
6 Il contrario di *difficile*   f _____
7 Nome di un ragazzo   g _____
8 Gli abitanti d'Italia   i _____
9 Il contrario di *corto*   l _____
10 Nome di una ragazza   m _____
11 Un numero ordinale   n _____
12 Il decimo mese dell'anno   o _____
13 Una stagione dell'anno   p _____
14 Quanto fa trenta più dieci?   q _____
15 Un fiore   r _____
16 Un giorno della settimana   s _____
17 Quanti giorni ci sono nel mese d'aprile? t _____
18 Quanto fa sedici meno cinque?   u _____
19 Un colore   v _____
20 Un parente   z _____

13

GRAMMAR

Demonstrative adjectives

There are two demonstrative adjectives:

Questo *this*
Quello *that*

Questo usually refers to somebody or something near the person who is speaking. **Quello** refers to somebody or something far from both the person who is speaking and the person spoken to. **Questo** drops the final vowel and takes the apostrophe before a noun in the singular beginning with a vowel.

questo libro   *this book*
quest'alunno (alunna)   *this pupil*

Quello has various forms similar to those of the definite article and the adjective **bello** (see Lesson 12):

quel ragazzo	*that boy*
quella ragazza	*that girl*
quell'alunno (alunna)	*that pupil*
quello studente	*that student*
quei libri	*those books*
quelle signore	*those ladies*
quegli alunni	*those pupils*
quelle alunne	
quegli studenti	*those students*
quegli zii	*those uncles*

Irregular verbs: -tenere, dire

As already stated, there are only four irregular verbs ending in **-are**:

andare (E)	*to go* (pp **andato**)
dare	*to give* (pp **dato**)
fare	*to do, make* (pp **fatto**)
stare (E)	*to be, stay* (pp **stato**)

Having studied the present indicative of the four irregular verbs ending in **-are** (see pages 64–5), now you can learn some ending in **-ere** and **-ire**.

PRESENT INDICATIVE	
Tenere *to hold* (pp **tenuto**)	**Dire** *to say, tell* (pp **detto**)
tengo	dico
tieni	dici
tiene	dice
teniamo	diciamo
tenete	dite
tengono	dicono

Many of the irregular verbs ending in **-ere** and **-ire** are only irregular in certain tenses.

The verbs **leggere** (*to read*), **scrivere** (*to write*), **aprire** (*to open*) and **chiudere** (*to shut*), are regular in the present tense, but have very irregular past participles:

leggere	pp **letto**
scrivere	pp **scritto**
aprire	pp **aperto**
chiudere	pp **chiuso**

All these verbs except **andare** (E) and **stare** (E) are conjugated with **avere** in the compound tenses.

Sono andato a casa ed ho letto un libro.	*I went home and read a book.*
Ho scritto la lettera e ne sono stato contento.	*I wrote the letter and was pleased with it.*

VOCABULARY

il Lago Maggiore	*Lake Maggiore*	lontano da	*far from*
		numeroso	*numerous*
il Lago di Como	*Lake Como*	specialmente	*especially*
il Lago di Garda	*Lake Garda*	forte	*strong, bright*
la vista	*view*	profondo	*deep*
la gita, il giro	*tour, excursion*	preferibile	*preferable*
		che..!	*what a..!*
il vaporetto	*steamer*	quanti(e)! (in exclamations)	*what a lot of..!*
la macchina, l'automobile (f)	*car*		
		splendere (E/A)	*to shine*
in macchina	*by car*	leggere	*to read*
il pullman	*coach, touring car*	(pp letto)	
		scrivere	*to write*
in pullman	*by coach*	(pp scritto)	
la galleria	*tunnel, arcade*	dire (pp detto)	*to say, tell*
		aprire	*to open*
la luce	*light*	(pp aperto)	
il cielo	*sky*	tenere	*to hold*
il caldo	*heat*	(pp tenuto)	
il tramonto	*sunset*	chiudere	*to shut, close*
il pomeriggio	*afternoon*	(pp chiuso)	
la sera	*evening*	si (pron, indef.)	*one, people, they*
stasera	*this evening*		
intorno a	*around*	attraverso	*through*

READING PASSAGE

I laghi

In Italia ci sono molti bei laghi, grandi e piccoli. Non lontano da Milano i tre laghi più importanti si chiamano Lago Maggiore, Lago di Como, e Lago di Garda. La vista delle montagne intorno al Lago di Garda è magnifica. Si fanno belle gite con il vaporetto sul lago, o in macchina sulla strada attraverso le numerose gallerie. Quanti bei giardini con begli alberi e fiori di molti colori! La luce è forte, il bel sole splende nel cielo azzurro ed è un piacere essere vicino all'acqua. Molti fanno gite in pullman. Con il gran caldo che fa nei mesi estivi è sempre preferibile partire la mattina presto, riposarsi durante le ore calde del pomeriggio e ritornare la sera. Spesso ci sono tramonti magnifici, specialmente nei mesi di agosto e di settembre. Siamo sempre contenti di vedere un bel tramonto.

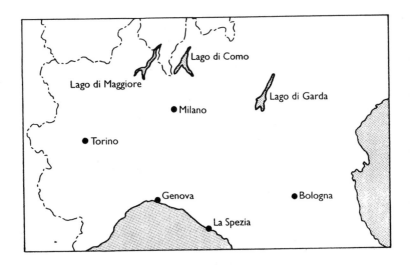

EXERCISES

A Translate the reading passage **I Laghi**.

B Translate:

1 That lake is deep.
2 These steamers are not very big.
3 We have seen many beautiful flowers.
4 The sunset is beautiful this evening.
5 Have you seen Lake Garda?
6 No, but I have been to Lake Maggiore.
7 Today we are going to Lake Como.
8 It is a pleasure to visit the three lakes.
9 What a blue sky!
10 What a lot of tunnels!
11 That rose, near you, is beautiful.
12 The light is not bright today.

C Give the third person singular of the present and perfect tense of the following verbs:

1 andare	4 stare	7 dire	10 finire
2 dare	5 leggere	8 aprire	
3 fare	6 scrivere	9 tenere	

D Translate:

1 Il sole è stato forte oggi.
2 Il tramonto è magnifico stasera.
3 Ho fatto una gita in pullman.
4 Dov'è stato Lei?
5 Intorno al lago.
6 Ha letto il giornale?
7 Sì, l'ho letto questo pomeriggio.
8 Carlo ha scritto tre cartoline.
9 Caterina ha aperto la finestra.
10 Noi abbiamo dato la lettera alla signora.
11 Che cosa ha detto Maria?
12 Che cosa hai detto, Maria?

14

GRAMMAR

Future tense

To form the future tense, and the conditional which you will study, certain endings are added to the infinitive less the final vowel. Regular verbs ending in **-are** undergo a slight change: the **-a-** of the infinitive ending is changed to **-e-**. The endings of the future tense of all verbs, regular and irregular, are the same, and are as follows:

first person singular	-ò
second person singular	-ai
third person singular	-à
first person plural	-emo
second person plural	-ete
third person plural	-anno

Note the grave accent on the first and third persons singular. Now look at the future tense of the three model verbs.

FUTURE TENSE	
Parlare *to speak*	
parlerò	*I shall/will speak*
parlerai	*you shall/will speak*
parlerà	*he/she shall/will speak*
parleremo	*we shall/will speak*
parlerete	*you shall/will speak*
parleranno	*they shall/will speak*

Vendere   *to sell*

venderò	*I shall/will sell*
venderai	*you shall/will sell*
venderà	*he/she shall/will sell*
venderemo	*we shall/will sell*
venderete	*you shall/will sell*
venderanno	*they shall/will sell*

Capire   *to understand*

capirò	*I shall/will understand*
capirai	*you shall/will understand*
capirà	*he/she shall/will understand*
capiremo	*we shall/will understand*
capirete	*you shall/will understand*
capiranno	*they shall/will understand*

Some verbs have an irregularity in the future (and conditional) tense:

andare (E)	*to go*	andrò
vedere	*to see*	vedrò
potere (E)	*to be able*	potrò

also

avere	*to have*	avrò

Essere is very irregular; it changes the stem completely and becomes **sarò** (see below).

The other three irregular verbs ending in **-are** do not change the letter **-a-** to **-e-**:

dare	*to give*	darò
fare	*to do, make*	farò
stare (E)	*to be*	starò

Future tense of auxiliary verbs

Avere *to have*		**Essere** *to be*	
avrò	*I shall/will have*	sarò	*I shall/will be*
avrai	*you shall/will have*	sarai	*you shall/will be*
avrà	*he/she shall/will have*	sarà	*he/she shall/will be*
avremo	*we shall/will have*	saremo	*we shall/will be*
avrete	*you shall/will have*	sarete	*you shall/will be*
avranno	*they shall/will have*	saranno	*they shall/will be*

Using the future tense

(a) As in English, it is used to denote what is going to happen.

Quando sarò ricco, comprerò una bella casa.	*When I am rich, I shall buy a beautiful house.*
Se Carlo mi scriverà alla fine del mese io gli risponderò.	*If Carlo writes to me at the end of the month I will reply to him.*

(Note, however, the conversational **Ci vado stasera**. Also, at the spoken level, a sentence like **Se Carlo mi scrive alla fine del mese io gli risponderò** is acceptable.)

(b) It is used to express what is probable:

Questo caffè sarà troppo forte per te, Carlo.	*This coffee is too strong (probably) for you, Carlo.*

Irregular verbs: potere, volere, venire

PRESENT INDICATIVE	
Potere *to be able* (pp **potuto**)	
posso	*I am able/can/may*
puoi	*you are able/can/may*

105

può	*he/she is able/can/may*
possiamo	*we are able/can/may*
potete	*you are able/can/may*
possono	*they are able/can/may*

Note the grave accent on the third person singular.

PRESENT INDICATIVE

Volere   *to want, to be willing* (pp **voluto**)

voglio	*I want/am willing*
vuoi	*you want/are willing*
vuole (**or** vuol)	*he/she wants/is willing*
vogliamo	*we want/are willing*
volete	*you want/are willing*
vogliono	*they want/are willing*

Note that the **-e** in **vuole** may be omitted:

Vuole (**or** vuol) venire con me?	*Do you want to come with me?*
Vuol aspettarmi un momento?	*Will you wait for me a moment?*
Egli vuol stare a casa.	*He wants to stop at home.*

The future of **volere** is **vorrò**, **vorrai**, etc.

PRESENT INDICATIVE

Venire   *to come* (pp **venuto**)

vengo	*I come/am coming*
vieni	*you come/are coming*
viene	*he/she comes/is coming*
veniamo	*we come/are coming*
venite	*you come/are coming*
vengono	*they come/are coming*

The future of **venire** is **verrò**, **verrai**, etc. (see page 152). Verbs ending in **-ciare** and **-giare** drop the **-i-** before **-e-** or **-i-**:

Cominciare   (*to begin*)

io com*i*ncio

but

tu cominci, noi cominceremo, etc.

Viaggiare   (*to travel*)

io vi*a*ggio

but

tu viaggi, noi viaggeremo, etc.

VOCABULARY

il vi*a*ggio	*journey*	potere (E/A)	*to be able*
il passaporto	*passport*	volere (E/A)	*to want*
l'itiner*a*rio	*itinerary*	venire (E) (pp	*to come*
il saluto	*greeting*	venuto)	
la fine	*end*	sapere (irr.)	*to know* (so,
in *o*rdine	*in order*		*I know*)
ecco perchè	*that is why*	contento	*pleased*
l*i*bero	*free*	*e*ssere occupati	*to be busy*
ultimamente	*lately, recently*	(**or** indaffarati	
sinceramente	*sincerely*	**or** impegnati,	
viaggiare	*to travel*	cf. Appendix 3,	
preparare	*to prepare,*	note 1)	
	get ready	l'uff*i*cio	*office*
cominciare	*to begin*	domani	*tomorrow*
decidere (pp	*to decide*	se	*if*
deciso)			

107

READING PASSAGE

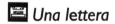 *Una lettera*

43, Albert Square
Londra.
4 Aprile

Caro Mario,

Non ho potuto visitarla ultimamente perchè sono stato molto occupato ecco perchè Le scrivo questa lettera. Quando avrà le vacanze? Le mie cominceranno alla fine di luglio, avrò tre settimane quest'anno; e Lei, quante settimane avrà?

Ho deciso di fare un altro viaggio in Italia ed ho già preparato un bell'itinerario. Potrà venire con me? So che ha sempre voluto fare un secondo viaggio in Italia.

È in ordine il suo passaporto? Io sarò in città questo sabato, e se Lei sarà libero potremo parlare insieme delle nostre vacanze.

Uscirò dal mio ufficio a mezzogiorno e un quarto.

Tanti saluti a Lei ed alla sua famiglia

Giovanni

EXERCISES

A Answer in Italian:

1 Chi ha scritto una lettera?
2 A chi è scritta?
3 Perchè Giovanni non ha potuto visitare il suo amico?
4 Quando avrà le vacanze Giovanni?
5 Quante settimane avrà?
6 Che cosa ha deciso di fare?
7 Che cosa ha preparato?
8 Quando sarà in città?
9 A che ora?
10 A chi manda i suoi saluti?

B Complete with the future of the verb in brackets, then translate:

1 Noi (parlare) italiano.
2 Carlo (ricevere) una cartolina.
3 Lei non (capire) questa lettera.
4 Roberto e Mario (avere) una vacanza.
5 Io non (essere) a Londra domani.

C Fill the gaps below with a subject pronoun and then translate the following sentences:

1 ___ venderò la macchina.
2 ___ compreremo una casa.
3 ___ finirai la lettera domani.
4 ___ sarete occupati.
5 ___ potrà capire questa lezione.

D Translate:

1 Mario and Giovanni will go to Italy.
2 They will travel together.
3 My holidays begin today.
4 I am going to London tomorrow.
5 Giovanni is able to speak (= **sa parlare**) Italian very well.
6 I can speak (= **so parlare**) a little.

7 The passport is not in order.
8 We have decided to stay at home.
9 Do you want to read this letter?
10 No, thank you, I am too busy.
11 When I am famous I shall be happy.
12 When they see him they'll say hello (= **salutare**).
13 If you win, will you celebrate (= **festeggiare**)?

E Give the first person singular of the perfect and future tense of the following verbs:

1	preparare	6	potere
2	credere	7	viaggiare
3	finire	8	andare
4	avere	9	fare
5	essere	10	dare

15

GRAMMAR

Conditional tense

The conditional tense, as you learnt in the previous lesson, is formed from the infinitive less the final vowel. The following endings are then added to the infinitive:

first person singular	-ei
second person singular	-esti
third person singular	-ebbe
first person plural	-emmo
second person plural	-este
third person plural	-ebbero

Note the **-mm-** of the first person plural which distinguishes it from the first person plural of the future tense.

As in the future tense, the **-a-** of the infinitive of regular verbs in -*are* must be changed to **-e-**.

Now look at the conditional tense of the three model verbs.

CONDITIONAL TENSE	
Parlare	
parlerei	*I should/would speak*
parleresti	*you should/would speak*
parlerebbe	*he/she should/would speak*
parleremmo	*we should/would speak*
parlereste	*you should/would speak*
parlerebbero	*they should/would speak*

111

Vendere

venderei	*I should/would sell*
venderesti	*you should/would sell*
venderebbe	*he/she should/would sell*
venderemmo	*we should/would sell*
vendereste	*you should/would sell*
venderebbero	*they should/would sell*

Capire

capirei	*I should/would understand*
capiresti	*you should/would understand*
capirebbe	*he/she should/would understand*
capiremmo	*we should/would understand*
capireste	*you should/would understand*
capirebbero	*they should/would speak*

The conditional of the auxiliaries **avere** and **essere** has the same stem as that of the future, **avr-** and **sar-**; and to these stems the endings of the conditional, which are the same for all verbs, are added:

Avere

avrei	*I should/would have*
avreste	*you should/would have*
avrebbe	*he/she should/would have*
avremmo	*we should/would have*
avreste	*you should/would have*
avrebbero	*they should/would have*

Essere	
sarei	*I should/would be*
saresti	*you should/would be*
sarebbe	*he/she should/would be*
saremmo	*we should/would be*
sareste	*you should/would be*
sarebbero	*they should/would be*

Geographical terms

COUNTRIES		INHABITANTS	
L'Inghilterra	*England*	Gli Inglesi	*English*
La Francia	*France*	I Francesi	*French*
L'Italia	*Italy*	Gli Italiani	*Italians*
La Svizzera	*Switzerland*	Gli Svizzeri	*Swiss*
La Spagna	*Spain*	Gli Spagnoli	*Spaniards*
La Germania	*Germany*	I Tedeschi	*Germans*
Il Portogallo	*Portugal*	I Portoghesi	*Portuguese*
L'America	*America*	Gli Americani	*Americans*
La Russia	*Russia*	I Russi	*Russians*

CAPITALS			
Londra	*London*	Madrid	*Madrid*
Parigi	*Paris*	Berlino	*Berlin*
Roma	*Rome*	Lisbona	*Lisbon*
Berna	*Berne*	Mosca	*Moscow*

Note that all cities, except **il Cairo**, are feminine

CARDINAL POINTS			
Nouns		**Adjectives**	
il nord **or**		settentrionale	*northern*
settentrione	*North*		
il sud **or**			
mezzogiorno			
or meridione	*South*	meridionale	*southern*
l'est, il levante			
or l'oriente	*East*	orientale	*eastern*
l'ovest, il ponente			
or l'occidente	West	occidentale	*western*

VOCABULARY

abitare	*to live, dwell*	la Banca	*Commercial*
la risposta	*reply*	Commerciale	*Bank*
la guida ⎫	*guide*	ottimo	*excellent*
il cicerone ⎭		valido	*valid*
una volta	*once*	distinti saluti	*kind regards*
il luogo ⎫	*place*	dunque	*therefore, then*
il posto ⎭		a sabato!	*till Saturday*
il paese	*country, town,*	prossimo	*next*
	village	scorso	*last*
il punto	*cardinal point*	ancora	*still, yet*
cardinale		Genova	*Genoa*
la Riviera di	*western*	stamani **or**	
Ponente	*Riviera*	stamattina	*this morning*
la Riviera	*eastern Riviera*	i genitori	*parents*
di Levante		i parenti	*relations*
aspettare	*to wait for*		
la porta	*main door*		
principale			

Note that the noun **guida**, like **persona** (*person*) and **vittima** (*victim*), is always feminine, even when referring to a man.

READING PASSAGE

La risposta

25, Trafalgar Street,
London
9 Aprile

Caro Giovanni,

Grazie della sua lettera che ho ricevuto stamattina. Quest' anno anch'io avrò le vacanze alla fine di Luglio e sarò molto contento di venire con Lei in Italia.

Lei ha visitato tante belle città e così sarebbe, per me, un' ottima guida. Il mio passaporto è valido ancora per due anni.

È vero che sono stato una volta in Italia, ma ho visitato soltanto la Riviera di Ponente ed alcuni bei posti fra Ventimiglia e Genova; non sono ancora stato nelle altre città. Sarò libero, anch'io, sabato prossimo dopo mezzogiorno e l' aspetterò davant. alla porta principale della Banca Commerciale. Potrebbe mangiare con me? Così avremmo molto tempo per parlare delle vacanze estive.

A Sabato dunque!

Distinti saluti ai suoi genitori ed a Lei,

Mario

EXERCISES

A Answer the following:

1   Chi ha ricevuto una lettera?
2   È stato in Italia Mario?
3   Chi sarebbe una buona guida per lui?
4   Quando sarà libero?
5   Dove aspetterà il suo amico?
6   Che potrebbero fare tutti e due?
7   A chi manda dei saluti?
8   Qual è la capitale dell'Inghilterra?
9   Dove abita il signor Mario?
10 Dove abita Lei?

B Translate:

1   The English speak English.
2   The French speak French.
3   The Italians speak Italian.
4   The Germans speak German.
5   The Spaniards speak Spanish.
6   Madrid is the capital of Spain.
7   Berne is the capital of Switzerland.
8   Paris is the capital of France.
9   Rome is the capital of Italy.
10 The four cardinal points are North, South, East, West.

C (1) Translate:

il settentrione
il mezzogiorno
l'oriente
l'occidente
centrale

(2) Put into the plural:

un Tedesco
un Inglese

uno Spagnolo
uno Svizzero
un Francese
un Americano

D Translate:

1 I have not received a letter today.
2 We would be pleased.
3 I would be able to come.
4 They would receive a postcard.
5 We send our greetings to all.
6 This bank is very big.
7 That bank is small.
8 I have only seen one newspaper today.
9 The western Riviera is very beautiful.
10 We will not visit the eastern Riviera this time.

E Write the conditional of:

1 cantare
2 ricevere
3 finire
4 avere
5 essere

16

GRAMMAR

Irregular plurals of nouns

There are some nouns, mostly of Greek origin, which end in **-ca**, **-ta**, **-ma** or **-ga**, and which are masculine, forming their plural in **-i**:

il duca	*the duke*	→	i duchi
il poeta	*the poet*	→	i poeti
il poema	*the epic poem*	→	i poemi
il collega	*the colleague*	→	i colleghi

Note also:

il Papa	*the Pope*	→	i Papi

There are nouns ending in **-ista** which are of both genders; these have a masculine plural ending in **-i** and a feminine plural ending in **-e**:

il pianista	*the pianist* (m)	→	i pianisti
la pianista	*the pianist* (f)	→	le pianiste
un artista	*an artist* (m)	→	degli artisti
un'artista	*an artist* (f)	→	delle artiste

Note that **poesia** is the normal word for a shorter, non-epic poem, and for poetry in general.

The 20 regions of Italy

Italy is divided into twenty regions, each of which has its main town. The following list gives Le Regioni (*the regions*) and I Capoluoghi (*the main towns*).

L'Italia settentrionale (*Northern Italy*)

1	Il Piemonte	*Piedmont*	Torino	*Turin*

2	Val d'Aosta	*Valle d'Aosta*	Aosta	*Aosta*
3	La Liguria	*Liguria*	Genova	*Genoa*
4	La Lombardia	*Lombardy*	Milano	*Milan*
5	L'Emilia-Romagna	*Emilia Romagna*	Bologna	*Bologna*
6	Il Trentino-Adige	*Trentino*	Trento	*Trent*
7	Il Veneto	*Venetia*	Venezia	*Venice*
8	Il Friuli-Venezia Giulia	*Venezia Giulia*	Trieste	*Trieste*

L'Italia centrale (*Central Italy*)

9	La Toscana	*Tuscany*	Firenze	*Florence*
10	Le Marche	*The Marches*	Ancona	*Ancona*
11	L'Umbria	*Umbria*	Perugia	*Perugia*
12	Il Lazio	*Latium*	Roma	*Rome*
13	Gli Abruzzi	*Abruzzi*	L'Aquila	*Aquila*
14	Il Molise	*Molise*	Campo-basso	*Campo-basso*

L'Italia meridionale (*Southern Italy*)

15	La Campania	*Campagna*	Napoli	*Naples*
16	La Basilicata	*Basilicata*	Potenza	*Potenza*
17	La Puglia	*Apulia*	Bari	*Bari*
18	La Calabria	*Calabria*	Reggio Calabria	*Reggio Calabria*

L'Italia insulare (*Islands of Italy*)

19	La Sicilia	*Sicily*	Palermo	*Palermo*
20	La Sardegna	*Sardinia*	Cagliari	*Cagliari*

Note also the following:

Il Mare Mediterraneo	*Mediterranean Sea*
Il Mare Ligure	*Ligurian Sea*
Il Mare Tirreno	*Tyrrhenian Sea*
Il Mare Ionio	*Ionian Sea*
Il Mare Adriatico	*Adriatic Sea*

VOCABULARY

la carta geografica	*map*	piacere (E)	*to please*
		mi piace	*I like*
l'isola	*island*	separare	*to separate*
la penisola	*peninsula*	circondare	*to surround*
la catena	*chain*	diverso	*different*
le Alpi	*Alps*	la preparazione	*preparation*
gli Appennini	*Apennines*	formare	*to form*
la spina dorsale	*backbone*	l'Austria	*Austria*
la regione	*region*	la Iugoslavia	*Jugoslavia*
il capoluogo	*main town*	cioè	*that is,*
prima di	*before*		*namely*

READING PASSAGE

Prepararsi per il viaggio

Prima di fare il loro viaggio Giovanni e Mario guardano una carta geografica d'Italia. Vedono la grande penisola con la catena delle Alpi a Nord. Le Alpi separano l'Italia dalla Francia, dalla Svizzera, dall' Austria e dalla Iugoslavia. Gli Appennini formano una spina dorsale all'Italia. Il Mare Mediterraneo circonda la penisola. Questo mare prende diversi nomi, cioè...

Mare Ligure, Mare Tirreno ad Ovest, Mare Ionio a Sud, Mare Adriatico ad Est.

Poi tutti e due studiano le venti regioni ed i capoluoghi.

EXERCISES

A Answer in Italian:

1   Che cosa guardano Giovanni e Mario prima di fare il loro viaggio?
2   Che vedono a Nord della carta geografica?
3   Quali montagne separano l'Italia dalla Francia?
4   Cosa formano gli Appennini all'Italia?

5   Quale Mare circonda la penisola?
6   Mi dica i nomi dei mari.
7   Mi dica i nomi di due isole.
8   Qual è il capoluogo del Lazio?
9   Qual è il capoluogo della Toscana?
10 Qual è il capoluogo dell'Emilia?

B Put into the plural:

1	il poeta	6	il duca
2	un telegramma	7	l'artista (f)
3	quella pianista	8	questo poema
4	quel violinista	9	quel pilota
5	il programma	10	questo diagramma

C Translate:

1   We are looking at a map.
2   I have visited these towns.
3   Here is a programme.
4   There is a telegram for you.
5   I like this pianist (m).
6   There are some beautiful poems in this book.
7   Is there a poet in this town?
8   The chief town of Lombardy is Milan.
9   The chief town of Liguria is Genoa.
10 The chief town of Umbria is Perugia.

D Put into the conditional:

1   Parlerò con lui.
2   Avrà una vacanza.
3   Saranno felici.
4   Venderai la casa?
5   Darò loro questo programma.
6   Non andrete a Londra?
7   Faremo una gita intorno al lago.
8   Saranno a casa?
9   Finirò il lavoro.
10 Riceveremo quella lettera domani.

E Translate the reading passage.

F Write in full the conditional of:

1 avere   3 cominciare

2 essere   4 viaggiare

17

GRAMMAR

Nouns ending in -cia and -gia

To form the plural of nouns ending in **-cia** and **-gia** the general rules are:

(a) If the **-i-** is unstressed it is omitted in the plural, provided that **-c-** and **-g-** are preceded by a consonant or doubled:

la mancia	*the tip*	→	le mance
la faccia	*the face*	→	le facce
la loggia	*the balcony*	→	le logge

(b) If the **-i-** is unstressed and **-c-** and **-g-** are preceded by a vowel, the plural is in **-cie** and **-gie**:

| la camicia | *the shirt* | → | le camicie |
| la valigia | *the suitcase* | → | le valigie |

(c) If the **-i-** is stressed, it is retained in the plural:

| la farmacia | *the chemist* | → | le farmacie |
| la bugia | *the lie, falsehood* | → | le bugie |

Note that masculine nouns ending in **-io** also have stress-dependent plurals; cf. **studio** has the plural form **studi**, whereas **brusio** (= *buzz*) has the plural form **brusii**.

Irregular verbs: dovere, salire, uscire, scendere

dovere	*to have to, to owe, to be obliged*
salire	*to ascend, go up*
uscire	*to go out*
scendere	*to descend* (regular in the present indicative)

PRESENT INDICATIVE

Dovere (pp **dovuto**)		**Salire** (pp **salito**)	
devo (**or** debbo)	*I must/have to*	salgo	*go up*
devi	*you must/have to*	sali	*you go up*
deve	*he/she must/ has to*	sale	*he/she goes up*
dobbiamo	*we must/have to*	saliamo	*we go up*
dovete	*you must/have to*	salite	*you go up*
devono (or debbono	*they must/have to*	salgono	*they go up*

Uscire (pp **uscito**)		**Scendere** (pp **sceso**)	
esco	*I go out*	scendo	*I descend*
esci	*you go out*	scendi	*you descend*
esce	*he/she goes out*	scende	*he/she descends*
usciamo	*we go out*	scendiamo	*we descend*
uscite	*you go out*	scendete	*you descend*
escono	*they go out*	scendono	*they descend*

Note that **salire**, **scendere** and **uscire** are conjugated with **essere** in the compound tenses.

VOCABULARY

la partenza	*departure*	la rete	*luggage rack*
il biglietto	*ticket*	la valigia	*suitcase*
il tassi (**or** taxi)	*taxi*	il viaggiatore	*passenger, traveller*
l'autista (m)	*driver, bus-driver*	seconda classe	*second class*
la stazione	*station*	il posto riservato	*reserved seat*
il facchino	*porter*		
la mancia	*tip*	il numero	*number*

il tassista	*taxi-driver*	la freccia	*arrow*
buon viaggio!	*pleasant journey!*	la ciliegia	*cherry*
seguire	*to follow,*	la provincia	*province*
	continue	la doccia	*shower-bath*
andare(E)	*to go forward*	l'arancia	*orange*
avanti	**or** *in front*	essere(e) di	*to belong to,*
mettere	*to put*		*to come from*
(pp messo)		cortese	*courteous,*
Le piace?	*do you like?*		*polite*
mi piace	*I like*	tardi	*late*
non mi piace	*I do not like*		

READING PASSAGE

La partenza

Giovanni e Mario sono pronti a partire, ora aspettano il tassì.

Mario   Il campanello suona.

Giovanni   Sarà l'autista. (*Prendono le valigie e salgono sul tassì.*)

Mario   (*Al tassista.*) Alla stazione Victoria.

Giovanni   Fra dieci minuti ci saremo; dobbiamo preparare i passaporti ed i biglietti.

Mario   A che ora parte il treno?

Giovanni   Alle tredici e trenta.

Mario   C'è ancora tempo, è soltanto l'una e cinque ed ecco la stazione!

(*Giovanni paga il tassista e un facchino prende le valigie.*)

Giovanni   (*Al facchino*). Il treno per Folkestone.

Il Facchino Avete posti riservati?

Giovanni   Sì, di seconda classe, ecco i numeri, 32 e 34. (*Il facchino va avanti, sale sul treno e trova i loro posti. Giovanni e Mario devono mostrare i passaporti ed i biglietti e poi seguono il facchino.*)

Il Facchino   Ecco i vostri posti, signori; ho messo le valigie sulla rete.

Giovanni   Grazie. (*Gli dà una mancia.*)

Il Facchino   Grazie – e buon viaggio!
(*Dieci minuti più tardi il treno parte.*)

(*Segue*)

EXERCISES

A Answer in Italian:

1 Dove vanno Giovanni e Mario quando il tassì arriva?
2 Chi prende le loro valigie alla stazione?
3 Dove mette le valigie il facchino?
4 Sono riservati i loro posti sul treno?
5 Che cosa danno Giovanni e Mario al facchino?
6 A che ora parte il treno per Folkestone?
7 Viaggiano in prima classe Giovanni e Mario?
8 Che dice il facchino ai nostri viaggiatori?
9 Le piace viaggiare, signore?
10 Fa un viaggio ogni anno?

B Give the first person singular and plural of the following verbs in the future and the conditional:

1	dare	6	salire
2	andare	7	uscire
3	preparare	8	dire
4	prendere	9	seguire
5	partire	10	viaggiare

Give the opposites of the following verbs:

(a) 1 andare   4 entrare
     2 arrivare   5 salire
     3 comprare

(b) Put into the plural:
     1 la freccia   2 la ciliegia

127

3 la provincia   5 la farmacia
4 l'arancia

D Translate:

1 Vado a comprare delle arance.
2 Questa valigia è del signor Monti.
3 I viaggiatori danno delle mance ai facchini.
4 Dobbiamo seguire questo facchino.
5 Io andrò avanti.
6 Non mi piace questo posto.
7 Qual è il nostro treno?
8 Sarà quello.
9 Questo facchino riceverà una buona mancia.
10 Ecco il suo passaporto, dov'è il mio?

18

GRAMMAR

Changes in certain verbs

As already stated, verbs ending in **-ciare** and **-giare** drop the **-i-** before another **-e-** or **-i-**: but all other verbs ending in **-iare** drop the **-i-** only before another **-i-**:

studiare   *to study*   (io)   st*u*dio
                        (tu)   studi
                        (noi) studiamo

but **studieremo** (*we shall study*)

Verbs ending in **-care** and **-gare** take an **-h-** between

c and **e**   **g** and **e**
c and **i**   **g** and **i**

to retain the hard sound of the infinitive. **Cercare** (*to look for*) and **pagare** (*to pay, pay for*) are typical examples.

PRESENT INDICATIVE			
Cercare *to look for*		**Pagare** *to pay*	
cerco	*I am looking for*	(io) pago	*I pay*
cerchi	*you are looking for*	paghi	*you pay*
cerca	*he/she is looking for*	paga	*he/she pays*
cerchiamo	*we are looking for*	paghiamo	*we pay*
cercate	*you are looking for*	pagate	*you pay*
cercano	*they are looking for*	pagano	*they pay*

Whereas in the present indicative the **-h-** appears only in the second person singular and the first person plural, it appears in all the persons as follows:

Future	Conditional
cercherò	cercherei
pagherò	pagherei

This orthographic change only occurs in verbs of the first conjugation: compare the verb **leggere** (*to read*):

leggo, leggi, legge

There is one important rule to note regarding verbs ending in -**cere**; an -**i**- is inserted before the -**u**- of the past participle:

conoscere	*to know*	pp **conosciuto**
piacere (E)	*to please*	pp **piaciuto**

Negative expressions

non	. . . niente	}	*nothing*
or non	. . . nulla		
non	. . . mai		*never*
non	. . . più		*no more, no longer*
non	. . . nessuno		*nobody, no one*
non	. . . nè . . . nè		*neither . . . nor*
non	. . . mica		*not, not at all*

In an Italian sentence two negatives are often used together but they convey a single negative idea, not an affirmative as in English.

Margherita non capisce niente.	*Margherita does not understand anything.*
Carlo non ha mai visto questa città.	*Carlo has never seen this town.*
Caterina non ha nè fratelli nè sorelle.	*Caterina has neither brothers nor sisters.*

VOCABULARY

il giornale	*newspaper*	il controllo	*check, control*
la rivista	*magazine*	la Manica	*Straits of Dover,*
la costa	*coast*		*English*
la visita	*visit*		*Channel*
la dogana	*customs*	il segno	*sign*
il doganiere	*customs officer*	il pezzo	*piece*
il traghetto	*ferry*	il gesso	*chalk*
il battello	*boat, steam-boat*	prendere	*to take*
far domande	*to ask questions*	(pp preso)	
allora	*then*	lasciare	*to leave*
soltanto		cercare	*to look for*
solo }	*only*	pagare	*to pay for*
solamente		richiedere	*to require*
scendere(e)	*to descend,*	il finestrino	*carriage,*
(pp sceso)	*go down*		*window*

READING PASSAGE

Da Londra a Folkestone

Giovanni   Ora cominciamo il nostro viaggio. Ha portato dei giornali, non è vero?

Mario   Si, eccoli! Ho portato anche delle riviste, eccole.

Giovanni   Grazie.

Mario   Prego; fra due ore saremo a Folkestone, non è vero?

Giovanni   Sì, e poi ci sarà la visita alla dogana.

Mario   E dovremo aprire le valigie?

Giovanni   Non sempre, fanno soltanto domande, ma c'è il controllo dei passaporti che richiede molto tempo.
       (*Tutti e due leggono i giornali.*)

Mario   (*che guarda dal finestrino*). Io vedo la Manica.

Giovanni   Siamo quasi arrivati allora, come passa il tempo! (*Il*

131

treno si ferma, i nostri viaggiatori si preparano, scendono dal treno e vanno alla dogana. La visita non richiede tanto tempo; il doganiere fa un segno misterioso su ogni valigia, con un pezzo di gesso, e poi Giovanni e Mario salgono sul traghetto.)

Mario   Presto lasceremo la costa inglese e fra un'ora vedremo la costa francese.

(Segue)

EXERCISES

A Answer the following:

1 Chi ha portato dei giornali?
2 Quando arriveranno a Folkestone i viaggiatori?
3 Dobbiamo aprire sempre le valigie alla dogana?
4 Che cosa vede, Mario, dal finestrino?
5 Che fanno i viaggiatori?
6 Dove vanno poi?
7 Quanto tempo richiede la visita alla dogana?
8 Che cosa fanno i doganieri su ogni valigia?
9 E poi dove salgono i viaggiatori?
10 Quando vedranno la costa francese?

B Give the first persons singular and plural of the following verbs in the present indicative:

1 cercare   4 pagare
2 fare   5 andare(E)
3 salire(E)

C Translate:

1 I will read this newspaper.
2 What are you reading, Giovanni?
3 I am reading an Italian magazine.
4 At what time will this train arrive at Folkestone?
5 In an hour, sir.
6 We have almost arrived.
7 The train is stopping. In fact (= **anzi**), it has already stopped.

8   I can only find one magazine.
9   Here is the other one.
10   There is nothing in this box.
11   At the end of the holidays, I'll have no money left.
12   Don't you know anyone in Siena?
13   She has nothing, and has never had friends.
14   They'll never go there again.
15   Will you ever learn?

D Translate:

1   Dove sono andati i facchini?
2   Mi piace il mare quando è calmo.
3   Io preferisco il mare grosso.
4   Eccoli, salgono sul traghetto.
5   Questo traghetto non è grande.
6   Partiremo alle quindici.
7   A che ora arriveremo a Folkestone?
8   Verso le quindici e venti.
9   Ecco la mia valigia, dov'è la sua?
10   Eccola, vicino al facchino.

E Conjugate the future of:

(a)   arrivare
(b)   cercare

19

GRAMMAR

Irregular plurals of nouns

Nouns of one syllable, those ending in an accented vowel, and a few ending in a consonant (usually of foreign origin) have no distinctive change of termination in the plural:

il re	*king*	→	i re
il dì	*day* (poet.)	→	i dì
la città	*town*	→	le città
l'autobus	*bus*	→	gli autobus
il bar	*bar*	→	i bar
il caffè	*café, coffee*	→	i caffè

Note also:

la frutta	*fruit*	→	le frutta
l'uovo	*egg*	→	le uova
il lenzuolo	*sheet*	→	le lenzuola
un centinaio	*about a hundred*	→	centinaia, hundreds
un migliaio	*about a thousand*	→	migliaia, thousands
il dito	*finger*	→	le dita
il braccio	*arm*	→	le braccia
la moglie	*wife*	→	le mogli
il muro	*wall* (of city)	→	le mura
il grido	*shout*	→	le grida
il paio	*pair*	→	le paia
il riso	*laugh*	→	le risa

but

| l'uomo | *man* | → | gli uomini |

Irregular verbs: bere, sapere, conoscere

bere (contracted from **bevere** *to drink*)

The present tense is regular:

bevo	*I am drinking*
bevi	*you are drinking*
beve	*he/she is drinking*
beviamo	*we are drinking*
bevete	*you are drinking*
bevono	*they are drinking*

But note the stem of the future which is irregular:

berrò	*I shall drink*
berrai	*you shall drink*
berrà	*he/she shall drink*
berremo	*we shall drink*
berrete	*you shall drink*
berranno	*they shall drink*

The conditional endings are added to the stem of the future:
berrei, berresti

PRESENT INDICATIVE	
Sapere (*to know* a fact, pp **saputo**)	**Conoscere** (*to be acquainted* with people, places, pp **conosciuto**)
so	conosco
sai	conosci
sa	conosce
sappiamo	conosciamo
sapete	conoscete
sanno	conoscono

Note that **sapere** can also mean *to know how to,* as in the following examples with **spiegarsi**:

so spiegarmi	*I know how to explain myself*
sai spiegarti	*you know how to explain yourself*

sa spiegarsi	*he/she knows how to explain himself/herself*
sappiamo spiegarci	*we know how to explain ourselves*
sapete spiegarvi	*you know how to explain yourselves*
sanno spiegarsi	*they know how to explain themselves*

Also: **so nuotare** = *I know how to swim*

VOCABULARY

la traversata	*crossing*	il cerino	*wax match*
il bar	*bar*	la fila ⎫	
la sigaretta	*cigarette*	la coda ⎭	*queue, line*
il fiammifero	*match*	fare la fila	*to form a queue*
il ponte,	*deck*	rallentare	*to slow down*
la coperta		sbarcare (E/A)	*to disembark*
a bordo	*on board*	subito	*at once*
la macchina	*camera*	dimenticare	*to forget*
fotografica		andiamo	*let us go*
fare una	*to take a*	pesante	*heavy*
fotografia	*photograph*	leggero	*light*
visibile	*visible*	la fame	*hunger*
sembrare(E)	*to seem*	aver fame	*to be hungry*
bere	*to drink*	la sete	*thirst*
costare(E)	*to cost*	aver sete	*to be thirsty*
evitare	*to avoid*		

READING PASSAGE

La traversata della Manica

Giovanni	Come è calma la Manica oggi. Sembra un lago!
Mario	Quanti viaggiatori! Dove vanno?
Giovanni	Alcuni andranno in Francia, altri in Svizzera o in Italia.
Mario	Quanto dura questa traversata?

Giovanni	Un'ora e venticinque minuti. Vuol bere qualcosa?
Mario	Sì, andiamo al bar. Allo stesso tempo potremo comprare sigarette e cerini: le sigarette costano meno sul traghetto.
Giovanni	Non dimentichiamo che ci sarà un altro controllo di passaporti prima di arrivare a Calais, fatto a bordo.
Mario	Possiamo andare subito all'ufficio.
Giovanni	È una buon'idea! Così eviteremo di fare la fila.
Mario	Dov'è la mia macchina fotografica? Vorrei fare alcune fotografie prima di sbarcare. Vedo facchini francesi che si preparano a venire a bordo.
Giovanni	Il traghetto rallenta, dobbiamo prepararci anche noi. *(A Calais i facchini salgono sul traghetto per aiutare i viaggiatori con le loro valigie. Dopo una visita alla dogana francese i viaggiatori salgono sul treno continentale.)*

(Segue)

EXERCISES

A Answer the following:

1 È sempre mosso il mare?
2 Quali paesi visiteranno i viaggiatori?
3 Chi vuol bere qualcosa?
4 Dove vanno Giovanni e Mario?
5 Che cosa comprano al bar?
6 Perchè comprano sigarette?
7 Dove ci sarà un controllo di passaporti?
8 Per evitare di fare la fila, che faranno Giovanni e Mario?
9 Che vorrebbe fare Mario prima di sbarcare?
10 Cosa fanno i facchini francesi?

B Give the third persons singular and plural of the following verbs in the future tense:

1	evitare	4	bere
2	spiegare	5	andare(E)
3	stare(E)		

C Put into the plural:

1	quel re	6	l'amica inglese
2	quella città	7	una rivista tedesca
3	quell'uomo	8	un viaggiatore svizzero
4	un uovo	9	una macchina fotografica
5	l'amico francese	10	un artista italiano

D Translate:

1 Do you want any cigarettes?
2 Yes, and some matches too.
3 How much do they cost?
4 I do not know, we shall ask the price.
5 Do you know that lady?
6 Yes, I met her in London.
7 These suitcases are not heavy.
8 Mine is very light.
9 This pianist (f) plays well.
10 This town is very modern.
11 Are you hungry, Giovanni?
12 No, but I am thirsty.

E Conjugate in the conditional:

(a) sbarcare
(b) fare

20

GRAMMAR

Adverbs

You have already met several adverbs in the previous lessons:

molto	*very; very much*	sempre	*always*
poco	*little*	oggi	*today*
bene	*well*	di solito	*usually*
quasi	*almost*	si	*yes*
dove	*where*	no	*no*
davanti	*in front*	non	*not*

As a rule the adverb is placed immediately after the verb, except **non** which always precedes the verb.

The adverb *only* may be rendered by **non** in front of the verb and **che** after it, or by **solo, soltanto** or **solamente**:

Ho solo
Ho soltanto $\Big\}$ due fratelli   *I have only two brothers.*
Ho solamente

The adverb *ago* is rendered by **fa**.

Forming adverbs

Adverbs of manner are usually formed by adding **-mente** to the feminine singular of the adjective:

ovvio, ovvia	→	ovviamente	*obviously*
felice	→	felicemente	*happily*

If, however, the adjective ends in **-le** or **-re**, the final vowel is dropped before **-mente** is added:

| facile | → | facilmente | *easily* |
| particolare | → | particolarmente | *particularly* |

unless there are two consonants preceding the vowel, in which case **-mente** is added to the adjective itself:

| folle | → | follemente | *madly* |

Impersonal verbs

True impersonal verbs are used only in the third person singular. Many of these verbs pertain to the weather.

piovere (E)	*to rain*	piove	*it is raining*
tuonare	*to thunder*	tuona	*it is thundering*
lampeggiare	*to lighten*	lampeggia	*it lightens, there is lightning*
gelare (E)	*to freeze*	gela	*it is freezing*

They are usually conjugated with the auxiliary **essere** in the compound tenses:

| è piovuto | *it rained* | è gelato | *it froze* |

Besides these true impersonal verbs, there are also impersonal expressions formed with certain verbs:

fare

fa caldo	*it is warm*
ha fatto caldo	*it was warm*
fa freddo	*it is cold*
fa bel tempo	*it is fine* (weather)

tirare

| tira vento | *it is windy* |
| ha tirato vento | *it was windy* |

andare (E)

| va bene | *it is all right* |

Note that **fare** and **tirare** are conjugated with **avere** in the compound tenses.

Of other impersonal verbs the most common are:

bisognare(E)	*to be necessary*
bisogna	*it is necessary*
bastare(E)	*to be enough, to suffice*
basta	*it is enough*
sembrare(E) } **parere**(E) }	*to seem, to appear*
sembra } pare }	*it seems, it appears*
volerci(E)	*to be necessary*

Ci vuole molto coraggio   *One needs/You need a lot*
  per sciare.   *of courage to ski.*
Ci vogliono due mani per   *You need two hands/Two hands*
  farlo bene.   *are needed to do it well.*

piacere(E)	*to please*
piace	*it pleases* piacciono (pl) *they please*

A sentence such as *I like this flower* is translated **Mi piace questo fiore** (Lit. *This flower pleases me*).

But *I like these flowers* must be translated **Mi piacciono questi fiori** (Lit. *These flowers please me*).

Note the use of the impersonal verb with all the conjunctive pronouns:

mi piace		*I like*	
ti piace		*you like*	
gli piace		*he likes*	
le piace		*she likes*	
Le piace	questa casa	*you like*	this house
ci piace		*we like*	
vi piace		*you like*	
piace loro*		*they like*	
piace Loro		*you like*	
mi pi*a*cciono	queste case	*I like*	these houses
ti pi*a*cciono		*you like*	

*gli piace/gli sembra are also acceptable (cf. Lesson 8, note 1).

Note that Non mi piace (pi*a*cciono) . . . (*I do not like . . .*), but mi dispiace (*I am sorry*) Lit. it displeases me.

The impersonal verb **sembrare**(E) (*to seem*) with the conjunctive pronouns.

mi sembra		*me*
ti sembra		*you*
gli sembra		*him*
le sembra		*her*
Le sembra	*It seems to*	*you*
ci sembra		*us*
vi sembra		*you*
sembra loro*		*them*
sembra Loro		*you*

The plural form is:

mi s*e*mbrano	*they seem to me*

The impersonal verb **toccare**(E) (*to be the turn of, to fall to the lot of, to be up to*) used with the expression, **A chi tocca?** (*Whose turn is it?*).

Note the disjunctive pronouns.

tocca a me		*my turn*
tocca a te		*your turn*
tocca a lui		*his turn*
tocca a lei		*her turn*
tocca a Lei	*it is*	*your turn*
tocca a noi		*our turn*
tocca a voi		*your turn*
tocca a loro		*their turn*
tocca a Loro		*your turn*

Note that all impersonal verbs are conjugated with **essere** in the compound tenses:

Mi è sembrato strano che. . .	*It seemed strange to me that . . .*
Ti sono piaciuti quei due libri?	*Did you like those two books?*
Ci è bastato questo fatto.	*This fact was enough for us.*
Gli è toccato (di) andare a casa a piedi.	*He had to walk home.*

142

Also note Appendix 3 at the back of the book which deals with the complex use and nature of the impersonal/indefinite pronoun **si**.

VOCABULARY

il risotto	*savoury rice dish*	Moscata	*wine made*
gli gnocchi	*very small*		*from muscatel*
	dumplings		*grapes*
la bistecca	*steak*	timido	*timid, shy*
l'abbacchio	*young roast lamb*	regolare	*regular*
l'agnello	*lamb*	costare (E)	*to cost*
il rosmarino	*rosemary*	assaggiare	*to taste*
basta!	*that is enough!/*	arrostire	*to roast*
	that will do!	arrosto	*roast* (meat)
semplicemente	*simply*	dolce	*sweet*
spumante	*sparkling wine*	costoso	*expensive*
noto	*noted*	secco	*dry*
tenero	*tender*	scelto	*choice* (adj.)
bastare (E)	*to be enough*	provare	*to try*
piacere (E)	*to please*	consistere (E)	*to consist*
scommettere	*to bet*	Orvieto	*the white wine of*
alla	*in the manner of*		*Orvieto, town*
Chianti	*red or white*		*in Umbria*
	wine of	Asti Spumante	*sparkling wine*
	Chianti, a		*of Asti, town*
	district in		*near Turin;*
	Tuscany		*Italian*
Valpolicella	*a noted red*		*champagne*
	wine of the	Montefiascone	*a town near*
	province of		*Rome*
	Verona	lo 'champagne'	*champagne*
		due giorni fa	*two days ago*

READING PASSAGE

Sul treno continentale

Giovanni Eccoci finalmente sul treno continentale. Domani saremo in Italia.

Mario Quando sarò in Italia vorrò provare molti piatti italiani; sa il nome di qualcuno?

Giovanni Certo, per esempio:
Risotto alla milanese;
Gnocchi alla genovese;
Bistecca alla fiorentina;
Abbacchio alla romana.

Mario Ho già assaggiato i primi tre piatti, ma che cosa è l'abbacchio alla romana?

Giovanni È l'agnello arrosto con rosmarino; è buonissimo ed è molto tenero.

Mario Saprà anche i nomi di vini scelti, scommetto!

Giovanni Eccone alcuni, Chianti, Valpolicella, Moscato, Orvieto ed il famoso Est! Est! Est! e poi non dimentichiamo l'Asti Spumante, lo 'champagne' italiano.

Mario Mi dica, per favore, che cosa è Est! Est! Est!?

Giovanni Un vino noto, di Montefiascone; è buono ma forte.

Mario Basta! Mi fa venire sete.

(Segue)

EXERCISES

A Answer the following:

1 Che farà Mario quando arriverà in Italia?
2 Le piace il risotto alla milanese, signore?
3 Le piacciono gli gnocchi alla genovese?
4 Che cosa è l'abbacchio alla romana?
5 Preferisce il vino rosso o il vino bianco?
6 È sempre tenera la carne?
7 Conosce molte città italiane?
8 Sa che ora è adesso?

9   A che ora parte da casa la mattina?
10   A che ora arriva in ufficio?
11   Le piace viaggiare in treno?
12   Preferisce viaggiare in macchina?

B   Form adverbs from the following adjectives:

1   fortunato   4   regolare
2   difficile   5   folle
3   timido

C   Translate

1   I like this view.
2   I do not like these postcards.
3   Do you like these colours?
4   I prefer this colour to that one.
5   This wine is very good.
6   How much does it cost?
7   It is not very expensive.
8   Do you prefer a sweet wine?
9   I like Asti Spumante very much.
10   I like nearly all wines.

D   Put into the plural:

1   Un vino secco.   4   Quella sigaretta mi piace.
2   Una bistecca tenera.   5   Questa vista mi sembra bella.
3   Questo vino è buono.

E   (a) Translate:

1   It seems to him.
2   It seems to us.
3   Does it seem to them?
4   Is this enough?
5   These are not enough.
6   We didn't like the party (= **festa**).
7   I had to (use **toccare**) speak in front of everyone.
8   He seemed a little unhappy to them.

9   This will seem strange to you (pl).
10 If it is fine in March, we'll go swimming (= **fare il bagno**).

REVISION

A Give the past participle of:

1	amare	6	servire
2	fare	7	prendere
3	bere	8	essere
4	leggere	9	dire
5	scrivere	10	aprire

B (a) Change the verbs in the following sentences to the present perfect; then (b) put the sentences into the future making the necessary logical modifications (eg changing **oggi** to **domani**)

1   Questo studente lavora bene.
2   Maria e Caterina scrivono male.
3   Roberto è in campagna.
4   I ragazzi partono oggi.
5   Carlo cerca il suo cane.

C (a) Translate the following sentences; then (b) put them into the plural and translate them back into Italian:

1   Il medico non dice niente.
2   Una settimana fa.
3   La casa è davanti al lago.
4   C'è una chiesa vicino alla scuola.
5   Quell'albero è magnifico.

D Translate:

1   I have only one brother.
2   Margherita has neither uncle nor aunt.
3   We have nothing in this basket.
4   Paolo no longer studies English.
5   We have never seen these lakes.

E Put into the plural:

1 il violinista
2 la pianista
3 l'uovo
4 quell'uomo
5 quella città

6 l'autobus
7 il re
8 la mia mano
9 il braccio
10 quel paio

F Give the opposites:

1 rispondere
2 partire
3 uscire
4 salire
5 andare

6 la settimana scorsa
7 il primo giorno
8 davanti a
9 sopra la tavola
10 lontano dalla stazione

G Insert an object pronoun and translate:

1 ___ vedo.
2 ___ prendiamo
3 ___ avrà
4 ___ faremo
5 ___ parlo

6 ___ piace.
7 ___ farà.
8 ___ sembra.
9 ___ comprerebbe.
10 ___ bastano.

H Translate:

1 This telegram is for her.
2 These letters are for me.
3 That postcard will be from him.
4 Margherita has been with us.
5 Paolo will not go with you (2nd per. sing.).

I (a) Form adverbs from the following adjectives:

1 sincero
2 utile
3 triste

4 generoso
5 particolare

(b) Conjugate the following:
   Non sarò a casa domani.
   Vorrei una vacanza.

J (a) Write the perfect tense of **divertirsi**.
  (b) Write the future tense of **alzarsi**.

Section Three

21

GRAMMAR

The gerund: -ing

The gerund corresponds to the English present participle and it is invariable. To form the gerund:

-ando is added to the stem of verbs ending in **-are**
-endo is added to the stem of verbs ending in **-ere** and **-ire**

parlare	parlando	*speaking*
vendere	vendendo	*selling*
capire	capendo	*understanding*

The Italian gerund is not governed by a preposition or a conjunction:

When buying is translated by **comprando** alone.
While reading is translated by **leggendo** alone.
On saying is translated by **dicendo** alone.

Note, however, that the endings **-ando** and **-endo** are added to the original stem of verbs which have a contracted form:

dire	(contracted from **dicere**), dicendo
fare	(contracted from **facere**), facendo
bere	(contracted from **bevere**), bevendo

The progressive construction

The gerund is often used with the verb **stare**(E) to form a progressive construction which adds emphasis:

sto leggendo	*I am reading*
	(ie *now, at this particular time*)
stiamo parlando	*we are speaking* (ie. *now*)
stavi dicendo	*you were saying*
	(ie *at that particular moment*)

The progressive construction can also be used in the future to express probability, in the same way as was explained in Lesson 14, Using the future tense (b):

Andiamo a trovare Paolo?	*Shall we go and see Paolo?*
No, starà dormendo.	*No, he'll be asleep*
	(ie probably).

Besides the gerund some Italian verbs have a present participle ending in **-ante**, pl. **-anti**, and **-ente**, pl. **-enti** which is either a noun or an adjective:

| un insegnante | *a teacher* |
| la Torre Pendente | *the Leaning Tower* |

Irregular verbs: mettere, chiudere, venire

Many irregular verbs are irregular only in the past participle and the past definite (see Lesson 24).

mettere	*to put*	pp **messo**
chiudere	*to close*	pp **chiuso**
venire(E)	*to come*	pp **venuto**

The present, the future and the conditional of many irregular verbs are regularly formed.

PRESENT	FUTURE	CONDITIONAL
metto	metterò	metterei
chiudo	chiuderò	chiuderei

Note the irregular forms of **venire**, *to come*.

Present	Future	Conditional
vengo *I come/ am coming*	verrò *I shall come*	verrei *I would come*
vieni	verrai	verresti
viene	verrà	verrebbe
veniamo	verremo	verremmo
venite	verrete	verreste
vengono	verranno	verrebbero

Note that **mettere** and **chiudere** are conjugated with **avere** in the compound tenses, but **venire** is conjugated with **essere**.

	mettere	ho messo	*I put*
	chiudere	ho chiuso	*I closed*
but	venire	sono venuto(a)	*I came*

The human body: il corpo umano

la testa	*head*	il labbro,	*lip*(s)
i capelli	*hair*	le labbra	
la fronte	*forehead*	il mento	*chin*
l'occhio,	*eye*(s)	l'orecchio,	*ear*(s)
gli occhi		le orecchie	
il naso	*nose*	il ginocchio,	*knee*(s)
la guancia,	*cheek*(s)	le ginocchia	
le guance		il membro,	*limb*(s)
la bocca,	*mouth*(s)	le membra	
le bocche		il collo	*neck*
il dente	*tooth*	la gola	*throat*
la spalla	*shoulder*	la gamba	*leg*
il braccio,	*arm*(s)	il piede	*foot*
le braccia		il cuore	*heart*
la mano,	*hand*(s)	l'osso, le ossa	*bone*(s)
le mani		(human),	
il dito, le dita	*finger*(s)	gli ossi *bones* (non-human)	

As seen from this vocabulary, certain nouns, mostly pertaining to the human body, are masculine in the singular and feminine in the plural.

Note the following expressions with **avere**:

aver mal di testa	*to have a headache*
aver mal di denti	*to have a toothache*
aver mal di gola	*to have a sore throat*

Note that *to have a sore finger* and *to have sore eyes/eye trouble* should be expressed by the impersonal forms: **mi fa male un dito** and **mi fanno male gli occhi** respectively.

VOCABULARY

il vagone ristorante	*restaurant car*	lo sportello	*carriage door*
		il paesaggio	*scenery*
la *Superba*	*The 'Mighty', 'Superb'*	di solito	*usually*
		di nuovo	*again*
la ricchezza	*wealth*	montagnoso	*mountainous*
un palazzo	*palace, large building*	collinoso	*hilly*
		commerciale	*commercial*
il corridoio	*corridor*	importante	*important*
il porto	*port*	l'organo	*organ*
la nave	*ship*	vitale	*chief, vital*
la vista	*view, sight*	sentire	*to hear*
fino a	*as far as*	stare(E) per	*to be about to*
a causa di	*on account of*	bellissimo	*very beautiful*
seguente	*following*	dormire	*to sleep*

READING PASSAGE

 L'arrivo in Italia

Mario (*la mattina seguente*) Buon giorno Giovanni, ha dormito bene?

Giovanni Sì, benissimo, di solito non dormo molto in treno. (*Guardando dal finestrino.*) Siamo a Torino.

Mario Come si chiama questa regione d'Italia? È bellissima.

Giovanni Il Piemonte, è una regione montagnosa e collinosa. Fra due ore arriveremo a Genova.

Mario	Genova, la *Superba!*
Giovanni	Sa perchè gli Italiani la chiamano la *Superba?*
Mario	No, perchè?
Giovanni	A causa delle ricchezze dei suoi bei palazzi.
Mario	È il primo porto commerciale d'Italia, non è vero?
Giovanni	Sì, ed è molto importante. (*Apre lo sportello e va nel corridoio.*) Ma eccoci quasi arrivati! Ora siamo in un'altra regione d'Italia; la Liguria, e Genova è al centro di questa regione, fra la Riviera di Levante e la Riviera di Ponente. Vede quelle grandi navi? Vanno fino in America.
Mario	Partiamo di nuovo. Sento un campanello!
Giovanni	Sarà ora di andare al vagone ristorante per la prima colazione. Dal finestrino avremo una bella vista del mare.

(*Segue*)

EXERCISES

A Answer the following:

1 Ha dormito bene Giovanni?
2 In quale regione sono adesso?
3 Com'è questa regione?
4 Perchè gli Italiani chiamano Genova la *Superba?*
5 Chi ha aperto lo sportello?
6 In quale regione si trova Genova?
7 Quali sono le due Riviere?
8 Fino a dove vanno le grandi navi?
9 Dove vanno i viaggiatori quando il treno riparte?
10 Che fanno nel vagone ristorante?

B Give the third persons singular and plural of the following verbs, in the conditional:

1	mettere	4	chiudere
2	leggere	5	venire
3	dovere		

C Put into the plural:

1	l'occhio celeste	6	la mano
2	la bocca	7	l'orecchio
3	la guancia	8	l'uovo
4	la moglie	9	l'uomo
5	il dito	10	la città

D Translate:

1 La stazione di Genova è vicino al mare.
2 Alcuni viaggiatori vanno nel corridoio.
3 Il treno sta per entrare nella stazione.
4 Lei ha chiuso il finestrino, perchè?
5 Sto guardando il mare.
6 Stiamo comprando una rivista italiana.
7 Quando verrà la mia amica?
8 Mi fa male un dito.
9 Ogni mano ha cinque dita.
10 Abbiamo occhi per vedere e orecchie per sentire.

E Translate:

1 I have a headache today.
2 This child has a toothache.
3 My friend will have a sore throat tomorrow.
4 The heart is the vital organ of the human body.
5 This train is going as far as Genoa.
6 In an hour we shall be in Turin.
7 I like this scenery very much.
8 There are some large ships in this port.
9 That ship will go as far as America.
10 There is a beautiful view of the sea from this window.
11 What are you doing? – I'm reading.
12 Let's go and see (**andiamo a trovare**) our friends. – No, they'll be eating.

22

GRAMMAR

Imperfect tense

This tense, sometimes called the past descriptive, describes what happened, or what used to happen, in the past. It is used:

(a) To express an incomplete or habitual action:

Il sole splendeva.	*The sun was shining.*
Parlavo francese ogni giorno quando ero giovane.	*I spoke French every day when I was young.*

Note that in English the word *would* is often used to describe habitual action:

Ogni mattina partiva alla stessa ora.	*Every morning he would leave at the same time.*

(b) To express what was happening when something else happened, or while something else was happening:

Carlo telefonava mentre io scrivevo.	*Carlo was telephoning while I was writing.*
Il sole splendeva mentre noi viaggiavamo.	*The sun was shining while we were travelling.*
Dormivo quando suonò il campanello.	*I was sleeping when the doorbell rang.*

(For the past definite see Lessons 24 and 25.)

(c) For descriptive purposes.

Il mare era calmo.	*The sea was calm.*

(d) The imperfect is also used in such sentences as **Me lo potevi**

dire (**ma non me l'hai detto** implied), and **Non dovevi farlo** (**ma l'hai fatto** implied), where, in English, the more cumbersome conditional perfect would be required: *You could have told me* (*but you didn't* implied) and *You shouldn't have done it* (*but you did* implied).

(e) Note that the imperfect tense of **stare**(E) is often used in progressive constructions (cf. Lesson 21);

Stavamo dormendo.   *We were sleeping*
                                           (*at that moment*).

This is an emphatic form, and is therefore not (totally) interchangeable with the imperfect tense as explained in (b).

To form the imperfect tense add the following endings to the stem of the verb:

First conjugation	Second conjugation	Third conjugation
-avo	-evo	-ivo
-avi	-evi	-ivi
-ava	-eva	-iva
-avamo	-evamo	-ivamo
-avate	-evate	-ivate
-*a*vano	-*e*vano	-*i*vano

These endings are the same for all verbs, regular and irregular, with the exception of the auxiliary **essere**.

Verbs with a contracted infinitive add the above endings to the stem of the original infinitive:

dire (contracted from **d*i*cere**), **dicevo**
fare (contracted from **f*a*cere**), **facevo**

Imperfect tense of the model verbs

Parlare	Vendere	Capire
parlavo	vendevo	capivo
parlavi	vendevi	capivi
parlava	vendeva	capiva
parlavamo	vendevamo	capivamo
parlavate	vendevate	capivate
parlavano	vendevano	capivano

Imperfect tense of the auxiliary verbs

Avere		Essere	
avevo	*I used to have, I had*	ero	*I used to be, I was*
avevi		eri	
aveva		era	
avevamo		eravamo	
avevate		eravate	
avevano		erano	

Irregular verbs: scegliere, sedere

PRESENT INDICATIVE	
Scegliere *to choose* (pp **scelto**)	**Sedere** *to sit* (pp **seduto**)
scelgo	siedo
scegli	siedi
sceglie	siede
scegliamo	sediamo
scegliete	sedete
scelgono	siedono

sedersi (*to sit down*) is conjugated like **sedere**: mi siedo, etc.

Like all reflexive verbs, as stated in Lesson 12, **sedersi** is conjugated with *essere* in the compound tenses:

mi sono seduto (A)	*I sat down*
ti sei seduto (A)	*you sat down*
ci siamo seduti (E)	*we sat down*

VOCABULARY

esclamare	*to exclaim*	il molo	*pier, quay*
la vista	*view*	il caffè	*café*
perdere di vista	*to lose sight of*	(pl.= caffè)	
la galleria	*tunnel*	il piano	*floor, storey*
la spiaggia	*beach*	al secondo	*on the second*
la sabbia	*sand*	piano	*floor*
l'ombra	*shade, shadow*	luminoso	*luminous,*
la pineta	*pine wood,*		*clear*
	grove	avvicinarsi	*to approach,*
il pino	*pine tree*		*draw near*
la passeggiata	*promenade*	prendere il sole	*to sunbathe*
al mare		non vedere	*to long for*
fare un bagno	*to bathe*	l'ora di	
l'albergo	*hotel*	Genova	*Genoa*
ad un tratto	*all of a sudden*	pieno	*full*
fine fine	*very fine*	fra poco	*soon, shortly*
l'ufficio	*office*	di tanto in	*now and then*
la fontana	*fountain*	tanto	
l'ascensore (m)	*lift*		

READING PASSAGE

Da Genova a Viareggio

Molti viaggiatori erano nel corridoio e guardavano il mare; ad un tratto Mario esclamò.

Mario   Che bel mare! È tanto azzurro!

Giovanni   Di tanto in tanto questo bel mare sarà perso di vista, ci sono tante gallerie fra Genova e La Spezia.

Mario   Fra poco passeremo per Santa Margherita, non è vero?

Giovanni   Si, ed anche Rapallo e La Spezia, poi arriveremo a Viareggio.

Mario   È bella la spiaggia di Viareggio?

Giovanni   È una delle più belle di queste parti, la sabbia è fine fine. C'è anche una bella pineta dove potremo fare passeggiate all'ombra dei pini, quando farà troppo caldo al sole.

Mario   Non farà mai troppo caldo per me, non vedo l'ora di fare un bel bagno al mare e poi stare al sole. (*Si avvicinano alla stazione di Viareggio.*)

Giovanni   Ora siamo in Toscana. Il treno ferma; dobbiamo scendere subito. (*Prendono un tassì e vanno all'albergo.*) Faremo una passeggiata stasera fino al molo, vedrà la fontana luminosa, ed i bei caffè pieni di gente; io facevo sempre una passeggiata dopo pranzo. (*Arrivano all'albergo e prendono l'ascensore fino alle loro camere, al secondo piano.*)

(*Segue*)

EXERCISES

A Answer the following:

  1 Perchè sarà perso di vista il mare?
  2 Dove passerà fra poco il treno?
  3 E poi dove arriveranno i viaggiatori?
  4 È bella la spiaggia di Viareggio?
  5 Dove c'è una bella passeggiata all'ombra?
  6 In quale regione si trova Viareggio?
  7 Prendono un autobus Giovanni e Mario quando arrivano alla stazione?
  8 Dove vanno poi?
  9 Che faranno la sera, dopo cena?
10 Che prendono per arrivare alle loro camere?

B Give the first persons singular and plural, imperfect tense, of the following verbs:

1	avere	4	ricevere
2	essere	5	finire
3	viaggiare		

C Translate:

  1 I used to do my work at the office.
  2 What were you saying, Giovanni?
  3 I was speaking to the porter.
  4 This is a nice bedroom, is it not?
  5 Yes, but the one I had before was more beautiful.
  6 On what floor was it?
  7 On the third, but the view from the window was magnificent.
  8 This hotel is very modern.
  9 It is not very big but it is comfortable (**comodo**).
10 Have you seen the fountain? No, not yet.

D (a) Give the opposite of:

1	chiuso	4	troppo caldo
2	perso	5	all'ombra
3	bello		

(b) Put into the singular:

1 Questi alberghi moderni.
2 Quelle fontane luminose.
3 Delle lunghe passeggiate.
4 Degli studi diff*i*cili.
5 Quegli ascensori sono pieni.

E Conjugate the following verbs in the imperfect tense:

(a) dire
(b) andare
(c) fare

23

GRAMMAR

Using the definite article

The definite article is required in Italian:

(a)   Before a noun taken in a general sense.

    I cavalli sono utili.   *Horses are useful.*

(b)   Before abstract nouns.

    La carità è una virtù.   *Charity is a virtue.*

(c) Sometimes before surnames which are not preceded by the Christian name.

    Un libro del Manzoni.   *A book by Manzoni.*

      (**Manzoni** being the surname)

but

    La Divina Commedia di Dante.   *The Divine Comedy of Dante.*

                                (**Dante** being a Christian name)

Note that the use of the definite article with the surnames of famous authors, poets, etc., depends on two things: the magnitude of the person concerned and the length of time that has passed since his or her death. If the person concerned is great, but contemporary, or belongs to another century but is not considered great, then it is unlikely that the definite article will be used.

(d)   It is also required when a title is followed by a proper name

    Il Professor Valli   *Professor Valli*

    Il Signor Montani   *Mr Montani*

unless used in direct speech.

    Come sta, Signor Montani?   *How are you, Mr. Montani?*

Omitting the definite article

The definite article is omitted in Italian:

(a)   Before a noun in apposition to another noun.

Londra, capitale d'Inghilterra.   *London, the capital of England*

(b)   Before an ordinal number used with a proper noun

Pio nono   *Pius the Ninth*

Note how Italian differs from English in this respect.

Omitting the indefinite article

The indefinite article is omitted in Italian:

(a)   Before a noun in apposition.

Piemonte, regione d'Italia   *Piedmont, a region of Italy*
Pisa, città toscana   *Pisa, a city of Tuscany*

(b)   Before a noun in the predicate if it is unqualified.

Mio fratello è avvocato.   *My brother is a lawyer.*

but

Mio fratello è un buon avvocato. *My brother is a good lawyer.*

(c)   Also in exclamations after **che!** (*What a . . !*)

Che bel tramonto!   *What a lovely sunset!*
Che peccato!   *What a pity!*

(d)   As already stated, before **cento** and **mille**.

Ho cento francobolli.   *I have one hundred stamps.*
Maria ha mille francobolli.   *Maria has a thousand stamps.*

Note how Italian differs from English in this respect also.

Irregular verbs: rispondere, scendere, crescere

rispondere	*to answer*	pp **risposto**
scendere	*to descend*	pp **sceso**
crescere	*to grow*	pp **cresciuto**

The compound tenses of **rispondere** are conjugated with **avere**: **ho risposto** and so on.

Scendere and **crescere** are conjugated with *essere*:

> sono sceso (a)
> sono cresciuto (a)

Note that if **crescere** is used as a transitive verb, meaning *to raise, bring up*, it is conjugated with **avere**. However, such a use is relatively rare, and the usual verb for *to raise, bring up* is **educare** (people) or **allevare** (people/animals).

VOCABULARY

il soggiorno	*stay, sojourn*	la villa	*country house*
il miracolo	*miracle*	all'aperto	*in the open*
il Battistero	*Baptistry*	cioè	*that is, namely*
la Torre Pendente	*Leaning Tower*	andare(E) in pullman	*to go by coach*
il campanile	*bell tower*	decidere	*to decide*
la meraviglia	*marvel, wonder*	stabilire	*to fix*
il mondo	*world*	contenere	*to contain*
il pulpito	*pulpit*	sembrare(E)	*to seem*
il lampadario	*chandelier*	Giacomo Puccini (1858-1924)	
il pomeriggio	*afternoon*	Galileo Galilei (1564-1642)	

READING PASSAGE

 Pisa

Durante il loro soggiorno a Viareggio, Mario e Giovanni decidono di fare una gita in pullman fino a Pisa: in poco tempo arrivano alla Piazza del Duomo.

Mario   Com'è bella questa Piazza!
Giovanni   Molti Italiani la chiamano la Piazza dei Miracoli,

perchè contiene i tre bell*i*ssimi edifici, cioè: il Duomo, il Battistero e la Torre Pendente.

Mario   Con quel bel cielo azzurro e il prato verde sembra un vero mir*a*colo.

Giovanni   Questo campanile mi sembra una delle sette merav*i*glie del mondo. (*Entrano nel Duomo.*)

Mario   Oh, quanto è bella e chiara! Che p*u*lpito magn*i*fico!

Giovanni   E quel lampad*a*rio di Galileo è superbo, non è vero? (*Dopo questa visita tutti e due salgono sulla Torre Pendente dalla quale hanno una bella vista, poi pranzano in un ristorante vicino alla Piazza.*)

Giovanni   Questo pomer*i*ggio potremo andare a Torre del Lago.

Mario   Dov'è? È lontano?

Giovanni   È molto vicino! Potremo visitare la villa di Gi*a*como Puccini. C'è un teatro all'aperto dove danno le sue *o*pere durante i mesi estivi.

Mario   Ho letto nel giornale stamattina che danno La Bohème. Potremo avere dei biglietti per stasera?

Giovanni   Andremo a vedere.

(*Segue*)

EXERCISES

A Answer the following:

1 Che decidono di fare un giorno, Giovanni e Mario, mentre sono a Viareggio?
2 È lontano Pisa da Viareggio?
3 Vanno in macchina?
4 Dove si ferma il pullman quando arriva a Pisa?
5 Gli Italiani, come la chiamano questa piazza?
6 Quali tre edifici si trovano in questa piazza?
7 Dove entrano Giovanni e Mario?
8 E poi quale edificio visitano?
9 Che fanno durante il pomeriggio?
10 Dove si trova questa villa?

B Give the second persons singular and plural of the following verbs in the imperfect tense:

1 viaggiare
2 scendere
3 partire
4 avere
5 essere

C Translate:

1 Have you read this book by Manzoni?
2 I was speaking to Mr Valli this morning.
3 How are you, Signora Berti?
4 This Leaning Tower seems to us one of the seven wonders of the world.
5 Where is the villa of Giacomo Puccini?
6 It is in Torre del Lago, not far from Pisa.
7 Have you heard an Italian opera?
8 Yes, not only one but many.
9 Do you like the music of Puccini?
10 Yes, but my sister prefers the music of Giuseppe Verdi.

D Translate:

1 while crossing the road.
2 reading the newspaper.
3 finding the hotel.
4 leaving the station.
5 finishing the dinner.

E Translate:

1 Mio fratello è dottore.
2 Pisa, città toscana, non è lontano da Firenze.
3 La Toscana, regione d'Italia, è molto bella.
4 Che peccato! Non c'è tempo di visitare il museo.
5 Hai risposto alla lettera, Roberto? No, non ancora.
6 Siamo scesi alla stazione di Viareggio.
7 La ragazza è cresciuta molto quest'anno.
8 Questi tre edifici sono magnifici.

24

GRAMMAR

Past definite of regular verbs

The endings for the three conjugations are as follows:

First conjugation	Second conjugation	Third conjugation
-ai	-ei **or** -etti	-ii
-asti	-esti	-isti
-ò	-ette **or** -è	-i
-ammo	-emmo	-immo
-aste	-este	-iste
-*a*rono	-*e*rono **or** -*e*ttero	-*i*rono

(a) The accent on the last vowel of the third person singular in each of the conjugations is as in all regular verbs.

(b) Except for the **-ò** in the first conjugation, the characteristic vowel of each conjugation is kept in all the persons.

(c) Some verbs ending in **-ere** have an alternative form for the first and third persons singular and the third person plural.

Past definite of the model verbs

Parlare *to speak*	**Vendere** *to sell*	**Capire** *to understand*
parlai *I spoke*	vendetti **or** I sold -ei	capii *I under- stood*
parlasti	vendesti	capisti
parlò	vendette **or** -è	capì
parlammo	vendemmo	capimmo
parlaste	vend*e*ttero	capiste
parl*a*rono	**or** -*e*rono	cap*i*rono

Using the past definite

Generally speaking, the past definite is used to describe a single, completed action in a reasonably 'remote' past (the Italian name for this tense is **passato remoto**), which means not today, or yesterday, or perhaps not even this month. Thus, the tense lends itself to historical narration:

La seconda guerra mondiale   *The Second World War*
   iniziò nel 1939.   *began in 1939.*

It is often accompanied by such adverbial phrases as **l'anno scorso**, **sei anni fa** (= *last year, six years ago*):

L'anno scorso morì un mio amico. *A friend of mine died last year.*

However, you also hear: **L'anno scorso è morto un mio amico**. This is because the distinction between the perfect and the past definite and their uses is not as clear-cut as it is in English, and is also subject to regional variation.
Northern speakers would tend to say:

Dieci anni fa ho visto un   *I saw a good film ten years ago.*
   bel film.

where the time-lapse of ten years would normally require the past definite:

> Dieci anni fa vidi un bel film.

Southern speakers, however, tend to prefer the past definite, so that sentences are heard which involve the use of the past definite where you might expect the perfect:

> Arrivai stamattina. (= *I arrived this morning.*)

Yet, with or without regional variation, it is difficult to say at what point in the past the perfect becomes the past definite, which is why sentences like our earlier example 'A friend of mine died last year' have two possible translations in Italian.

It must be added in conclusion that even a sentence like **Dieci anni fa ho visto un bel film** is perfectly acceptable (especially at the spoken level), since this use of the perfect is no longer marked as being a regional (ie northern) characteristic; whereas sentences such as **Arrivai stamattina** still pass as distinctly southern.

This does not mean that the perfect tense is better or more acceptable than the past definite; but there would perhaps be a case for saying that, if an absolute choice had to be made (which is by no means advisable), then the perfect tense would be the safer one to use in speech; but in writing, in literature and in the press the past definite is used extensively.

Prefixes

The prefixes most commonly used in Italian are:
(a) **dis-** (or simply **s-**) which usually gives the opposite meaning to the word to which it is joined:

fare (*to do*)	disfare or sfare (*to undo, to dissolve*)
dire (*to say, tell*)	disdire (*to cancel*)
piacevole (*pleasant, agreeable*)	spiacevole (*unpleasant, disagreeable*)

(b) **ri-**, which implies repetition.

172

dire (*to say*)	ridire (*to say again*)

(c) **stra-** which intensifies the meaning of the word to which it is joined.

cotto (pp of **cuocere**, to cook – *cooked*)	stracotto (*overcooked*)
vecchio (*old*)	stravecchio (*very old – especially of brandy, etc.*)

Suffixes

When a suffix, or ending, is added to a word, the word is modified. Suffixes may be added to nouns, adjectives and adverbs. The suffixes most commonly used are:

(a) **-issimo**, added to adjectives and adverbs.

buono (*good*)	buonissimo (*very good*)
bene (*well*)	benissimo (*very well*)

Note that the suffix is added to the word minus its final letter; the adjectives have a feminine form in -a.

(b) **-etto**, **-ino**, **-ello**, which are used as diminutives, or to denote endearment.

una casa (*a house*)	una casetta, una casina (*a small* or *nice little house*)
un gatto (*a cat*)	un gattino (*a small cat, kitten*)
un fiume (*a river*)	un fiumicello (*a small river*)
caro (*dear*)	carino (*nice, pretty, attractive*)

(c) **-one** (fem. **-ona**) used as an augmentative.

un ragazzo (*a boy*)	un ragazzone (*a big boy*)
una ragazza (*a girl*)	una ragazzona (*a big girl*)

The feminine form **-ona** is only used for nouns which have a masculine and feminine form.

Here are some feminine nouns which become masculine when the suffix **-ino** is added.

una scala (*a ladder*)	uno scalino (*a step*)

una spazzola (*a brush*)

uno spazzolino (*a small brush eg. for teeth*) (= **da denti**) or *fingernails* (= **da unghie**)

una finestra (*a window*)

un finestrino (*a small window*)

but

una mano (*a hand*)

una manina (*a tiny hand*)

VOCABULARY

il negozio	*shop*	il quadro	*painting*
la bottega	*small, old shop*	pian piano, lentamente	*slowly*
il tesoro	*treasure*		
l'arte	*art*	vidi (past def. of vedere)	*I saw*
Le Belle Arti	*the arts*		
la facciata	*front, façade*	il Perseo	*Perseus*
il marmo	*marble*	Cimabue (1240-1302)	
il capolavoro	*masterpiece*	Dante Alighierei (1265-1321)	
l'orefice	*goldsmith*	Giotto (1276-1336)	
il cammeo	*cameo*	Brunelleschi (1377-1444)	
l'orecchino	*earring*	Ghiberti (1378-1455)	
il ponte	*bridge*	Donatello (1386-1460)	
il Ponte Vecchio	*famous bridge in Florence*	Michelangelo (1475-1564)	
		Cellini (1500-1571)	
Santa Maria Novella } Santa Croce	*churches in Florence*	creare	*to create, produce*
il fiume	*river*	nascere, nacque, nacquero (past def. of nascere)	*to be born, (he) was born, (they) were born*
l'Arno	*river Arno*		
il muro (pl le mura)	*wall*		
degno	*worthy*	fece (past def. of fare)	*(he) made*
la pittura	*the art of painting*	bronzo	*bronze*

roseo	*rose-coloured,*	lo scrittore	*writer*
	rosy	l'architetto	*architect*
ricordare	*to remember*	contenere	*to contain*
il ricordo	*remembrance,*		
	souvenir		

READING PASSAGE

Da Viareggio a Firenze

Mentre Giovanni e Mario viaggiano da Viareggio a Firenze in pullman, ammirano il paesaggio.

Mario   È molto bello, questo paesaggio. Dove siamo ora?

Giovanni   Vicino a Lucca. Vedrà, fra poco, le sue vecchie mura e dei campanili bellissimi.

Mario   Dov'è il duomo di Lucca?

Giovanni   In piazza San Martino. Lo vedremo quando ci fermeremo.

Mario   È lontano da qui Firenze?

Giovanni   No, ci saremo fra un'ora.

Mario   Sarò tanto felice di vedere Firenze, è una città piena di tesori d'arte, vero?

Giovanni   Sì, il Duomo, il Battistero, con le sue famose porte di bronzo del Ghiberti, ed il Campanile di Giotto sono veri capolavori.

Mario   È di marmo la facciata del Duomo?

Giovanni   Sì, d'un marmo di bei colori, d'un colore roseo e verde scuro.

Mario   Qual è la chiesa più bella ed antica di Firenze?

Giovanni   Santa Maria Novella è una delle più belle e antiche, e Santa Croce è famosa, come Lei sa.

Mario   Firenze è la patria di molti uomini famosi, vero?

Giovanni Sì, come Cimabue, maestro di Giotto, Dante, Brunelleschi, Donatello, Ghiberti e Michelangelo. Ma eccoci arrivati, dobbiamo scendere qui. Prenderemo un tassì fino al Ponte Vecchio. Vedrà un po' della città, poi cammineremo sul Ponte, così vedrà le famose botteghe degli orefici, e arriveremo pian piano alla Piazza del Duomo.

(*Segue*)

EXERCISES

A Answer the following:

1 Che dice Mario del paesaggio fra Viareggio e Firenze?
2 In quale regione si trovano Pisa, Lucca e Firenze?
3 Com'è la facciata del Duomo di Firenze?
4 Su quale fiume è Firenze?
5 Ha visto il Ponte Vecchio Lei?

6 'Mi dica (for imperative forms cf. Lesson 28) i nomi di due chiese di Firenze.

7 Sa dirmi il nome di un poeta fiorentino, molto famoso?

8 Sa dirmi i nomi di alcuni scultori e pittori?

9 Dove si trovano le piccole botteghe degli orefici?

10 Perchè è famosa Firenze?

B Give the third persons singular and plural of the following verbs in the past definite tense:

1 arrivare
2 vendere
3 preferire

C Translate:

1 Dante was born in Florence.
2 Benvenuto Cellini, Giotto and Michelangelo were also born in this city.
3 These bronze doors are a masterpiece of art.
4 We are now near the bell tower of Giotto.
5 Last year I visited the Palazzo Vecchio and the Uffizi Galleries.
6 Florence gave to Italy many writers, poets, architects and artists.
7 This façade is really beautiful.
8 Last summer we bought some earrings and cameos from the little shops on the Ponte Vecchio.
9 These buildings are very old and the streets very narrow.
10 Tomorrow we will buy some souvenirs.

D (a) Give the opposites of the following by using a prefix:

1	fare	4	contento
2	dire	5	ubbidire
3	piacevole		

(b) Form diminutives from the following words:

1	un gatto	4	un fratello
2	un fiasco	5	una sorella
3	una casa		

25

GRAMMAR

Past definite of irregular verbs

As you have already seen, most of the irregular verbs are only irregular in the past participle and the past definite, and of the past definite only three of the persons are irregular, viz. the first person singular, which always ends in **-i**, the third person singular, which always ends in **-e**, and the third person plural, which always ends in **-ero**.

The endings of the second person singular and the first and second persons plural are added to the stem of the infinitive, with the exception of **essere**(E), **dare** and **stare**(E) which are very irregular.

Past Definite			
Vedere		**Decidere**	
vidi	*I saw*	decisi	*I decided*
vedesti	*you saw*	decidesti	*you decided*
vide	*he/she saw*	decise	*he/she decided*
vedemmo	*we saw*	decidemmo	*we decided*
vedeste	*you saw*	decideste	*you decided*
videro	*they saw*	decisero	*they decided*

PAST DEFINITE			
Mettere		**Scrivere**	
misi	*I put*	scrissi	*I wrote*
mettesti	*you put*	scrivesti	*you wrote*
mise	*he/she put*	scrisse	*he/she wrote*
mettemmo	*we put*	scrivemmo	*we wrote*
metteste	*you put*	scriveste	*you wrote*
misero	*they put*	scrissero	*they wrote*

Note that there is no accent on the third person singular of an irregular verb in this tense.

Avere		**Essere**	
ebbi	*I had*	fui	*I was*
avesti	*you had*	fosti	*you were*
ebbe	*he/she had*	fu	*he/she was*
avemmo	*we had*	fummo	*we were*
aveste	*you had*	foste	*you were*
ebbero	*they had*	furono	*they were*
Dare		**Stare**	
diedi **or** detti	*I gave*	stetti	*I stayed/stood/was*
desti	*you gave*	stesti	*you stayed/stood/were*
diede **or** dette	*he/she gave*	stette	*he/she stayed/stood/were*
demmo	*we gave*	stemmo	*we stayed/stood/were*
deste	*you gave*	steste	*you stayed/stood/were*
diedero **or** dettero	*they gave*	stettero	*they stayed/stood/were*

Idiomatic uses of prepositions

1   **da** (*by*, *from*) also has the following meanings:

(a) *to* (*to the house* or *shop of*):

| Vado da Roberto. | *I am going to Robert's house.* |
| Andiamo da lui, lei, loro. | *Let us go to his, her, their house.* |

The expressions **da qualche parte** (*somewhere*) and **da nessuna parte** (*nowhere*) are also worth remembering.
But note the following:

Vado da me.	
Vado da solo/a. }	*I am going by myself.*
Vado a casa mia.	*I am going home, to my house.*

(b) *with*, describing a personal characteristic:

| una ragazza dai capelli neri | *a girl with black hair* |

(c) It also indicates purpose:

| una tazza da caffè | *a coffee cup* (as opposed to **una tazza di caffè** *a cup of coffee*) |

(d) It also indicates quantity or type:

| un francobollo da cento lire | *a 100 lire stamp* |
| scarpe da donna | *women's shoes* |

(e) It is used to comment on typical behaviour:

| È proprio da lui essere in ritardo. | *It's just like him to be late.* |

(f) It is also used as a translation of *for* and *since* in temporal constructions

Abito a Pisa da due anni.	*I've been living in Pisa for two years.*
Stavo male da una settimana.	*I'd been feeling ill for a week.*
È dal 1974 che insegniamo.	*We've been teaching since 1974.*
Cantavate da mezzanotte.	*You* (pl) *had been singing since midnight.*

You will deduce, from this important use of the preposition **da**, that the English present perfect continuous with *for* and *since* is translated in Italian by the present tense plus **da**; and that the past perfect continuous with *for* and *since* is translated in Italian by the imperfect tense plus **da**. As tenses in themselves, the present perfect continuous and the past perfect continuous have no equivalents in Italian.

2   per (*for*) also translates *by, by means of.*

per telegramma	*by telegram*
per via aerea	*by air*
due per quattro	*two by* (multiplied by) *four*

Note also the use of **per** in the expression **stare**(E) **per far qualcosa** (= *to be about to do something*).

3   in (*in*) used before countries, translates *to.*

Vado in Italia.	*I am going to Italy.*

Note also:

Vado in città.	*I am going to town.*
Vado in centro.	*I am going into the* (town-) *centre.*

It may also mean *by* when used of transport:

in macchina	*by car*
in treno	*by train*
in bicicletta	*by bicycle*
in aereo	*by aeroplane*

4   a (*to, at*) has the following meanings:

(a) *in* before a town.

Abito a Firenze.	*I live in Florence.*

(b) It also implies the way in which something is done.

chiudere a chiave	*to lock*
	(Lit. to close with a key)
fare alla romana	*to go Dutch*
due a due	*two by two*

5   fra or **tra** (*between, among*) before time in the future is translated *in, soon.*

fra un'ora	*in an hour*
fra poco	*soon*

6   **di** when referring to times of the day or year is translated *in* or
by.

di mattina, di sera,   *in the morning, in the evening,*
  di notte, di giorno   *by night, by day*
d'estate, d'autunno, d'inverno   *in summer, in autumn, in winter*
but
  in primavera   *in spring*

Note also the peculiar use of **di** in **qualcosa di bello/di cattivo**,
etc. (= *something beautiful/bad,* etc.), and the absence of any prepositions in the corresponding English idiom.

VOCABULARY

la corsa	*race*	l'album (m)	*scrapbook, album*
il Palio	*piece of rich cloth given as a prize* (fig. race, prize)	medievale	*medieval*
		vario	*various*
		peccato!	*too bad!*
il fantino	*jockey*	che peccato!	*what a pity!*
il costume	*costume*	rappresentare	*to represent*
il quartiere	*district*	aver luogo	*to take place*
il campo	*field, ground*	tre mesi fa	*three months ago*
il Campo	*large square*	però	*however*

READING PASSAGE

Siena

Giovanni   Domani andremo a Siena; come Lei sa è una città
molto antica e bella. Non ci sarà la Corsa del Palio,
però, domani.

Mario   Che cosa è la Corsa del Palio?

Giovanni   È una corsa di cavalli alla quale partècipano numerosi fantini, tutti vestiti in costumi medievali che rappresentano i vari quartieri di Siena.

Mario   E quando la fanno, questa corsa?

Giovanni   Due volte l'anno, il due luglio ed il sedici agosto.

Mario   E dove?

Giovanni   Nella grande piazza chiamata il Campo.

Mario   Deve essere interessante questa corsa! È bello il Duomo di Siena?

Giovanni   Molto, la sua facciata è di marmo rosso, bianco e nero.

Mario   Quante volte è stato a Siena?

Giovanni   Questa sarà la mia seconda visita.

(Segue)

EXERCISES

A Answer the following:

1   Dove arrivarono il giorno seguente Mario e Giovanni?

2   È mai stato a Siena, Lei?

3 Come si chiama la corsa a Siena?
4 Dove e quando la fanno?
5 Come si chiama questa Piazza?
6 Chi prende parte a questa corsa?
7 Come sono vestiti i fantini?
8 Com'è la facciata del Duomo?
9 In quale regione si trova Siena?
10 Le piacerebbe visitare questa città?

B (a) Supply the correct form of the past definite of the following verbs in brackets:

1 Maria (finire) il suo lavoro.
2 Noi (vendere) la macchina.
3 Essi (fare) una passeggiata.
4 Io (andare) a Pisa tre anni fa.
5 Voi (arrivare) troppo tardi.

(b) Translate the words in brackets:

1 Andammo al mare (*two months ago*).
2 (*Sometimes*) visitavamo il museo.
3 (*Often*) parlavamo del viaggio.
4 (*What a pity!*) Ho perso il treno.
5 Ho quasi (*one thousand*) francobolli nel mio album.

C Translate the completed sentences in Exercise B.

D Translate the following conversation:

Where are you going, Margherita and Elena?
We are going to town, do you want to come with us?
No thanks, I must go to my sister's house now.
Where does she live?
In Trent Road, number eleven.
When is she leaving for Milan?
Next week, by plane.
What are you going to buy, Elena?
Some coffee cups for my cousins.
And I will buy some teaspoons.

E Continue the following verbs in the past definite tense:

1　Lęggere: lessi, leggesti
2　chiędere: chiesi, chiedesti
3　chiudere: chiusi, chiudesti
4　dire: dissi, dicesti
5　męttere: misi, mettesti

F Translate the following sentences:

1　The girl with the blue eyes.
2　They were about to go out.
3　When are you going to Roberto's house? – In an hour.
4　Two coffee cups and a cup of tea.
5　We live in Florence, in Italy.
6　It is just like Piero to miss the train.
7　Have you been living in Siena long? – No, only (for) a year.
8　He gave me a 200 lire stamp and a pair of men's shoes.
9　In the evening, we travelled by car; during the day, by train.
10　Let's go (= **facciamo**) Dutch.

26

GRAMMAR

Comparisons of adjectives

There are three degrees of comparison of an adjective:

1 The positive, which is the adjective in its simple form.

2 The comparative, which expresses a higher or a lower degree; this is formed by placing **più** (*more*) or **meno** (*less*) before the adjective.

3 (a) The superlative relative, which expresses the highest or the lowest degree; this is formed by placing the definite article in front of **più** or **meno**. (b) The superlative absolute, which expresses a very high or a very low degree, without any suggestion of comparison; this is formed by adding **-issimo**, **-issima**, **-issimi**, **-issime**, to the adjective, after the final vowel has been dropped.

COMPARISONS OF EQUALITY

In Italian, comparisons of equality are formed in the following way:

così . . . come	*as, so . . . as*
tanto . . . quanto	*as much . . . as*
Roberto è così ricco come Lorenzo.	
Roberto è ricco come Lorenzo.	*Roberto is as rich as Lorenzo.*

Pietro non è tanto coraggioso
quanto Paolo.   } *Pietro is not as brave as Paolo.*
Pietro non è coraggioso
quanto Paolo.

Note that **così** and **tanto** may be omitted.

COMPARISONS OF INEQUALITY

In comparisons, the word *than* is translated by **di** or **che**. **Di** is used before a noun, a pronoun or a number.

Carlo è più alto di Luigi.	*Carlo is taller than Luigi.*
Caterina è più alta di me.	*Caterina is taller than I.*
Francesco ha più di mille francobolli.	*Francesco has more than one thousand stamps.*

Di is also used in comparisons the second term of which is a clause introduced by **quello che** (Lit. that which), or **quanto** (Lit. how much):

La casa è più grande di quello che pensate.	*The house is bigger than you think.*
Siete meno generosi di quanto non sembriate.	*You* (m pl) *are less generous than you seem.*

It is important to note here that **quello che** is used without **non** and requires the indicative; whereas **quanto** usually requires both **non** and the subjunctive (**sembriate** in the second example is the second person plural form of the present subjunctive of **sembrare**(E). The subjunctive mood is explained in Lessons 27 and 29.

Note that if there are two nouns used without an article in a general sense and both of them are subjects or objects of the same verb, *than* is translated by **che**.

C'è più latte che caffè in questa tazza.	*There is more milk than coffee in this cup.*

che is used before all other parts of speech:

(a) **Adverbs.**

Meglio tardi che mai. *Better late than never.*

(b) **Verbs.**

Preferisco suonáre che cantare. *I prefer playing to singing.*

(c) **Prepositions.**

Ci sono più sigarette in questo *There are more cigarettes*
pacchetto che in quella scatola. *in this packet than in that box.*

(d) **Adjectives.**

Questa ragazza è più studiosa *This girl is more studious*
che intelligente. *than intelligent.*

Comparisons in which **tanto** is used as an adjective require that **quanto** also agrees with the noun:

tanta (f sing) . . . quanta ⎫ *as much . . . as*
tanti (m pl) . . . quanti ⎬
tante (f pl) . . . quante ⎭ *as many . . . as*

Maria ha tanta pazienza *Maria has as much patience*
quanta sua madre. *as her mother.*
Giovanni ha tanti libri *Giovanni has as many books*
quanti Roberto *as Roberto.*
Ho tante cugine quante lui. *I have as many cousins as he.*

COMPARISONS	
Positive	**Comparative**
caro *dear, expensive*	più caro *more dear, dearer* meno caro *less dear, cheaper*
Superlative relative	**Superlative absolute**
il più caro *the most dear, dearest* il meno caro *the least dear, cheapest*	carissimo *very dear*

Note that adjectives which end in **-co** or **-go** insert **-h-** between **-c-** or **-g-** and **-issimo** in order to keep the hard sound:

ricco	(*rich*)	ricch*i*ssimo	(*very rich*)
lungo	(*long*)	lungh*i*ssimo	(*very long*)

Note the following six adjectives which have both regular and irregular forms

Positive		Comparative	
buono	*good*	più buono *or* migliore	*better*
cattivo	*bad*	più cattivo *or* peggiore	*worse*
grande	*big, great*	più grande *or* maggiore	*bigger, greater*
p*i*ccolo	*small*	più p*i*ccolo *or* minore	*smaller*
alto	*high*	più alto *or* superiore	*higher*
basso	*low*	più basso *or* inferiore	*lower*
Superlative relative		**Superlative absolute**	
il più buono *or* il migliore	*the best*	buon*i*ssimo *or* *o*ttimo	*very good*
il più cattivo *or* il peggiore	*the worst*	cattiv*i*ssimo *or* p*e*ssimo	*very bad*
il più grande *or* il maggiore	*biggest, greatest*	grand*i*ssimo *or* m*a*ssimo	*very big*
il più p*i*ccolo *or* il minore	*smallest*	piccol*i*ssimo *or* m*i*nimo	*very small*
il più alto *or* il superiore	*the highest*	alt*i*ssimo *or* supremo	*very high*
il più basso *or* l'inferiore	*the lowest*	*i*nfimo *or* bass*i*ssimo	*very low*

Note that the forms **più buono** and **migliore** are not always synonymous; and the same can be said of all the above pairs of forms in the comparative, superlative relative and superlative absolute. Very generally speaking, the first of the forms given (**più buono, il più buono, buonissimo; più cattivo, il più cattivo, cattivissimo**, etc.) tends to be more material; while the second set (**migliore, il migliore, ottimo**, etc.) is, or can be, more abstract. For instance, **più alto** and **più basso** may be used to compare the heights of two trees; whereas **superiore** and **inferiore** would be used to compare the quality of the two woods produced. Similarly, **più grande** and **più piccolo** would be used to compare the heights of two people, whereas **maggiore** and **minore** would compare their ages. (At the popular level, **più grande** and **più piccolo** may also be used for age.) However, the student should not think in terms of a clearly defined split between the physical and the abstract here; there is nothing abstract, for instance, about *the floor above*, which is rendered **il piano superiore** in Italian.

Comparison of adverbs

The comparative and superlative forms of adverbs are formed in exactly the same way as those of adjectives, eg:

Positive	Comparative
riccamente *richly*	più riccamente
Superlative relative	**Superlative absolute**
il più riccamente	ricchissimamente

Irregular comparison of adverbs

Positive		Comparative	
bene	*well*	meglio	*better*
male	*badly*	peggio	*worse*
molto	*much*	più	*more*
poco	*little*	meno	*less*
Superlative relative		**Superlative absolute**	
il meglio	*the best*	ottimamente benissimo }	*very well*
il peggio	*the worst*	pessimamente malissimo }	*very badly*
il più	*the most*	moltissimo	*very much*
il meno	*the least*	pochissimo	*very little*

Note that adjectives and adverbs are sometimes repeated to form the superlative absolute:

rosso rosso	*very red*
piano piano pian piano }	*very slowly, gently, quietly*

VOCABULARY

La Città Eterna	*Eternal City*	Teatro di	*Caracalla*
la capitale	*capital*	Caracalla	*Theatre*
il Colosseo	*Colosseum*	lo spettacolo	*scene, sight*
il Foro	*Forum*	San Pietro	*St. Peter*
la Fontana	*Trevi*	si dice	*it is said*
di Trevi	*Fountain*		(they say)
la piramide	*pyramid*	pratico	*practical*
Porta San	*Saint Paul's*	il soldo	*copper* (coin),
Paolo	*Gate*		*penny*

i soldi	(popular)	la basílica	*basilica*
	money	volere(E/A)	*to want*
Santa Maria	*St. Mary the*	dimenticare	*to forget*
Maggiore	*Greater,*	buttare	*to throw*
Major		prenotare	*to book*
San Paolo fuori	*St. Paul out-*	divídere	*to divide*
side		Parigi	*Paris*
le Mura	*the walls*	avverato	*proved,*
San Giovanni	*St. John*		*come true*
in Laterano	*Lateran*	il sogno	*dream*

READING PASSAGE

Roma

Giovanni e Mario prendono il treno per Roma e arrivano verso mezzogiorno.

Giovanni   Eccoci a Roma, la Città Eterna.

Mario   Che bella stazione e com'è grande e moderna!

Giovanni   È la nuova stazione Termini; sì, è veramente bella e molto pratica.

Mario   Ho sempre voluto visitare la capitale d'Italia. In quale regione siamo ora?

Giovanni   Nel Lazio. Roma si può divídere in tre parti. Roma antica, Roma medievale e Roma moderna.

Mario   Quali sono le quattro basíliche importanti di Roma?

Giovanni   San Pietro, che è la basílica più grande del mondo, San Giovanni in Laterano, Santa Maria Maggiore, e San Paolo fuori le Mura.

Mario   Visiteremo tutt'e quattro, più tardi, vero?

Giovanni   Certo; c'è tanto da vedere a Roma – ma abbiamo tempo.

Mario   Sì, è vero. Roma è famosa non solo per le chiese, il Colosseo ed il Foro ma anche, si dice, per la bellezza delle sue fontane.

Giovanni	Vedremo facilmente le fontane perchè sono quasi tutte in grandi piazze – e non dobbiamo dimenticare di buttare un soldo nella fontana di Trevi.
Mario	Perchè?
Giovanni	Perchè si dice che chi farà così sarà certo di rivedere la Città Eterna. Sa che c'è una piramide a Roma?
Mario	No, non lo sapevo, dove?
Giovanni	Vicino a Porta San Paolo; la vedremo domani prima di andare alla basilica di San Paolo.
Mario	Potremo andare, una sera, al Teatro di Caracalla?
Giovanni	Sì, prenoteremo biglietti per un'opera; nel giornale ci sarà il programma, e vedremo quale opera daranno domani. Questo Teatro è all'aperto, come Lei sa.
Mario	Sarà per me uno spettacolo meraviglioso, un sogno avverato.

(*Segue*)

EXERCISES

A Answer the following:

1 A che ora arrivano a Roma i nostri viaggiatori?
2 In quale regione sono ora?
3 Quali sono le quattro famose basiliche di Roma?
4 Quali visiteranno Giovanni e Mario?
5 Che faranno quando visiteranno la fontana di Trevi?
6 Perchè?
7 C'è una piramide a Roma?
8 Dove?
9 Le piacerebbe visitare questa capitale?
10 Qual è la capitale della Francia?
11 Qual è la capitale dell'Inghilterra?
12 Quali capitali ha visitato?

B Give the first and third persons plural of the following verbs in the conditional tense:

1 leggere
2 dire
3 visitare
4 fare
5 partire

C Translate:

1 Luigi speaks Italian better than Paolo.
2 This book is the best of the three.
3 This is a very good idea.
4 Carlo is the eldest.
5 Elena is the youngest.
6 That tower is higher than this one.
7 Three days ago I saw a wonderful view.
8 Unfortunately I could not take a photograph of it.
9 Pietro is as tall as Paolo.
10 Roberto is the tallest.
11 They are more intelligent than they seem (use **quello che**).
12 We are more beautiful than rich.

(a) Give the opposites of the following:

1	maggiore	4	ottimo
2	superiore	5	bene
3	meglio		

(b) Give the superlative absolute of the following:

1	piccolo	4	molto
2	poco	5	bene
3	alto		

27

GRAMMAR

The subjunctive mood

The subjunctive is a mood required in subordinate clauses after certain conjunctions, verbs or ideas.

PRESENT SUBJUNCTIVE			
Parlare		**Vendere**	
parli	*(that) I may speak*	venda	*(that) I may sell*
parli	*(that) you may speak*	venda	*(that) you may sell*
parli	*(that) he/she may speak*	venda	*(that) he/she may sell*
parliamo	*(that) we may speak*	vendiamo	*(that) we may sell*
parliate	*(that) you may speak*	vendiate	*(that) you may sell*
parlino	*(that) they may speak*	vendano	*(that) they may sell*
Capire		**Partire**	
capisca	*(that) I may understand*	parta	*(that) I may leave/depart*
capisca	*(that) you may understand*	parta	*(that) you may leave/depart*
capisca	*(that) he/she may understand*	parta	*(that) he/she may leave/depart*
capiamo	*(that) we may understand*	partiamo	*(that) we may leave/depart*

capiate	*(that) you may understand*	partiate	*(that) you may leave/depart*
capiscano	*(that) they may understand*	partano	*(that) they may leave/depart*

Verbs in **-ire** which do not have the **-isc-** in the present indicative are conjugated like **partire**.

Here are a few verbs conjugated like **capire**:

condire	*to season*	guarire	*to cure*
costruire	*to build*	preferire	*to prefer*
digerire	*to digest*	pulire	*to clean*
finire	*to finish*		

and here are some conjugated like **partire**:

consentire	*to agree*	sentire	*to feel* (transitive),
divertire	*to amuse*		*to hear, to smell*
divertirsi	*to enjoy oneself*	sentirsi	*to feel*
seguire	*to follow*		(intransitive)
soffrire	*to suffer*	vestire	*to dress*

Present subjunctive of the auxiliary verbs

Avere		Essere	
abbia	*(that) I may have*	sia	*(that) I may be*
abbia	*(that) you may have*	sia	*(that) you may be*
abbia	*(that) he/she may have*	sia	*(that) he/she may be*
abbiamo	*(that) we may have*	siamo	*(that) we may be*
abbiate	*(that) you may have*	siate	*(that) you may be*
abbiano	*(that) they may have*	siano	*(that) they may be*

Note that verbs in the present subjunctive have the same form for the three persons singular. The perfect subjunctive is formed from the present subjunctive of the appropriate auxiliary verb (whether **essere** or **avere**) and the past participle of the verb concerned, eg. **abbia parlato**, **sia partito**, etc. It is used, as will be seen from the examples to follow, when the sense requires.

The subjunctive is used:

● After certain conjunctions, of which the following is by no means an exhaustive list:
sebbene/benché (*although*)
affinché (*in order that*)
perché (when it means *in order that* and not simply *because*)
a meno che . . . non (*unless*)
prima che (*before*)
finché (when it means *until* expressing a future intention, and not simply *as long as*)
nel caso che (*in case*)
qualora (*if and when*, often expressed in English by *should*, eg. 'Should it rain, we'll get wet')
a condizione che (*on condition that*)
purché (*provided that*)
nonostante (*notwithstanding*)
per quanto (*however much*)
senza che (*without*)

Sebbene/Benchè egli sia ricco, non è felice.	*Although he is rich, he isn't happy.* (cf. Note (2) below)
Prima che Roberto parta telefona sempre al suo amico.	*Before Roberto leaves he always telephones his friend.* (cf. Note (2))
Carlo verrà, a meno che non sia ammalato.	*Carlo will come, unless he's ill.*
Lo metto qui affinché/ perché lei lo possa vedere.	*I'm putting it here so that she can see it.* (ie. *in order that . . .*')
Nel caso che vengano i ragazzi di' loro che siamo già partiti.	*Should/If* (Lit. in the case that) *the boys come, tell them we've already left.*
Qualora arrivi mio padre, dagli questa lettera.	*Should my father arrive, give him this letter.*

Ci andremo, a condizione che tu non dica nulla.	*We'll go, on condition you don't say anything.*
Nonostante sia presuntuoso, gli vogliamo bene.	*Notwithstanding the fact that he is big-headed, we love him.*
Accetto tutto, purché sia onesto.	*I accept everything, provided that (or as long as) it's honest.*
Per quanto loro studino, non saranno mai bravi come te.	*However much they study, they'll never be as good as you.*
Non parte mai senza che io lo saluti.	*He never leaves without my saying goodbye to him.* (cf. Note (2))
Ho deciso di camminare finché non tramonti il sole.	*I've decided to walk until the sun sets.* (cf. Note (1) below)

but

Camminerò finché ci sarà luce.	*I'll walk as long as there's light (ie for as long as the light lasts)*

and

Ho camminato finché ho potuto, poi mi sono riposato.	*I walked (for) as long as I could, then I rested.*

Notes:

1 You will also hear **finché non** used with the present indicative in sentences like: *I've decided to walk until the sun sets*, which is: **Ho deciso di camminare finché non tramonta il sole**; this is somewhat less acceptable. The safest way of avoiding the subjunctive in this case would be to use the future perfect indicative (cf. Lesson 29): **Ho deciso di camminare finché non sarà tramontato il sole**. However, in many cases, the present indicative is not only acceptable with **finché** plus **non**, but it is compulsory. In such cases, **finché non** still means *until*, but the element of intention has been removed, bringing **finché non** nearer to the meaning of *as long as*, as in **Finché c'è vita c'è speranza** (= *As long as there's life there's hope*); thus, the sentence becomes a simple statement of fact, as in: **Non possiamo uscire finché non spiove** (= *We can't go out until it stops raining*).

2   The problem of **benché** and **prima che** with the subjunctive can be obviated quite easily when the subjects of both main and subordinate clauses are the same:

Benché ricco non è felice.	*Though rich, he isn't happy.*
Roberto telefona sempre al suo amico prima di partire.	*Before leaving, Roberto always telephones his friend.*

The same is true of **senza che**, which is transformed into **senza** plus an infinitive when the subjects of the two clauses are the same:

Non partite senza salutare tutti.	*Don't leave without saying goodbye to everyone.*

3   **Quando** may also take the subjunctive in the sense of a hypothetical 'if'; such a construction is rarely heard however, and is not often found even in writing.

● After a superlative relative, after **unico** (or **solo**), and in certain restricted cases after **primo** and **ultimo**:

È il cane più piccolo che io abbia mai visto. (superlative relative)	*It is the smallest dog I have ever seen.*
L'unica/La sola cosa che tu possa fare è aspettare. (unico/solo)	*The only thing you can do is wait.*
È ultimo uomo vivo che parli questa lingua. (emphatic superlative)	*He is the last living man to speak this language.*
È il primo film che io abbia visto in vita mia. (emphatic superlative)	*It is the first film I have (ever) seen in my life.*

Note that it is far more common for **primo** and **ultimo** to be used without superlative force; in such cases, the subjunctive is not used: **La prima/L'ultima volta che lo vidi . . .** (= *The first/The last time I saw him . . .*).

● After certain indefinite words such as **chiunque** (*whoever*), **qualunque** (*whatever*), **checché** (*whatever*), **dovunque** (*wherever*):

Qualunque cosa tu faccia, sarai sempre un idiota.	*Whatever you do, you'll always be an idiot.*
Qualunque sia il suo nome, non lo conosco.	*Whatever his name is, I don't know him.*
Checché loro ne dicano, lo farò.	*Whatever they say about it, I'll do it.*

● After verbs expressing doubt, fear, opinion, emotion, preference, possibility, desire, probability, ignorance, permission, denial, prevention, hope, command, suggestion and insistence:

Pensiamo/Crediamo che tu abbia ragione.	*We think/believe that you're right.* (opinion)
Ho paura/Temo che Giovanni perda/abbia perso l'autobus.	*I'm afraid/I fear Giovanni will miss/has missed the bus.* (fear)
È un vero peccato/Che peccato che Pietro non si sia divertito.	*It's a real pity/what a pity (that) Pietro hasn't enjoyed himself.* (emotion/opinion)
Siamo contenti che siate felici; ci dispiace che loro siano tristi.	*We're glad you're happy; we're sorry they're sad.* (emotion)
Vuoi/Speri che vengano con te.	*You want them to come with you/You hope they'll come with you.* (desire/hope)
È possibile/probabile che arrivino mentre siamo fuori.	*It's possible/probable that they'll arrive while we're out.* (possibility/probability)
Preferiscono che io rimanga a casa.	*They prefer me to stay at home.* (preference)
È meglio che tu stia zitto.	*It's better for you to be quiet.* (opinion/preference)
Non so che cosa mi sia successo.	*I don't know what has happened to me.* (ignorance)
Non permetto che Carlo vada al cinema.	*I won't allow Carlo to go to the cinema.* (permission)
Mio padre impedisce che mi succeda qualcosa di brutto.	*My father prevents anything bad happening to me.* (prevention)

Dille che ci venga a trovare domani.	*Tell her to come and see us tomorrow.* (command)
Neghiamo/Dubitiamo che Anna l'*a*bbia fatto.	*We deny/doubt that Anna did it.* (denial/doubt)
Insistiamo/Suggeriamo che M*a*rio venga con noi.	*We insist/suggest that Mario come(s) with us.* (insistence/suggestion)

● After certain verbs introducing a hypothetical statement:

Facciamo finta che questa penna sia una matita.	*Let us pretend that this pen is a pencil.*
Supponiamo/Mettiamo che voi vi amiate.	*Let us suppose/say that you love each other.*

● After certain impersonal verbs:

Bisogna che tu ci vada.	*You must go there.*
Basta che lei lo f*a*ccia.	*As long as she does it.* (in the sense of *Provided that she does it*)
Sembra/Pare che Maria f*a*ccia quello che vuole.	*It seems/appears that Maria does what she likes.*

● In the second term of a comparison of inequality, when that term is introduced by **quanto** (cf. Lesson 26, Comparison of adjectives B):

Quell'animale è più pericoloso di quanto non pensiate.	*That animal is more dangerous than you think.*

The insertion of **non** in such sentences is compulsory.

● In indirect questions:

Chiede dove sia andata Maria.	*He asks where Maria has gone.*

but the more normal form would be: **Chiede dov'è andata Maria**, and even with past tenses the tendency is to use the indicative instead of the subjunctive, as in: **Mi chiese dov'ero andato per le vacanze** for **Mi chiese dove fossi andato per le vacanze**.

● In indirect statements, but only when there is an element of doubt, or when the verb in the main clause is negative:

Non dico che tu sia stupido.	*I'm not saying you're stupid.*
Non è che io ti voglia far male.	*It's not that I want to hurt you.*
Chi ti dice che io non lavori stasera?	*Who says/What makes you think that I'm not working this evening?*
Si dice che tu sia molto intelligente.	*They say you're very intelligent.* (for **si** cf. Appendix 3)

The choice of the subjunctive in the last two examples (as opposed to the indicative, which is admissable, though not without a subtle change of meaning) increases the element of doubt, ie it is very possible that I *am* working tonight, and, even though people *say* you're intelligent, I might not be prepared to believe it.

When there is no doubt, then the indicative should be used:

Non sono sicuro che venga(subjunctive, because I'm *not* sure he'll come).

Sono sicuro che viene/verrà (indicative, because I *am* sure he'll come).

● In certain jussive constructions, which involve the use of the word *let* in English:

Se vuol venire, venga pure.	*If he wants to come, let him come.*

Pure strictly means *also* or *too*, but it is widely used to add emphasis to polite commands or invitations:

Ti disturbo? – No, entra pure.	*Am I disturbing you? – No, do come in.*

● In a relative clause after an indefinite antecedent:

Cerco un ragazzo che sappia parlare l'italiano.	*I'm looking for a boy who can speak Italian.*
Non troviamo nessuno che ci possa aiutare.	*We can't find anyone to help us.*

In the first example, **un ragazzo** must be indefinite if the subjunctive is to be used; not just grammatically (ie by the use of the indefinite article), but also in the mind of the speaker. Hence, the sentence: **Cerco un ragazzo che SA parlare l'italiano** is not only possible, but compulsory if the speaker is looking for a boy who can speak Italian and knows which boy he or she is looking for. When the antecedent is definite anyway, there is no ambiguity, and the indicative is used: **Cerco IL ragazzo che SA parlare l'italiano**.

● In indirect questions which are, in effect, expressions of opinion or emotion:

Non vedo come tu faccia ad amarlo.	*I don't see how you manage to love him.*
Non sai quanto io sia felice.	*You don't know/I can't tell you how happy I am.*

If **quanto** is replaced by **come** in sentences like the second one here, then the verb in the subordinate clause may be better in the indicative: **Non sai *come sono* felice**.

Conclusion

You may have noticed that, in spite of the variety of the constructions with which the subjunctive is used, it is always a subordinate function of a main clause, expressed or understood. The subjunctive is still very much used in both spoken and written Italian (in spite of the considerable regression it has undergone and continues to undergo); but, at the same time, it is best avoided when not absolutely necessary. For instance, in sentences which have the same subject in both clauses, an infinitive construction with **di** is possible and advisable:

Faccio finta di non capire.	*I pretend not to understand.*
Sperate di andarci presto.	*You* (pl) *hope to go there soon.*
Dubitiamo di aver capito.	*We doubt that we've understood.*
Credo di aver lasciato le chiavi a casa.	*I think I've left the keys at home.*

The constructions **aver lasciato** (Lit. to have left) and **aver capito** (Lit. to have understood) are called past infinitives, and are formed from **avere** and the past participle of the verb concerned. Verbs taking *essere* in their compound tenses (eg **partire**, **scendere**) have past infinitives formed from *essere* and the relevant past participle, which agrees in number and gender with its subject:

Dopo *e*ssere entrate nella stanza, le ragazze si sed*e*ttero.	*After entering* (Lit. after having entered) *the room, the girls sat down.*
Dopo *e*ssere scesi dall '*a*utobus, gli u*o*mini c*a*ddero per terra.	*After getting off* (Lit. after having got off) *the bus, the men fell on the ground.*

Note

1 An even shorter way of expressing the English *after coming, after going, after doing,* etc. is explained in Lesson 29 More compound tenses, Note (2).

2 The present and perfect subjunctives, which have been dealt with so far, are not the only tenses of the subjunctive; they are two tenses which can be used when the verb in the main clause is future, present or imperative (cf. Lesson 28 for imperatives). When the main-clause verb is in a past tense, the imperfect or pluperfect subjunctive is required in the subordinate clause. This will be mentioned in Lesson 29, by the end of which the student should be able to adapt the above examples accordingly, changing any present and perfect subjunctives to imperfects and pluperfects as the verb in the main clause changes from the present or future or imperative to past.

VOCABULARY

il ragazzo	*boy, young man*	il tovagliolo	*serviette*
la bibita	*drink*	la fetta	*slice*
il gelato	*ice-cream*	il panino	*roll (bread)/*
la caramella	*sweet*		*sandwich*

il pacchetto	*small parcel*	il marciapiede	*pavement,*
la gente	*people*		*(station)*
perfino	*even*		*platform*
lasciare	*to leave*	essere	*to have a cold*
gridare	*to shout, cry out*	raffreddati	
il raffreddore	*cold, chill*		

READING PASSAGE

Da Roma a Milano

Giovanni   Ora lasciamo il Lazio e quando passeremo per Orvieto saremo in Umbria, poi, poco dopo, di nuovo in Toscana.

Mario   È lungo il viaggio da Roma a Milano, non è vero?

Giovanni   No. Questo treno non si ferma tante volte.

Mario   A quali stazioni si ferma?

Giovanni   Credo che Orvieto, Firenze, Bologna e Parma siano le stazioni principali.

Mario   In quale regione si trova Bologna?

Giovanni   In Emilia.

Mario   E Milano?

Giovanni   In Lombardia.

     (*I due viaggiatori leggono i giornali. Il treno arriva alla stazione di Bologna e si ferma. Dei ragazzi sul marciapiede, gridano: gelati, caramelle, frutta, panini e bibite!*)

Giovanni   Non sarebbe una buon'idea comprare due panini e delle bibite invece di andare al vagone ristorante?

Mario   Certo, costeranno meno di un pranzo in treno.

Giovanni   E sono sempre buoni!

     (*Comprano due panini e delle bibite, e il treno riparte.*)

Mario   Che cosa c'è nel suo panino?

Giovanni   Ci sono due fette di prosciutto e due fette di formaggio.

Mario   Anch'io ho lo stesso nel mio. Buon appetito!

Giovanni Gr*a*zie, altrettanto a Lei.
(*Cominciano a mangiare.*)

(*Segue*)

EXERCISES

A Answer the following:

1 In quale regione si trova Orvieto?
2 È lungo il vi*a*ggio da Roma a Milano?
3 Come p*a*ssano il tempo i nostri viaggiatori?
4 Che gr*i*dano alcuni ragazzi alla stazione di Bologna?
5 Cosa c*o*mprano Giovanni e M*a*rio?
6 Che cosa c'è nel panino di Giovanni?
7 Le piace il prosciutto?
8 Le pi*a*cciono i gelati?
9 Che dice M*a*rio a Giovanni prima di cominciare a mangiare?
10 Cosa risponde Giovanni?

B Translate:

1 Although Carlo and Pietro are poor, they are happy.
2 I'll speak to him before he leaves.
3 We'll go, unless it rains.
4 Should it rain, we'll stay at home.
5 However intelligent they are, they aren't witty (= **spiritoso**).
6 He's allowing us to go; as long as we're careful (= stare(E) **attenti**).
7 This is the most impressive picture I've ever seen.
8 The only thing you (sing) don't like is rain.
9 Whatever you (pl) say about it, I think he's right (= **aver ragione**).
10 Wherever you (sing) go, you'll find life hard.

C Translate:

1 I hope you are well.
2 We fear Roberto is ill.
3 It appears they don't want to see us.

4 I'm sorry you (sing) don't like these sweets.

5 It's a pity you (pl) don't know Rome.

6 I prefer you (sing) to go now.

7 Do you think Pietro is ill? Why hasn't he come?

8 I think he has gone to London.

9 I love wine – as long as it's cool (= **fresco**).

10 Let us pretend it isn't raining.

11 The house is smaller than it seems.

12 She is happier than you (pl) think.

13 It's not that he doesn't like you; he's a little shy (= **timido**).

14 They can't find anyone to help them with their homework (= **compiti a casa**).

15 She's looking for someone who speaks French fluently (= **correntemente**).

Conjugate the following verbs in the present subjunctive:

D

1	avere	4	ricevere
2	essere	5	finire
3	cantare		

28

GRAMMAR

The imperative mood

The imperative is used when you ask or command someone to do something. It is really only used in the second persons singular and plural and the first person plural:

Parlo italiano	*Speak Italian.*
Parliamo italiano.	*Let us speak Italian.*
Parlate italiano.	*Speak Italian.*

As there is no imperative form for **Lei** and **Loro**, it is supplied by the third persons singular and plural of the present subjunctive:

Finisca il Suo lavoro.	*Finish your work.*
Mandino queste cartoline ai Loro amici.	*Send these postcards to your friends.*

Parlare

2nd person singular	parla	*speak* (tu understood)
3rd person singular	parli	*speak* (Lei understood)
1st person plural	parliamo	*let us speak*
2nd person plural	parlate	*speak* (voi understood)

Vendere	Finire	Partire
vendi	finisci	parti
venda	finisca	parta
vendiamo	finiamo	partiamo
vendete	finite	partite
vendano	finiscano	partano

The first and second persons plural of the imperative are the same as the first and second persons plural of the present indicative minus the pronouns, except in the cases of **avere** and **essere**, where the second person plural is the same as the subjunctive, and **sapere** and **volere**. (For these last two verbs cf. the list of irregular verbs, Appendix 7.)

Avere	Essere
abbi	sii
abbia	sia
abbiamo	siamo
abbiate	siate
abbiano	siano

Except in the second person singular, the imperative is made negative in the usual way, by the use of **non**:

Non parli.	*Do not speak.*
Non parliamo.	*Do not let us speak.*
Non parlate.	*Do not speak.*
Non parlino.	*Do not speak.*

But to form the imperative negative of the second person singular, the infinitive is used, preceded by **non**:

Non parlare.	*Do not speak.*
Non vendere.	*Do not sell.*
Non finire.	*Do not finish.*

When used with the imperative affirmative in the second person singular and the first and second persons plural, the conjunctive pronouns (except **loro** and **Loro**) are joined to it and form one word:

Compra quella casa.	*Buy that house.*

but

Comprala.	*Buy it.*
Compriamola.	*Let us buy it.*
Compratela.	*Buy it.*

When used with the imperative negative, the pronouns may precede or follow the verb:

Non la comprare. ⎫	*Do not buy it.*
Non comprarla. ⎭	
Non compriamola.	*Do not let us buy it.*

With the polite form of the imperative the pronouns (except **loro** and **Loro**) precede the verb, when used either affirmatively or negatively:

sing form:	La compri, signora.	*Buy it, madam.*
	Non la compri, signora.	*Do not buy it, madam.*
pl form:	La comprino, signorine.	*Buy it, ladies.*
	Non la comprino signorine	*Do not buy it ladies.*
sing form:	Parli loro.	*Speak to them.*
	Non parli loro.	*Do not speak to them.*
pl form:	Parlino loro.	*Speak to them.*
	Non parlino loro.	*Do not speak to them.*

There are three other cases in which the conjunctive pronouns are joined to the verb in the same way as in the imperative affirmative:

(a) The infinitive, as already stated in Lesson 9:

Vado a comprarla.	*I am going to buy it* (f).

È pericoloso sporgersi.   *It is dangerous to lean out*
                          (ie of the window).

(b) The gerund: eg vedendola – *seeing it* (or *her*)

(c) The past participle when used without an auxiliary verb:

Ho comprato una casa.   *I have bought a house.*

If the imperative consists of one syllable only, eg **da'** (*give*), **sta'** (*stay, be* or *keep,* as in the familiar **stammi bene**, *keep well*), **di'** (*tell*) and **fa'** (*do, make*), the initial letter of the pronoun joined to it is doubled:

dammi   (*give me*)
fammi   (*do me, make me*)
dille   (*tell her*)

Dalle subito il telegramma.   *Give her the telegram at once.*

Gli, however, is an exception to this rule:

dagli   (*give him*)

Loro is never attached to the verb:

da'loro   (*give them*)

CONJUNCTIVE PRONOUNS			
Subject		**Direct object**	
io	*I*	mi	*me*
tu	*you*	ti	*you*
egli, lui	*he*	lo	*him, it*
ella, lei	*she*	la	*her, it*
Lei	*you*	La	*you*
noi	*we*	ci	*us*
voi	*you*	vi	*you*
essi	*they*	li	*them*
esse	*they*	le	*them*

Indirect object		Reflexive	
me	*to me*	mi	*myself*
ti	*to you*	ti	*yourself*
gli	*to him, it*	si	*himself, itself*
le	*to her, it*	si	*herself, itself*
Le	*to you*	si	*yourself*
ci	*to us*	ci	*ourselves*
vi	*to you*	vi	*yourselves*
loro	*to them*	si	*themselves*
loro	*to them*	si	*themselves*
Loro	*to you*	si	*yourselves*
ne – *some, any, of it, some of it,* etc.			

Double conjunctive pronouns

When two conjunctive pronouns are governed by the same verb and one is the direct and the other the indirect object, the indirect precedes the direct object.

Both these pronouns either precede or follow the verb according to the rules already stated for the single pronoun.

Note that:

(a) the -i- of **mi**, **ti**, **si**, **ci** and **vi** is changed to -e when followed by a direct object pronoun (**lo**, **la**, **li**, **le**, **ne**):

Carlo me lo darà.   *Carlo will give it to me.*

(b) **gli** (*to him*) and **le** (*to her, to you*) become **glie** and are written as one word with the pronoun which follows, thus giving these forms:

glielo
gliela } *it to him, it to her, it to you*

glieli
gliele } *them to him, them to her, them to you*

gliene   *some to him, some to her, some to you*

(c) **Loro** and **loro**, as always, follow the verb:

Lo do loro.   *I give it to them.*

However, since **lo do loro** is halting, it can be, and often is, replaced by **glielo do**, especially in speech. The same is true of **lo dico loro**, which readily becomes **glielo dico**.

Conjunctive adverbs

Here, *there* and *in it*, when referring to a place already mentioned and not used emphatically, are translated by **ci** or **vi**. *From there* and *thence* as translated by **ne**:

È stato a Londra questa settimana? Sì, ci sono andato due giorni fa.	*Have you been to London this week? Yes, I went there two days ago.*
Vieni spesso a Lucca, Margherita? Sì, ci vengo. ogni anno.	*Do you often come to Lucca, Margherita? Yes, I come here every year.*
Maria uscì di casa alle dieci, io ne uscii a mezzogiorno.	*Maria left the house at ten o'clock, I left at noon.*

Note that these adverbs, used only in connection with a verb, precede or follow the verb according to the rules studied for the conjunctive pronouns above:

Devo ritornarci.	*I must return there.*
Uscendone . . .	*Going out from there . . .*

See Appendix 4 for further details of conjunctive adverbs and their use.

VOCABULARY

la scala	*staircase, stairs*	l'ottava	*eighth wonder*
la scala mobile	*moving staircase,*	meraviglia	
	escalator	il cappuccino	*coffee with*
la Scala	*Scala Theatre*		*frothed-up milk*
la Galleria	*famous*	il caffellatte	*coffee with milk*
	shopping	Santa Maria	*famous church*
	arcade	delle Grazie	*in Milan*
la guglia	*spire*	Leonardo da Vinci (1452-1519)	
Castello	*Sforza*	il caffè,	*strong (black)*
Sforzesco	*Castle*	l'espresso	*coffee*
L'Ultima Cena,	*Last Supper*	notare	*to note, notice*
il Cenacolo		la coincidenza	*connection*
il lato	*side*		*(railway),*
l'esterno	*exterior, outside*		*coincidence*
l'interno	*interior, inside*	l'orario	*timetable*
lo stile	*style*	gotico	*gothic*

READING PASSAGE

📠 *Milano*

Mario Ecco la stazione centrale di Milano.

Giovanni Vedrà che è una stazione molto ornata, ma non piace a tutti. Scenderemo per la scala di marmo, vedrà anche una scala mobile. Prima di uscire, prenderemo un caffè, o un cappuccino. Che preferisce?

Mario Un espresso, per favore. Quante ore avremo a Milano?

Giovanni Almeno, quattro, ma vedremo l'orario fra poco.

Mario Eccolo! Treni in Arrivo . . . Treni in Partenza . . . Ah, ecco! . . . Milano-Venezia.

Giovanni La coincidenza per Venezia sarà alle diciannove.

Mario Così avremo quasi cinque ore qui.

Giovanni	E poi tornando da Venezia, altre cinque ore; così potrà vedere un po' di questa città industriale. Sarebbe meglio prendere subito un tassì fino alla Piazza del Duomo.
Mario	Per vedere prima il famoso Duomo di Milano? Di che stile è?
Giovanni	È di stile gotico, e Lei sa che è tutto di marmo, vero?
Mario	Sì. Quante statue ci sono sul Duomo?
Giovanni	Più di duemila statue e centotrentacinque guglie.
Mario	Ora capisco perchè i Milanesi chiamano questo duomo 'L'ottava meraviglia del mondo'!
Giovanni	Mi dispiace che non ci sia tempo oggi per vedere

216

l'*U*ltima Cena, di Leonardo da Vinci, ma tornando da Ven*e*zia, avremo altre cinque ore a Milano, e così vedrà questo bel capolavoro.

Mario   Dov'è?

Giovanni   Nella chiesa di Santa Maria delle Gr*a*zie, ma sarà chiusa a quest'ora.

Mario   Potremo vedere La Scala?

Giovanni   Soltanto l'esterno – sarà chiusa anche lei.

Mario   È lontano dal Duomo?

Giovanni   No, è dall'altra parte della famosa Galleria

Mario   Dov'è il Castello Sforzesco?

Giovanni   Eccolo.

(Fanno un giro della città in tassì, poi tornano alla stazione e prendono il treno per Venezia.)

(*Segue*)

EXERCISES

A Answer the following:

1   Piace a tutti la stazione di Milano?
2   Che pr*e*ndono M*a*rio e Giovanni prima di uscire dalla stazione?
3   A che serve un or*a*rio?
4   Vanno a piedi fino alla piazza del Duomo?
5   Di che stile è il Duomo di Milano?
6   Quante st*a*tue ci sono su questo Duomo?
7   Come lo chi*a*mano i Milanesi?
8   Dov'è l'*U*ltima Cena di Leonardo da Vinci?
9   È lontano dalla Piazza del Duomo la Scala?
10 Quale castello v*e*dono prima di tornare alla stazione?

B Give all the imperative forms of **avere**, **essere**, **cantare**, **ric*e*vere** and **finire**.

C Translate:

1   Show me that book, please, Carlo.
2   Bring me those newspapers, Maria.
3   Pass him that letter.

4 Show me your books, children.
5 Have you the post card from Mr Valli? Give it to Giovanni
please.

D Put into the negative:

1 Compra quel tavolino.   4 Vendi la tua casetta.
2 Parli a quell'uomo.   5 Partano prima delle undici.
3 Mangiamo all'albergo.

E Substitute the words in brackets with a pronoun:

1 Ecco (il quadro).   6 Scriviamo (a Rita).
2 Mostri (la piramide).   7 Ecco (i giardini).
3 Ammirando (il campanile)   8 Devo visitare (il museo).
4 Vedo (i fiori) laggiù.   9 Non scrivo (alle signorine).
5 Parlo (a Roberto).   10 Chiama (il cameriere,
                                   per favore).

F (a) Translate into English:
    1 Gliene parleremo.   4 Glielo manderemmo.
    2 Carlo glieli mandò.   5 Ce li venderà.
    3 Maria me ne comprerà.

  (b) Translate into Italian:

    1 He will give it (f) to her.
    2 He would show it (m) to us.
    3 They will read them to me.
    4 I will speak of it to them.
    5 Marcella wrote it (f) to me.

29

GRAMMAR

The imperfect subjunctive

To form the imperfect subjunctive add the following endings to the stem of the verb. The characteristic vowel of the infinitive is retained in all regular and many irregular verbs. The endings are:

-ssi	-ssimo
-ssi	-ste
-sse	-ssero

As a general rule the present or perfect subjunctive is used in subordinate clauses of the various types shown in Lesson 27 when the verb in the main clause is in the present, future or imperative. The imperfect or pluperfect subjunctive is used if the main verb is in any past tense:

Temevo che Carlo non venisse oggi.	*I was afraid Carlo might not come today.*
Pareva che tu l'avessi già fatto.	*It appeared you'd already done it.*

Imperfect subjunctive of the model verbs

Parlare		**Vendere**	
parlassi	*I spoke/ might speak*	vendessi	*I sold/ might sell*
parlassi	*you spoke/ might speak*	vendessi	*you sold/ might sell*

Parlare (*continued*)		**Vendere** (*continued*)	
parlasse	*he/she spoke/ might speak*	vendesse	*he/she sold/ might sell*
parlassimo	*we spoke/ might speak*	vendessimo	*we sold/ might sell*
parlaste	*you spoke/ might speak*	vendeste	*you sold/ might sell*
parlassero	*they spoke/ might speak*	vendessero	*they sold might sell*
Finire		**Partire**	
finissi	*I finished/ might finish*	partissi	*I left/ might leave*
finissi	*you finished/ might finish*	partissi	*you left/ might leave*
finisse	*he/she finished/ might finish*	partisse	*he/she left/ might leave*
finissimo	*we finished/ might finish*	partissimo	*we left/ might leave*
finiste	*you finished/ might finish*	partiste	*you left/ might leave*
finissero	*they finished/ might finish*	partissero	*they left/ might leave*

Imperfect subjunctive of the auxiliary verbs

Avere		**Essere**	
avessi	*I had/might have*	fossi	*I was/might be*
avessi	*you had/might have*	fossi	*you were/might be*
avesse	*he/she had/ might have*	fosse	*he/she was/ might be*
avessimo	*we had/might have*	fossimo	*we were/might be*
aveste	*you had/might have*	foste	*you were/might be*
avessero	*they had/might have*	fossero	*they were/might be*

Just as the present subjunctive of the auxiliaries is used to form the perfect subjunctive (cf. Lesson 27, Present Subjunctive of the Auxiliaries), so the imperfect subjunctive of the auxiliaries is used to form the pluperfect subjunctive, eg **avessi parlato**, **fossi andato**, etc. The present, present perfect, imperfect and pluperfect are the only tenses of the subjunctive.

Note that except for the characteristic vowel, the endings are the same for all conjugations. The characteristic vowel of the infinitive is retained in all regular and many irregular verbs:

comprassi	comprare	*to buy*
ricevessi	ricevere	*to receive*
capissi	capire	*to understand*
avessi	avere	*to have*
venissi	venire (E)	*to come*

Verbs with a contracted infinitive add the endings to the stem of the original infinitive:

dire (contracted from dicere) dicessi
fare (contracted from facere) facessi

Note, however, the irregular forms of *essere* and the following two verbs:

Dare	**Stare**
dessi	stessi
dessi	stessi
desse	stesse
dessimo	stessimo
deste	steste
dessero	stessero

The imperfect subjunctive is used in a conditional clause to imply that the statement is either contrary to fact in the present or doubtful in the future:

Se avessi tempo, studierei molte lingue.	*If I had time I should study many languages.* (this implies that I have not time)
Se Roberto arrivasse in tempo, usciremmo insieme.	*If Roberto arrived in time we should go out together.* (a condition doubtful in the future)

When the conditional clause refers to past time, the pluperfect of the subjunctive is used with the conditional perfect (formed from the present conditional of the auxiliary plus the past participle, cf. below More compound tenses, 4):

Se Carlo mi avesse parlato in inglese, avrei capito tutto.	*If Carlo had spoken English to me, I should have understood everything.*
Se fossimo stati più veloci, avremmo preso la mancia.	*If we had been quicker, we would have got a tip.*

Note that rather cumbersome construction can be avoided, especially in speech, by the use of two imperfects: **Se eravamo più veloci, prendevamo la mancia**. You should remember, however, that the imperfect and pluperfect subjunctives are compulsory: (i) after **come se** (*as if*), eg come **se piovesse/fosse piovuto** (*as if it were raining/had rained*); (ii) in certain rhetorical expressions in which **se** is implied but not stated, eg **sapessi/avessi saputo dov'erano** (*if only I knew/had known where they were*).

More compound tenses

1 The pluperfect, which is formed from the imperfect of the auxiliary and the past participle of the verb conjugated:

avevo parlato	*I had spoken*
ero partito	*I had left*

2 The future perfect, which is formed from the future of the auxiliary and the past participle of the verb conjugated:

avrò parlato	*I shall have spoken*

sarò partito	*I shall have left*

3 The conditional perfect, which is formed from the conditional of the auxiliary and the past participle of the verb conjugated:

avrei parlato	*I should have spoken*
sarei partito	*I should have left*

The future perfect can be used to express what is probable:

Paolo si sarà addormentato.　　*Paolo has probably fallen asleep.*

Cf. a similar use of the future in both English and Italian (Lesson 14). Like the conditional perfect, it is used more or less in the same way as it is in English, with the following important exceptions:

Dopo che l'avrai fatto,　　　*After you've done it, come*
　vieni a dirmelo.　　　　　　*and tell me.*
　　　　　　　　　　　　　　(NB English uses the perfect)
Mi ha detto che sarebbe　　　*He told me he would come*
　venuto oggi.　　　　　　　*today.* (NB English uses the
　　　　　　　　　　　　　　present conditional)

Note that if **dire** (or any other verb of communication) is used in any past tense in the main clause, the tense of the subordinate verb should be the conditional perfect; it can never be the present conditional (as it is in English), although it can be, especially at the popular and spoken level, the imperfect: **Mi ha detto che veniva oggi**, etc.

Verbs followed by prepositions

Some verbs do not require a preposition in Italian, whereas they do in English:

ascoltare	*to listen to*		aspettare	*to wait for*
cercare	*to look for*		guardare	*to look at*

Some verbs do require a preposition in Italian, but not in English:

entrare (E) in	*to enter*		ubbidire a	*to obey*
ricordarsi di	*to remember*			

Some verbs require one preposition in Italian and another in English:

| coprire di | *to cover with* | caricare di | *to load with* |
| vivere(E) di | *to live on* | dipendere(E) da | *to depend on* |

A number of verbs take the infinitive without any intervening preposition:

| preferire | *to prefer* | bisognare(E) | *to be necessary* |
| desiderare | *to want, desire* | volere(E/A) | *to want* |

Simple and compound tenses of verbs

FIRST CONJUGATION		
Infinitive { Present	parlare	*to speak*
Past	aver parlato	*to have spoken*
Gerund { Present	parlando	*speaking*
Past	avendo parlato	*having spoken*
Past participle and verbal adjective	parlato (a) (i) (e)	*spoken*
Present	parlo	*I speak*
Perfect	ho parlato	*I have spoken*
Future	parlerò	*I shall speak*
Future perfect	avrò parlato	*I shall have spoken*
Conditional { Present	parlerei	*I would speak*
Perfect	avrei parlato	*I would have spoken*
Imperfect	parlavo	*I used to speak*
Pluperfect	avevo parlato	*I had spoken*
Past definite	parlai	*I spoke*
Subjunctive { Present	parli	*(that) I may speak*
Perfect	abbia parlato	*(that) I may have spoken*
Subjunctive { Imperfect	parlassi	*(that) I might speak*
Pluperfect	avessi parlato	*(that) I might have spoken*
Imperative	parla, parli	*speak!*

SECOND CONJUGATION

Infinitive	Present	vendere	*to sell*
	Past	aver venduto	*to have sold*
Gerund	Present	vendendo	*selling*
	Past	avendo venduto	*having sold*
Past participle and verbal adjective		venduto(a) (i) (e)	*sold*
Present		vendo	*I sell*
Perfect		ho venduto	*I have sold*
Future		venderò	*I shall sell*
Future perfect		avrò venduto	*I shall have sold*
Conditional	Present	venderei	*I would sell*
	Perfect	avrei venduto	*I would have sold*
Imperfect		vendevo	*I used to sell*
Pluperfect		avevo venduto	*I had sold*
Past definite		vendei (-etti)	*I sold*
Subjunctive	Present	venda	*(that) I may sell*
	Perfect	abbia venduto	*(that) I may have sold*
Subjunctive	Imperfect	vendessi	*(that) I might sell*
	Pluperfect	avessi venduto	*(that) I might have sold*
Imperative		vendi, venda	*sell!*

THIRD CONJUGATION

Infinitive	Present	partire	*to leave* (depart)
	Past	essere partito	*to have left*
Gerund	Present	partendo	*leaving*
	Past	essendo partito	*having left*
Past participle and verbal adjective		partito(a) (i) (e)	*left*
Present		parto	*I leave*
Perfect		sono partito (a)	*I have left*

Future perfect		sarò partito (a)	*I shall have left*
Conditional	Present	partirei	*I would leave*
	Perfect	sarei partito (a)	*I would have left*
Imperfect		partivo	*I used to leave*
Pluperfect		ero partito (a)	*I had left*
Past definite		partii	*I left*
Subjunctive	Present	parta	*(that) I may leave*
	Perfect	sia partito (a)	*(that) I may have left*
Subjunctive	Imperfect	partissi	*(that) I might leave*
	Pluperfect	fossi partito (a)	*(that) I might have left*
Imperative		parti, parta	*leave!*

VOCABULARY

la fine	*end*	il canale	*canal*
la tappa	*stage, halting place*	il Canal Grande	*Grand Canal*
l'impressione	*impression*	il Ponte dei Sospiri	*Bridge of Sighs*
la gondola	*gondola*	il Ponte di Rialto	*Rialto Bridge*
il gondoliere	*gondolier*	l'industria	*industry*
il motoscafo	*motor-launch*	il vetro	*glass*
l'isoletta	*little island*	la Barca Musicale	*Music Boat*
il modo	*way, manner*		
il ritorno	*return*	bizantino	*Byzantine*
il ricordo	*remembrance*	entusiasta	*enthusiastic*
San Marco	*Saint Mark*	forse	*perhaps*
il Palazzo Ducale	*Ducal Palace*	chi sa?	*who knows?*
		ammirare	*to admire*
il sogno	*dream*	camminare	*to walk*
la bellezza	*beauty*	scivolare (E/A)	*to glide, slip*
la Regina dell' Adriatico	*Queen of the Adriatic*	mancare (E)	*to fail, miss*
il vaporetto	*steam-boat*	strano	*strange*

READING PASSAGE

📼 Venezia

Giovanni	Siamo quasi alla fine del nostro viaggio. Venezia sarà l'ultima tappa.
Mario	Che bella vacanza è stata per me!
Giovanni	Avrà una strana impressione quando arriverà alla stazione di Venezia.
Mario	Perchè?
Giovanni	Perchè uscendo dalla stazione vedrà le gondole, i motoscafi, ed i vaporetti che portano i viaggiatori agli alberghi.
Mario	Oh – come sarà interessante!
Giovanni	Durante le mia ultima visita a Venezia feci quasi tutta questa città a piedi.
Mario	A piedi, ma come?
Giovanni	Lei sa che Venezia è construita su numerose isolette che sono unite da piccoli ponti. In questo modo si può camminare da una parte all'altra, ammirando allo stesso tempo tante belle cose . . . ma eccoci arrivati!
Mario	Oh – quanti gondolieri! Prenderemo anche noi una gondola?
Giovanni	Sì, ci sarà quella del nostro albergo, eccola!
Mario	(*entusiasta di tutto esclama*). Come scivolano in silenzio sull'acqua!
Giovanni	Fra poco vedrà il Ponte di Rialto, eccolo!
Mario	Com'è bello!
Giovanni	Vede, ora, laggiù Piazza San Marco?
Mario	Di che stile è la Basilica?
Giovanni	Bizantino. Vede il gran campanile e il Ponte dei Sospiri? (*Arrivano alla porta dell'albergo.*)
Mario	Ha ragione, tutto mi pare tanto strano. Venezia è veramente la Regina dell'Adriatico!
Giovanni	Questo non è niente, domani vedrà il Palazzo Ducale, poi un altro giorno andremo all'isola di Murano,

famosa per 'l'industria veneziana del vetro, ed una sera andremo sul Canal Grande e sentirà la musica dalla *Barca Musicale.*

Mario Non so cosa dire, tutto mi pare un sogno!

Giovanni Un altr'anno dovrà ritornare in Italia per visitare altre città, perchè ognuna ha le sue bellezze.

Mario Non mancherò di farlo. Quest'inverno leggerò alcuni libri sull'Italia e cercherò di studiare meglio la lingua. Chi sa, forse anch'io potrò aiutare qualcuno come Lei ha fatto con me quest'anno.

(*Dopo la loro visita a Venezia ritornano a Milano. Alle cinque e mezzo del pomeriggio prendono il treno per Calais.*)

(*Fine*)

EXERCISES

A Answer the following:

1 Quale impressione avrà Mario quando arriverà a Venezia?
2 Perchè?
3 Come visitò una volta questa città, Giovanni?
4 Com'è costruita Venezia?
5 Che videro dal Canal Grande?
6 Di che stile è San Marco?
7 Quali sono i due ponti famosi?
8 Perchè visiteranno l'isola di Murano?
9 Visiterà Venezia un giorno, Lei?
10 Quali altre città d'Italia visiterà?

B Translate:

1 at Robert's house.
2 it depends on him.
3 looking at the bridge.
4 looking for the hotel.
5 living in the town.

C (a) Put into the future, and (b) put into the future perfect:

1 Finisco il lavoro.
2 Vendiamo la macchina.
3 Comprano la casa.
4 Arriva all'una.
5 Parte a mezzanotte.

D (a) Translate into English:

1 Se Maria fosse arrivata prima, avrebbe trovato suo cugino a casa.
2 Se Giovanni fosse ricco, comprerebbe quella macchina.
3 Se Roberto avesse studiato bene, suo padre sarebbe stato contento.
4 Se ricevessi una lettera, sarei felice.
5 Se andassimo a Pisa, vedremmo la Torre Pendente.

(b) Translate into Italian:
1 If we had enough money, we would buy a house.
2 If the ladies had arrived in time, they would have seen the race.
3 If we spoke French, the children would understand us.
4 If Maria came before midday, she would see her friend.

5   If you wrote to me in Italian, I would answer your letter.

E Form sentences using the following words:

1	qualche volta	6	mai
2	fra un anno	7	prima di
3	sei mesi fa	8	prima che
4	ieri	9	appena
5	spesso	10	benchè

30

GRAMMAR

Idiomatic expressions with certain verbs

Avere	
aver caldo	*to be hot, warm*
aver freddo	*to be cold*
aver torto	*to be wrong*
aver ragione	*to be right*
aver fame (appetito)	*to be hungry*
aver sete	*to be thirsty*
aver luogo	*to take place*
aver sonno	*to be sleepy*
aver paura	*to be afraid*
aver bisogno di	*to be in need of, to need*
aver appena	*to have just*
aver voglia di far qualcosa	*to feel like doing something*
Essere (E)	
essere (E) in ritardo	*to be late*
essere (E) d'accordo con	*to agree with*
essere (E) sul punto di	*to be on the point of*
essere (E) di	*to come from, to belong to*

Andare (E)

andare (E) a piedi	*to walk*
andare (E) in macchina	*to go by car*
andare (E) a cavallo	*to ride on horseback*
andarsene (E)	*to go away, to be off, to leave*
andar d'accordo con	*to get along with*

Dare (E)

dare del lei/del tu	*to address formally/informally*
dare in prestito	*to lend*
dare un esame	*to take an examination*

Fare

fa bel tempo	*the weather is fine*
fa brutto tempo	*the weather is bad*
fa caldo	*it is hot*
fa freddo	*it is cold*
fa umido	*it is damp*
far colazione	*to have breakfast*
far finta di	*to pretend*
far piacere	*to please*
far male	*to hurt, harm*
far bene	*to do good*
fare una visita	*to pay a visit*
fare una passeggiata	*to go for a walk*
fare una domanda	*to ask a question*
fare attenzione	*to pay attention*
far capolino	*to peep* (out, in)
fare un brindisi	*to drink a toast*
far fare qualcosa (a qualcuno)	*to have (someone) do, make something*

Note also:

non fa niente **or** nulla	*it does not matter*, or *never mind*

Stare (E)

stare (E) in piedi	*to stand*
stare (E) per	*to be about to*
star (E) zitto	*to be silent*
star (E) male	*to be ill*
star (E) bene	*to be well*
star (E) attenti	*to be careful*

Volere (E/A)

voler bene (with avere, +a)	*to be fond of*
voler dire (with avere)	*to mean*

Sapere

sapere a memoria	*to know by heart*

Miscellaneous

cavarsela (E) (io me la cavo, tu te la cavi)	*to get by*
farcela (io ce la faccio, tu ce la fai)	*to manage* (it)
riuscirci (E) (io ci riesco, tu ci riesci)	*to manage* (it)

Classified vocabulary

ANIMALI DOMESTICI
Domestic animals

il cane	*dog*
il gatto	*cat*
il cavallo	*horse*
il toro	*bull*
la mucca	*cow*
il bue (pl. buoi)	*ox*
l'asino, il ciuco	
il somaro	*ass, donkey*
il maiale	*pig*
il mulo	*mule*
il coniglio	*rabbit*

ANIMALI SELVATICI
Wild animals

il leone	*lion*
la tigre	*tiger*
l'elefante	*elephant*
il lupo	*wolf*
la volpe	*fox*
la giraffa	*giraffe*
la zebra	*zebra*
il coccodrillo	*crocodile*
il gorilla (pl. i gorilla)	*gorilla*

FIORI
Flowers

il giglio	*lily*
il garofano	*carnation*
il papavero	*poppy*
la violetta	*violet*
l'ortensia	*hydrangea*
il glicine	*wistaria*
la begonia	*begonia*
il geranio	*geranium*
la dalia	*dahlia*
la fucsia	*fuchsia*

ALBERI
Trees

il cipresso	*cypress*
il castagno	*chestnut*
la quercia	*oak*
il faggio	*beech*
l'oleandro	*oleander*
la magnolia	*magnolia*
il mandorlo	*almond tree*
l'olivo	*olive*
il pino	*pine*
l'abete	*fir*

LE FRUTTA
Fruit

la mela	*apple*
la pera	*pear*
l'arancia	*orange*
la pesca	*peach*
il melone	*melon*
il cocomero	*water-melon*

UCCELLI
Birds

la rondine	*swallow*
l'allodola	*sky-lark*
l'usignolo	*nightingale*
il merlo	*blackbird*
il tordo	*thrush*
il pettirosso	*robin redbreast*

il fico	*fig*
la prugna	*plum*
l'uva	*grape(s)*
l'albicocca	*apricot*

VERDURA
Vegetables

i piselli	*peas*
i fagioli	*beans*
i carciofi	*artichokes*
il pomodoro	*tomato*
il cavolo	*cabbage*
il cavolfiore	*cauliflower*
i fagiolini	*French beans*
le carote	*carrots*
le patate	*potatoes*
gli zucchini	*courgettes*

il passero	*sparrow*
il piccione	*pigeon*
la colomba	*dove*
il pappagallo	*parrot*

MESTIERI
Trades

il macellaio	*butcher*
il fornaio (panettiere)	*baker*
il lattaio	*milkman*
il fruttivendolo	*greengrocer, fruiterer*
il pescivendolo	*fishmonger*
il pasticciere	*confectioner*
il droghiere	*grocer*
il tabaccaio	*tobacconist*
il postino	*postman*
il sarto	*tailor*

VOCABULARY

il disturbo	*disturbance, trouble*
il regalo	*present, gift*
la conferenza	*lecture, conference*
appena	*scarcely, barely*
rimanere (E) (irr.)	*to remain, stay*
ringraziare	*to thank*
caricare	*to lade, load*
ciao	*goodbye, hello* (colloq.)
perbacco!	*by Jove!*

READING PASSAGE

Il ritorno

Ritornato in Inghilterra, e a casa da appena due giorni, Giovanni riceve la seguente lettera.

25, Trafalgar Street
Londra.

10 Settembre

Caro Giovanni,

Eccomi a casa. Spero che tu abbia fatto un buon viaggio fino a casa tua. Vedi, ti do del tu. Siamo buoni amici ora, vero? Non so come ringraziarti del disturbo che hai preso per me durante il nostro soggiorno in Italia.

Non potrò mai dimenticare questa vacanza passata con te. I miei genitori sono contenti dei regali, mia sorella è molto contenta della sciarpa di seta pura, e per me ci sono le belle fotografie fatte nelle varie città; saranno sempre un buon ricordo della mia visita in Italia con te.

Quest' inverno riprenderò a studiare italiano e, se avrò tempo, andrò, anche, a qualche lezione d'italiano.

Spesso penso alle belle serate passate insieme, alle gite fatte intorno alle città ed ai laghi.

Ora devo mettermi al lavoro. Le vacanze sono finite e lontane, ma i ricordi rimangono sempre. Di nuovo, grazie mille di tutto.

Ciao, Giovanni; saluti ai tuoi genitori ed a te,

il tuo amico,
Mario.

EXERCISES

A Answer the following:

    1 Perchè Mario ringrazia l'amico?
    2 Che cosa ha dato Mario a sua sorella?
    3 Lei ne è contenta?
    4 Che cosa farà Mario quest'inverno?
    5 Perchè adesso Mario dà del tu a Giovanni?

B Translate:

    1 Lei a che ora pranza?
    2 Verso l'una, di solito.
    3 Oggi fa caldo, ieri faceva molto freddo.
    4 Abbiamo fatto un brindisi ad alcuni amici.
    5 Partono per l'Italia fra due giorni.

C Give the Italian for:

    1 November 11th, 1945.
    2 December 1st, 1958.
    3 This student is twenty-two years old.
    4 Two hundred years ago.
    5 Five thousand nine hundred and seventy.

D Translate the words in brackets:

    1 Quando (*I was*) dieci anni, (*I spoke*) due lingue.
    2 Questa città non ha (*any*) museo.
    3 (*Do you know*) questi signori?
    4 No, ma (*I know*) che parlano italiano.
    5 Rita ha più (*than*) dodici anni.

E Conjugate in the imperfect and pluperfect tenses:

    (a) leggere
    (b) volere
    (c) venire

F (a)   Find the nouns derived from the following verbs:

arrivare, ballare, cenare, domandare, entrare, fumare, girare, invitare, leggere, mostrare, nevicare, ordinare, perdere, rispondere, salire, telefonare, usare, vedere.

(b)   Find verbs from the nouns:

l'augurio, la bevanda, la celebrazione, la divisione, l'educazione, la fine, il gelo, l'indicazione, il lavoro, la misura, la nuotata, l'osservazione, la partenza, la quota, il ritorno, lo studio, la trovata, l'uscita, il viaggio.

REVISION

A Translate and put into the plural:

1	That hand.	6	I like fruit.
2	This arm.	7	This town is old.
3	That foot.	8	These grapes are sweet.
4	The eye.	9	That artist is clever.
5	The ear.	10	That poem is long.

B Translate:

1   Non prendevo mai l'autobus.
2   Non incontravamo nessuno.
3   Questi ragazzi non hanno nè padre nè madre.
4   Starò solo due settimane in Italia.
5   Questa mano mi fa male.
6   Queste signorine hanno mal di testa.
7   Dove ha messo il mio biglietto?
8   Non so, sarà sul tavolino.
9   Conosco quella signora.
10   Mi sembra che sia la signora Valli.

C Translate:

1   Travelling from Milan to Florence . . .
2   By repeating these words . . .

3 Having finished the letter . . .
4 Having been to Rome . . .
5 Saying this phrase . . .
6 Entering the station . . .

D Translate:

1 We were speaking French.
2 I used to go to France every year.
3 They were selling their house.
4 Peter used to do his work at home.
5 They used to finish at midday.
6 Every year he would go to the same place.

E Give the comparatives and superlatives of:

1	buono	4	lungo
2	cattivo	5	ricco
3	grande		

F Translate:

1 We left at midnight.
2 We arrived at 8 pm.
3 I read this book two years ago.
4 Margherita wrote to me last week.
5 We went out together every Monday.
6 Have you been to the theatre lately?
7 No, but we are going to the opera next week.
8 I telephoned Roberto two days ago.
9 Do you think he will come?
10 No, I think he has a cold..

G Give (a) the third persons singular and plural, imperfect tense, of the following verbs:

1	cantare	4	tradurre
2	ricevere	5	finire
3	fare		

(b) the first persons singular and plural, past definite, of:

1 avere   4 partire
2 andare   5 lęggere
3 ęssere

H Give the comparative and superlatives of the following adverbs:

1 bene   3 molto
2 male   4 poco

I Translate:

Many years ago my father bought a house in the country. My parents, my little sister and I used to spend our summer holidays there every year. Sometimes we invited friends, and we used to go out together for the whole day. The fresh air and the outdoor life did us so much good.

J Translate:

1 We'll play football (= **giocare a calcio**), unless it rains.
2 It seemed those people had already heard him.
3 You didn't know where it was.
4 I think that you (pl) are mad.
5 She's not sure they're coming.
6 Their dog was more ferocious than it appeared.
7 He is probably asleep.
8 If they had been more intelligent, you (sing) would have accepted them (two versions).
9 If you studied you would learn (pl).
10 She is less generous than you think (sing).
11 If they had been there, we would have said something to them.
12 They said they'd arrive late.
13 He promised her he would come.
14 I'm afraid you've (sing) lost your watch.
15 I want them (m) to be quiet.
16 I'd prefer them to come to the party.
17 When you (sing) have finished it, let me know (= **fammi sapere**).
18 My mother wants me to wash my hands.
19 We suggest they don't say anything to anyone.
20 I sent you a letter two days ago (**tu** and **Lei** forms).

Key to the exercises

Lesson 1

A 1 *Where is the book?* Il libro è sopra il tavolo/la tavola.   2 *Where is the door?* Ecco la porta.   3 *Who has the exercise book?* L'alunno ha il quaderno.   4 *Who has the pen?* L'alunna ha la penna.   5 *Where is the chair?* Ecco la sedia.   6 *Where is the desk?* Ecco il banco.   7 *Who has the chair?* Il maestro ha la sedia.   8 *Who has the pencil?* L'alunno ha la matita.   9 *Where is the pupil*(m) *?* Ecco l'alunno.   10 *Where is the pupil*(f) *?* Ecco l'alunna.

B 1 L'alunno;   2 il maestro;   3 la penna;   4 il libro;   5 lo studente;   6 la matita;   7 il quaderno;   8 la porta;   9 lo zio;   10 il banco;   11 la finestra;   12 la zia.

C 1 La ragazza e la matita.   2 Il ragazzo e la penna.   3 Il maestro e l'alunno.   4 La maestra e l'alunna.   5 La porta e la finestra.   6 Il libro ed il quaderno.   7 Ecco lo studente. 8 Ecco la studentessa.   9 Mi passi la sedia, per favore.   10 Grazie. Mi mostri il tavolo/la tavola.

D 1 Buon giorno, signora.   2 Buon giorno, signore.   3 Come sta?   4 Bene, grazie, e Lei?   5 Molto bene, grazie.   6 Dov'è la maestra?   7 Chi ha il libro?   8 Mi mostri la matita, per favore.   9 Mi passi il quaderno, per favore. 10 Grazie, signora.

E 1 il, la; *The teacher* (m) *has the book and the pen.*   2 la; *Show me the television.*   3 l'; *Where is the animal?*   4 la; *Please pass me the chair, sir.*   5 il; *The exercise book is under the table.*   6 la; *The pencil is on the radio.*   7 il; *Show me the exercise book, please.*   8 lo; *Here is/There is the study.*   9 la; *The girl has the pencil.*   10 lo; *Where is the student* (m) *?*

Lesson 2

A 1 *Where is the house?* Ecco la casa.   2 *Where is the door?* Ecco la porta.   3 *What is there to the left?* A sinistra c'è il salotto.   4 *What is there to the right?* A destra c'è la sala da pranzo.   5 *Who is this girl?* Questa ragazza è Maria.   6 *Who is this boy?* Questo ragazzo è Giovanni.   7 *What has the father got?* Il padre ha un giornale.   8 *What has the mother got?* La madre ha una rivista.   9 *What has Maria got?* Maria ha un libro.   10

241

What has Giovanni got? Giovanni ha un quaderno.
B 1 una; 2 una; 3 un; 4 una; 5 un'; 6 una; 7 un; 8 uno; 9 una; 10 un; 11 un; 12 uno.
C 1 Un ragazzo ed una ragazza. 2 Un padre ed una madre. 3 Uno studente ed un'alunna. 4 Una casa ed un giardino. 5 A destra c'è una porta. 6 A sinistra c'è una finestra. 7 Ecco una sala da pranzo. 8 Ecco un salotto. 9 Un giornale è sopra la sedia. 10 Una rivista è sotto il tavolo/la tavola.
D 1 Buona sera, signore. 2 Buona sera, signora. 3 Dov'è la sala da pranzo? 4 A destra, signora. 5 Dov'è il salotto? 6 A sinistra, signore. 7 (Che) cos'è questo? 8 E una rivista. 9 (Che) cos'è questo? 10 È un giornale.
E 1 ragazzo, banco, etc.; 2 porta, rivista, etc.; 3 alunna, amica, etc.; 4 casa, sedia, etc.; 5 studio, zio, etc.; 6 libri, giornali, etc.; 7 case, salotti, etc.; 8 sale, giardini, etc.; 9 porte, spilli, etc.; 10 ragazze, tavoli, etc.

Lesson 3

A 1 *Is the garden big?* No, è piccolo. 2 *What is there under the tree?* Ci sono due sedie e un tavolo. 3 *What colour is the grass?* L'erba è verde. 4 *What colour is the rose?* La rosa è rossa. 5 *How many poppies has the boy got?* Il ragazzo ha tre papaveri. 6 *How many daisies has the girl got?* La ragazza ha dieci margherite. 7 *Who has four roses?* La madre ha quattro rose. 8 *Who has two carnations?* Il padre ha due garofani. 9 *How many are six plus two?* Sei più due fanno otto. 10 *How many are nine minus four?* Nove meno quattro fanno cinque.
B 1 Ecco il giardino. 2 Dov'è l'entrata? 3 Questo tavolo è rotondo. 4 Dove sono le sedie? 5 C'è un ragazzo sotto l'albero. 6 Ci sono molte farfalle in questo giardino. 7 (Che) cos'è questo? 8 (Che) cosa sono questi: 9 Ecco il maestro/la maestra. 10 Ecco gli studenti/le studentesse.
C 1 *This gentleman is Italian.* 2 *This lady is English.* 3 *These boys are Italian.* 4 *These girls are English.* 5 *Here is a red exercise book.* 6 *Here is a yellow pencil.* 7 *Here is a green book.* 8 *Here are two black pens.* 9 *Ten plus two are twelve.* 10 *Eleven minus two are nine.*
D 1 Una rosa rossa e due garofani. 2 Una farfalla e tre fiori. 3 Quattro tavoli/tavole. 4 Cinque giardini. 5 Sei alberi. 6 Sette fiori. 7 Questo libro rosso. 8 Questa penna nera. 9 Questi fiori gialli. 10 Queste matite verdi.
E 1 i; 2 le; 3 i; 4 le; 5 i; 6 gli; 7 i; 8 le; 9 le; 10 i.

Lesson 4

A 1 *What is there in this dining-room?* Ci sono sei sedie, una

242

credenza e una grande tavola. 2
And what is there on the table? C'è
una tovaglia bianca e un vaso di
fiori. 3 *How many chairs are
there?* Ci sono sei sedie. 4 *What
is there to the left?* A sinistra c'è una
credenza. 5 *Which flowers are in
this vase?* I fiori in questo vaso sono
rose. 6 *Who is the father?* Il
padre è il signor Valli. 7 *Who is
the mother?* La madre è la signora
Valli. 8 *Who are the two children?*
I due figli sono Pietro e Mario
Valli. 9 *What is the first month of
the year?* Il primo mese dell'anno è
gennaio. 10 *What is the second
month?* Il secondo mese è febbraio.
B 1 noi; 2 egli, lui, esso,
ella, lei, essa, Lei; 3 io; 4
noi; 5 tu; 6 voi; 7 tu; 8
essi, esse, loro, Loro; 9 egli, lui,
esso, ella, lei, essa, Lei; 10 essi,
èsse, loro, Loro.

C 1 grande; 2 buona; 3
giallo; 4 rotonda; 5 piccola;
6 rosso; 7 verdi; 8 azzurre;
9 rossi; 10 verde (Note: these
are suggestions).

D 1 (io) ho; 2 (egli) ha; 3
(noi) abbiamo; 4 (ella, lei) è;
5 (noi) siamo; 6 (Lei) è; 7
(essi, esse, loro) hanno; 8 (io)
sono; 9 (Loro) hanno; 10
(noi) non siamo.

E 1 tre coltelli; 2 quattro
forchette; 3 due bicchieri; 4
cinque ore; 5 il secondo mese;
6 il quarto giorno; 7 il primo
anno; 8 (Noi) abbiamo una
casa piccola; 9 (Tu) sei italiano
(-a); 10 (Io) non ho un

bicchiere.

Lesson 5

A 1 *What is there in this square on
the right?* C'è un museo. 2 *And
what is there on the left?* C'è una
cattedrale. 3 *Where is the town
hall?* Il municipio è in un'altra
piazza. 4 *Are all the streets long?*
No, alcune sono lunghe; altre
sono corte. 5 *Are the avenues
narrow?* No, sono larghi. 6
What do the two ladies enter? Le due
signore entrano in un negozio. 7
What do they buy? Comprano una
tovaglia bianca e dodici tovaglioli.
8 *What does the young lady buy?*
Compra una scatola con sei
fazzoletti. 9 *How many days are
there in a week?* Ci sono sette giorni
in una settimana. 10 *How many
seasons are there in a year?* Ci sono
quattro stagioni in un anno.

B 1 noi/*we buy*; 2 io/*I speak*;
3 egli, ella, etc./*he, she*, etc. *sells*;
4 voi/*you* (pl) *find*; 5 egli,
ella, etc./*he, she*, etc. *does not receive*;
6 io/*I believe*; 7 egli, ella,
etc./*he, she*, etc. *does not buy*; 8
loro, Loro/*they, you* (polite pl) *sell*;
9 tu/*you* (sing) *show*; 10
noi/*we receive*.

C 1 (io) non vendo; 2 (noi)
compriamo; 3 (ella, lei, essa)
crede; 4 (io) parlo; 5 (essi,
esse, loro) credono; 6 (noi)
troviamo; 7 (egli, lui, esso)
parla; 8 (io) perdo; 9 (essi,
esse, loro) trovano; 10 (tu)
compri, (voi) comprate, (Lei)
compra, (Loro) comprano.

D 1 Questi fazzoletti sono

bianchi. 2 Queste scatole sono bianche. 3 I giardini sono lunghi. 4 Le porte sono larghe. 5 Questi ragazzi sono tedeschi. 6 Queste ragazze sono tedesche. 7 Questi signori comprano le case. 8 Queste signore parlano italiano. 9 Gli alunni passano i quaderni. 10 Le alunne ripetono le lezioni.

E 1 *On the right there is the town hall.* 2 *On the left there is a shop.* 3 *There are two churches in this street.* 4 *Pass me the French magazine, please.* 5 *Where is the museum please, madam?* 6 *Excuse me, sir, where is the cathedral?* 7 *What is this?* 8 *It's a German newspaper.* 9 *What are these?* 10 *They are two German newspapers.*

Lesson 6

A 1 Roberto e i tre ragazzi sono sotto un albero in campagna. 2 C'è un cestino. 3 Ci sono molte cose per il pranzo dei ragazzi. 4 Roberto apre il cestino. 5 In una bottiglia c'è limonata. 6 Nell'altra c'è aranciata. 7 La signora dice – Buon appetito. 8 I ragazzi rispondono – Grazie, altrettanto a Lei, signora.

B 1 *of the lady;* 2 *on/in the book;* 3 *from/by the pupil* (m); 4 *in the study;* 5 *to the teacher* (m); 6 *with the students* (m); 7 *for the gentleman;* 8 *with the aunt;* 9 *in the garden;* 10 *by/from the uncles.*

C 1 *The boys understand almost everything.* 2 *We answer the questions.* 3 *The teacher* (m) *is*

not in the study. 4 *The newspapers are on the dining table.* 5 *The fruit is in the basket.* 6 *This bottle is full of water.* 7 *There's a magazine under this chair.* 8 *Here are/There are the girl's books.* 9 *This bird sings well.* 10 *The students' exercise books are on the grass.*

D 1 C'è una bottiglia sull'erba. 2 Ci sono due ragazzi vicino all'albero. 3 Il sole non splende ora/adesso. 4 Un uccello canta. 5 Non vedo l'uccello. 6 Cominciamo a parlare italiano. 7 Non capisco. 8 Capisci, Roberto? 9 Gli studenti rispondono bene. 10 Ecco un libro per Lei, signora.

E (a) 1 il cestino della signora; 2 la mano del ragazzo; 3 il pranzo di Anna; 4 due bottiglie di limonata; 5 vicino alla casa; 6 lontano dall'albero; 7 nel cestino; 8 della ragazza; 9 al signore; 10 dal maestro.

(b) AVERE

io non ho
tu non hai
egli, lui, esso }
ella, lei, essa } non ha
noi non abbiamo
voi non avete
essi, esse }
loro, Loro } non hanno

ESSERE

io non sono
tu non sei
egli, lui, esso }
ella, lei, essa } non è
noi non siamo
voi non siete

essi, esse
loro, Loro } non sono

Il primo gioco dell'alfabeto

1 aprile(m); **2** bianco; **3** (il) coltello; **4** (la) domenica; **5** ecco; **6** febbraio(m); **7** (il) giardino; **8** ha?/hanno? **9** inverno(m); **10** luglio(m); **11** (la) matita; **12** nove; **13** ottobre(m); **14** (il) primo; **15** questo(a); **16** (la) rosa; **17** (lo/la) studente/ssa; **18** (il/la) tavolo/a; **19** undici; **20** venerdì(m); **21** (lo) zio.

Lesson 7

A 1 I mesi estivi sono giugno, luglio ed agosto. **2** Le passo in Italia/al mare/in campagna, etc. **3** No, qualche volta è mosso. **4** Ci sono cabine con tavoli e sedie. **5** Ci sono le sedie a sdraio. **6** Sì, è sana. **7** Preferisco la campagna/il mare (according to preference). **8** I ragazzi passano molto tempo nel mare.
B 1 delle; **2** dei; **3** del; **4** della; **5** dell'; **6** del; **7** delle; **8** dei.
C 1 Maria la capisce. **2** Giovanni l'impara. **3** (Noi) li troviamo. **4** (Loro, essi, etc.) le perdono. **5** (Noi) ti vediamo. **6** Anna ci vede. **7** (Noi) le abbiamo. **8** (Io) li ho. **9** Anna l'ha. **10** (Loro, essi, etc.) non l'hanno.
D 1 pane, vino, etc.; **2** frutta, carne, etc.; **3** zucchero, etc.; **4** libri, quaderni, etc.; **5** penne, riviste, etc.; **6** domanda,

lezione, etc.; **7** libro, cestino, etc.; **8** ragazzo, quaderno; **9** casa, ragazza, etc.; **10** casa, cabina, etc.
E 1 (Noi) non vediamo la spiaggia. **2** (Lei) trova una cabina. **3** (Loro, etc.) parlano alla signora. **4** (Egli, ec.) capisce questa lezione. **5** (Ella, etc.) compra del pane. **6** (Io) compro dello zucchero. **7** Hai/Ha (degli) amici italiani? **8** No, (io) non ho amici italiani. **9** Hanno (delle) amiche inglesi? **10** Sì, hanno molte amiche inglesi.

F COMPRARE
non compro
non compri
non compra
non compriamo
non comprate
non comprano

VENDERE
non vendo
non vendi
non vende
non vendiamo
non vendete
non vendono

Lesson 8

A 1 È fresca e sana. **2** In montagna ci sono dei piccoli villaggi, delle colline, dei boschi e dei laghi. **3** L'acqua è molto fredda. **4** Oggi, la data è il nove dicembre, etc. **5** Ci sono trenta giorni nel mese di settembre. **6** In autunno le foglie sono gialle. **7** Sì, cammino molto/No, non cammino molto/No, ma cammino abbastanza, etc. 8 Sì, nuoto bene/No, non nuoto/Sì, ma nuoto male, etc. 9 Sì, preferisco il mare alla montagna/No, preferisco la montagna al mare. 10 Ci sono trecentosessantasei giorni in un anno bisestile.

B 1 Il primo giugno. 2 L'undici dicembre. 3 Ci sono ventotto giorni nel mese di febbraio. 4 Ci sono trecentosessantacinque giorni in un anno. 5 Oggi la data è il ventotto ottobre. 6 Quest'anno non è un anno bisestile. 7 Questa foglia è quasi gialla. 8 Questo sentiero è corto. 9 Questi laghi sono molto profondi. 10 Queste montagne sono alte.

C 1 Le parlo. 2 Gli parliamo. 3 (Lei) mi parla. 4 Parli loro/Gli parli; Parla loro/Gli parla; Parlate loro/Gli parlate; Parlano loro/Gli parlano. 5 Gli mandiamo un giornale. 6 (Lei) ci manda una cartolina. 7 Le mando una scatola di fazzoletti. 8 Maria mi manda una lettera. 9 I bambini ci mandano dei fiori. 10 Gli mandi una rivista; Gli manda una rivista; Gli mandate una rivista; Gli mandano una rivista.

D 1 *How old is this boy?* 2 *He is nearly seven.* 3 *How old are you (polite sing)?* 4 *I am eighteen.* 5 *Thursday, 15th May.* 6 *In 1946.* 7 *There are three months in every season.* 8 *There are 206 pages in this book.* 9 *Italy has 50 million inhabitants.* 10 *There are 366 days in a leap year.*

E 1 Questa montagna è alta. 2 Questa collina è bassa. 3 Il mese di febbraio è corto. 4 L'aria è fresca. 5 Ecco un bosco. 6 Queste foglie sono quasi gialle. 7 Ogni stagione dura tre mesi. 8 Venerdì, dieci luglio, millenovecentocinquantanove. 9 Quattrocentotrentotto. 10 Duemilasettecentosessanta.

F 1 DIVENTARE (E)
io divento
tu diventi
egli, lui, esso } diventa
ella, lei, essa
noi diventiamo
voi diventate
essi, esse } diventano
loro, Loro

2 CREDERE
io credo
tu credi
egli, lui, esso } crede
ella, lei, essa
noi crediamo
voi credete
essi, esse } credono
loro, Loro

3 PREFERIRE
io preferisco
tu preferisci
egli, lui, esso } preferisce
ella, lei, essa
noi preferiamo
voi preferite
essi, esse } preferiscono
loro, Loro

4 SENTIRE
io sento

tu senti
egli, lui, esso ⎫
ella, lei, essa ⎬ sente
noi sentiamo
voi sentite
essi, esse ⎫
loro, Loro ⎬ sentono

Lesson 9

A 1 Vanno a fare delle compere. 2 Si fermano davanti ad un negozio. 3 Ci sono guanti, cappelli e sciarpe. 4 No, i prezzi non ci sono. 5 Entrano nel negozio e domandano il prezzo delle sciarpe. 6 Anna compra una sciarpa verde di nailon. 7 Maria compra una sciarpa/ne compra una celeste, di seta pura. 8 Sì, preferisco il nailon alla seta/No, preferisco la seta al nailon. 9 Incontrano due altre amiche, Caterina e Margherita. 10 Entrano in un ristorante a mangiare.

B 1 si alza; 2 compra; 3 ci divertiamo; 4 ricevono; 5 finisco; 6 si diverte; 7 ha; 8 sono; 9 parlano; 10 capisce.

C 1 Ho dei guanti nuovi. *Eccoli.* 2 Maria ha delle lettere. *Eccole.* 3 Dove sono le sciarpe di seta? 4 *Eccole* in vetrina/nella vetrina. 5 Dove vai/va/andate/vanno? 6 (Che) cosa fai/fa/fate/fanno? 7 Come state/stanno, signore? 8 Stiamo tutte bene, grazie. 9 Rimango/Sto a casa ogni martedi. 10 Questi bambini non stanno bene.

D 1 si; *he/she/it/you* (polite sing) *enjoys himself/herself/itself* (or *is enjoying himself*, etc.); 2 ci; *we get up/are getting up*; 3 si; *they/you* (polite pl) *enjoy/are enjoying themselves/yourselves*; 4 vi; *you wash/are washing* (pl); 5 si; *they/you* (polite pl) *get up/are getting up*; 6 vi; *you enjoy/are enjoying yourselves* (pl); 7 si; *they/you* (polite pl) *wash/are washing*; 8 mi; *I get up/am getting up*; 9 ti; *you wash/are washing* (sing) 10 ci; *we enjoy/are enjoying ourselves.*

E 1 *This boy is enjoying himself.* 2 *Maria does not go into town every day.* 3 *This scarf is not nylon.* 4 *This lesson is not easy.* 5 *These boys are not well.* 6 *We enjoy ourselves at the seaside.* 7 *Anna often goes to the shops.* 8 *We are going for a walk in the country.* 9 *Are you enjoying yourself* (miss, young lady, etc.)? 10 *Yes, thanks, I'm enjoying myself very much.*

Lesson 10

A 1 È la collaboratrice domestica della signora Valli. 2 Va al mercato. 3 Compra della carne. 4 Sì, ne mangio molta/No, ne mangio poca. 5 Sì, preferisco il pesce (alla carne)/No, preferisco la carne (al pesce). 6 La mela, l'uva, la pera, etc. 7 I piselli, i fagiolini, gli zucchini, etc. 8 Prepara una macedonia di frutta e invita i suoi nipoti

B 1 il mio; 2 la sua; 3 tua/Sua/vostra/la Loro; 4 il loro; 5 la mia; 6 il suo; 7 i tuoi/i Suoi/i vostri/i Loro; 8 i

247

suoi; 9 le sue; 10 i miei.
(Note that for emphasis, or to
avoid confusion, sentences 2, 6, 8
and 9 might read, respectively:
Ecco la casa **di lui**; Ecco il libro **di
lei**; Dove sono gli **zii di lui**?;
Queste sono le sorelle **di lei**.)
C 1 La prima casa. 2
Capitolo terzo. 3 Enrico ottavo.
4 Volume sesto. 5 Lezione
quinta. 6 Le signore che
parlano italiano sono inglesi. 7
I signori di cui parli/parla/parlate/
parlano sono francesi. 8 Il
ragazzo cui do il libro. 9 La
ragazza da cui ricevo una lettera.
10 Gli studenti che sono in
questa classe. 11 La metà di
questa pera è per Lei/Loro. 12
Trenta minuti fanno mezz'ora.
D 1 *My brother is going to the
library.* 2 *I am writing the exercise
in my exercise book.* 3 *The students
are studying their lessons.* 4 *I am
replying to my mother's letter.* 5 *I
am writing a postcard to my friend* (f).
6 *I am well, but my sister is ill.* 7
My friend's brother is at the seaside. 8
My parents are well. 9 *Here is my
father's watch/There is . . .* 10
Here is my mother's bag/There is . . .
E 1 Non vado al mercato. 2
Mio padre va in città. 3
Margherita non c'è oggi. 4
Come state, Carlo e Roberto? 5
Stiamo molto bene, grazie. 6
Mia sorella non sta bene. 7 I
miei fratelli sono in campagna. 8
I nostri amici sono al mare. 9
Hai dei fratelli, Maria? 10 Sì,
ho due fratelli e tre sorelle.

Revision
A 1 questo libro/questi libri;
2 la porta/le porte; 3
l'idea/le idee; 4 lo zio/gli zii;
5 la lezione/le lezioni; 6 il
giardino/i giardini; 7 la
finestra/le finestre; 8 il
nome/i nomi; 9 lo
studente/gli studenti; 10 la
studentessa/le studentesse.
B 1 ragazzo (etc); 2 signora
(etc); 3 libri (etc); 4 foglie
(etc); 5 fiori (etc); 6 amica
(etc); 7 penne (etc); 8
signori (etc); 9 viali (etc); 10
vie, (etc).
C 1 Maria e Giovanni hanno
molti amici. 2 Anna e Roberto
sono italiani. 3 Margherita e
Carlo parlano francese. 4
Riceviamo una cartolina. 5
Ricevi/Riceve/Ricevete/Ricevono
una lettera. 6 I loro
figli/bambini stanno bene. 7
Non capisco tutte queste parole.
8 Capiamo la nostra lezione
perché è facile.
D 1 Bene, grazie, e Lei? 2
Ecco il mio quaderno, sul tavolo
(etc). 3 Il terzo mese dell'anno
è marzo. 4 La quarta stagione
dell'anno è l'inverno. 5 L'erba
è verde. 6 Il mio dizionario è
rosso, azzurro (etc). 7 Sì,
capisco bene questa lezione/No,
non capisco questa lezione/Sì, la
capisco (bene)/No, non la capisco
(etc). 8 Sì le capiamo
tutte/No, non le capiamo tutte
(etc). 9 Tredici più due fa
quindici. 10 Diciannove meno

tre fa sedici.

E 1 nella mia scatola; 2 sull'albero; 3 per la signora; 4 nel loro giardino; 5 a casa tua/Sua/vostra/Loro; 6 con il nostro studente; 7 dall'amico; 8 di suo zio; 9 alla studentessa; 10 del maestro.

F 1 nelle mie scatole; 2 sugli alberi; 3 per le signore; 4 nei loro giardini; 5 alle tue/Sue/vostre/Loro case; 6 con i nostri studenti; 7 dagli amici; 8 dei suoi zii; 9 alle studentesse; 10 dei maestri.

G ventotto; trentacinque; quarantanove; cinquantadue; sessantanove; cento; quattrocentosessanta; mille; cinquemilaottocento; un milione; due terzi; un quarto; tre quarti; un quinto.

H 1 Il sei maggio. 2 Il primo luglio. 3 Nel millenovecentoquarantanove. 4 Questo è il terzo orologio che compro. 5 Questa è la prima volta che lo vedo.

I 1 italiani (etc); 2 piccole (etc); 3 grande (etc); 4 magnifica (etc); 5 inglesi (etc).

J 1 Vedo il maestro, lo vedo. 2 Vediamo la maestra, la vediamo. 3 Maria gli parla. 4 Giovanni le parla. 5 I maestri/Le maestre ci parlano.

Section Two

Lesson 11

A 1 I genitori di Maria hanno comprato i biglietti per l'opera. 2 Perché è l'onomastico di Maria. 3 Si chiama Margherita. 4 Vanno al teatro. 5 Vanno a vedere *Norma*. 6 È di Vincenzo Bellini. 7 I genitori di Maria hanno già visto l'opera. 8 Sì, ho visto . . ./No, non ne ho viste. 9 Sì, canto (bene, male, etc.)/Non, non canto. 10 Sì, suono il pianoforte, etc./No, non suono (nessuno strumento). 11 Comincia alle otto e venti. 12 Finisce a mezzanotte.

B 1 finito; 2 cantato; 3 partito; 4 ricevuto; 5 potuto; 6 suonato; 7 venduto; 8 servito; 9 creduto; 10 giocato.

C 1 Non ho comprato i biglietti per loro. 2 Abbiamo venduto la casa a te/Lei/voi/Loro, non a lui. 3 Oggi Roberto ha ricevuto una lettera da lei. 4 Carlo e Pietro hanno ricevuto una cartolina da noi. 5 Ho finito il (mio) pranzo/Ho finito di pranzare. 6 Questo bambino/Questa bambina non ha capito l'opera. 7 Avete sentito questo tenore? 8 Questi bambini mi hanno parlato in italiano. 9 Mario ha comprato un pianoforte. 10 Mia madre ha invitato degli/alcuni amici.

D 1 *The lady opens the book and reads it.* 2 *The gentleman is buying a car for them.* 3 *We (have) received two postcards from him.* 4 *Margherita (has) played the violin for us.* 5 *My name-day is*

15th August. 6 *But my birthday is 6th October.* 7 *This conductor is very good.* 8 *Who has heard this opera?*

Lesson 12

A 1 Il signor Moscari è lo zio di Carlo. 2 No, abita in campagna. 3 Si chiamano Roberto e Pietro. 4 Ogni tanto, Carlo e i suoi genitori passano una giornata in campagna con i loro parenti. 5 Conversa/ Chiacchiera con sua cognata. 6 Suo padre visita il podere. 7 Si divertono insieme. 8 I buoi lavorano nei campi. 9 Sì, l'ho capita bene/No, non l'ho capita bene. 10 Io ho capito ogni parola.

B (a) 1 buon; 2 buoni; 3 buon'/buona; 4 buone; 5 buon. (b) 1 grand'; 2 grande; 3 gran; 4 grande; 5 grandi.

C 1 Non abitiamo in campagna. 2 Il padre di Roberto ha una fattoria. 3 Ha cavalli, maiali, mucche e molti altri animali domestici. 4 Questo piccolo cane mi segue dappertutto. 5 Quest'asino si chiama Morella. 6 Ci sono molti conigli in questa fattoria. 7 I bambini si sono divertiti. 8 Hanno aiutato loro padre. 9 Si sono alzati presto stamattina/questa mattina/ stamani. 10 I contadini hanno lavorato bene oggi.

D (a) 1 bel; 2 bella; 3 bei; 4 belle; 5 bell';

E 1 che; 2 che; 3 con cui; 4 che; 5 di cui; 6 che; 7 da cui; 8 a cui; 9 che; 10 che.

F PARLARE
ho parlato
hai parlato
ha parlato
abbiamo parlato
avete parlato
hanno parlato

RICEVERE	PARTIRE
ho ricevuto	sono partito(a)
hai ricevuto	sei partito(a)
ha ricevuto	è partito(a)
abbiamo ricevuto	siamo partiti(e)
avete ricevuto	siete partiti(e)
hanno ricevuto	sono partiti(e)

Il secondo gioco dell'alfabeto

1 agosto(m); 2 basso; 3 cinque; 4 (il) duomo; 5 estate(f); 6 facile; . 7 Giuseppe, Giovanni, etc.; 8 Italiani (m pl); 9 lungo; 10 Maria, etc.; 11 nono; 12 ottobre(m); 13 primavera(f); 14 quaranta; 15 (la) rosa; 16 sabato(m); 17 trenta; 18 undici; 19 verde, viola, etc.; 20 (lo) zio.

Lesson 13

A The Lakes

There are many beautiful lakes in Italy, big and small. Not far from Milan the three most important lakes are called Lake Maggiore, Lake Como and Lake Garda. The view of the mountains around Lake Garda is magnificent. People go on beautiful steamer-excursions on the lake, or go by car along the road through the numerous tunnels. What a lot of fine gardens (there are), with splendid trees and multi-coloured flowers! The light is bright, the beautiful sun shnes in the blue sky, and it is a pleasure to be near the water. A good many people go on coach-excursions. In view of the great heat which prevails in the summer months, it is always preferable to leave early in the morning, rest during the hot hours of the afternoon and return in the evening. Often, there are magnificent sunsets, especially in August and September. We are always happy to see a beautiful sunset.

B 1 Quel lago è profondo. 2 Questi vaporetti non sono molto grandi. 3 Abbiamo visto molti bei fiori. 4 Il tramonto è bello stasera/questa sera. 5 Hai/Ha visto il Lago di Garda? 6 No, ma sono stato al Lago Maggiore. 7 Oggi andiamo al Lago di Como. 8 È un piacere visitare i tre laghi. 9 Che cielo azzurro! 10 Quante gallerie! 11 Quella rosa, vicino a te/Lei/voi/Loro, è bella. 12 La luce non è forte oggi.

C 1 va, è andato(a); 2 dà, ha dato; 3 fa, ha fatto; 4 sta, è stato(a); 5 legge, ha letto; 6 scrive, ha scritto; 7 dice, ha detto; 8 apre, ha aperto; 9 tiene, ha tenuto; 10 finisce, ha finito.

D 1 *The sun has been strong today.* 2 *The sunset is magnificent this evening.* 3 *I have been/I went on a coach-excursion.* 4 *Where have you* (polite sing) *been?* 5 *Around the lake.* 6 *Have you* (polite sing) *read the newspaper?* 7 *Yes, I read it this afternoon.* 8 *Charles has written/wrote three postcards.* 9 *Caterina* (*has*) *opened the window.* 10 *We gave/have given the letter to the lady.* 11 *What did Maria say?* 12 *What did you say, Maria?*

Lesson 14

A 1 Giovanni ha scritto una lettera/Giovanni l'ha scritta, *etc.* 2 È scritta all'amico di Giovanni, Mario/È scritta a Mario, l'amico, *etc.* 3 Non ha potuto visitare il suo amico perché è stato molto occupato/indaffarato, *etc.* 4 Le sue vacanze cominceranno alla fine di luglio. 5 Avrà tre settimane. 6 Ha deciso di fare un altro viaggio in Italia. 7 Ha preparato un bell'itinerario. 8 Sarà in città questo sabato. 9 A mezzogiorno e un quarto. 10 Li manda a Mario, e alla sua famiglia.

B 1 parleremo/*We shall speak Italian;* 2 riceverà/*Carlo will receive a postcard;* 3 capirà/*You* (polite sing)/*She will not understand this letter;* 4 avranno/*Roberto and Mario will have a holiday;* 5 sarò/*I shall not be in London tomorrow.*

C 1 Io/*I shall sell the car;* 2 Noi/*We shall buy a house;* 3 Tu/*You'll* (sing) *finish the letter tomorrow;* 4 Voi/*You* (pl) *will be* *busy*; 5 Egli, ella, Lei (**etc**)/*He, she, you* (polite sing), (**etc**) *will be able to understand this lesson.*

D 1 Mario e Giovanni andranno in Italia. 2 Viaggeranno insieme. 3 Le mie vacanze cominciano oggi. 4 Andrò/Vado a Londra domani. 5 Giovanni sa parlare l'italiano molto bene. 6 (Io) lo so parlare un poco. 7 Il passaporto non è in ordine. 8 Abbiamo deciso di stare a casa. 9 Vuoi/Vuole leggere questa lettera? 10 No grazie, sono troppo indaffarato/occupato (**etc**). 11 Quando sarò famoso sarò felice. 12 Quando lo vedranno lo saluteranno. 13 Se vincerai, festeggerai?/Se vincerà, festeggerà?/Se vincerete, festeggerete?/Se vinceranno, festeggeranno?

E 1 ho preparato, preparerò; 2 ho creduto, crederò; 3 ho finito, finirò; 4 ho avuto, avrò; 5 sono stato(a), sarò; 6 ho potuto, potrò; 7 ho viaggiato, viaggerò; 8 sono andato(a), andrò; 9 ho fatto, farò; 10 ho dato, darò.

Lesson 15

A 1 Giovanni ha ricevuto una lettera/Giovanna l'ha ricevuta (**etc**). 2 Sì, c'è stato una volta. 3 Giovanni sarebbe una buona guida per lui/Giovanni lo sarebbe (Note the use of the pronoun **lo** here, where English has no pronoun: Giovanni would be – a good guide, in answer to the question). 4 Sarà libero alla fine di luglio. 5 L'aspetterà davanti alla porta principale della Banca Commerciale. 6 Potrebbero pranzare insieme. 7 Li manda a Giovanni, e ai suoi genitori. 8 La capitale dell'Inghilterra è Londra. 9 Mario abita a Londra, in Trafalgar Street. 10 (Io) abito a Oxford, (etc.), (*according to personal geography*).

B 1 Gli Inglesi parlano inglese. 2 I Francesi parlano francese. 3 Gli Italiani parlano italiano. 4 I Tedeschi parlano tedesco. 5 Gli Spagnoli parlano spagnolo. 6 Madrid è la capitale della Spagna. 7 Berna è la capitale della Svizzera. 8 Parigi è la capitale della Francia. 9 Roma è la capitale dell'Italia. 10 I quattro punti cardinali sono nord, sud, -est, ovest. (Note – *the capital letters in questions 1-5 are not obligatory.*)

C (1) (the) north; (the) south; (the) east; (the) west; central. (2) dei Tedeschi; degli Inglesi; degli Spagnoli; degli Svizzeri; dei Francesi; degli Americani.

D 1 Oggi non ho ricevuto una lettera. 2 Saremmo contenti(e). 3 Potrei venire. 4 Riceverebbero una cartolina. 5 Mandiamo i nostri saluti a tutti. 6 Questa banca è molto grande. 7 Quella banca è molto piccola. 8 Ho visto solo un giornale oggi/Oggi ho visto solo/soltanto un giornale (**etc**).

9   La Riviera di Ponente è molto bella.   10   Questa volta non visiteremo la Riviera di Levante.

E   (1)   canterei, canteresti, canterebbe, canteremmo, cantereste, canterebbero;   (2) riceverei, riceveresti, riceverebbe, riceveremmo, ricevereste, riceverebbero;   (3)   finirei, finiresti, finirebbe, finiremmo, finireste, finirebbero;   (4)   avrei, avresti, avrebbe, avremmo, avreste, avrebbero;   (5)   sarei, saresti, sarebbe, saremmo, sareste, sarebbero.

Lesson 16

A   1   Guardano una carta geografica d'Italia.   2   Vedono le catena delle Alpi.   3   Le Alpi separano l'Italia dalla Francia.   4   Formano una spina dorsale.   5   Il Mare Mediterraneo la circonda.   6   I mari sono il Mare Ligure, il Mare Tirreno, il Mare Ionio ed il Mare Adriatico.   7   La Sicilia; la Sardegna, (**etc**).   8   Il capoluogo del Lazio (e la capitale dell'Italia) è Roma.   9   Il capoluogo della Toscana è Firenze.   10   Il capoluogo dell'Emilia è Bologna.
B   1   i poeti;   2   dei telegrammi;   3   quelle pianiste;   4   quei violinisti;   5   i programmi   6   i duchi;   7   le artiste;   8   questi poemi;   9 quei piloti;   10   questi diagrammi.
C   1   Guardiamo una carta geografica.   2   Ho visitato queste città.   3   Ecco un programma.   4   C'è un telegramma per Lei.   5 Mi piace questo pianista.   6   Ci sono delle belle poesie in questo libro.   7   C'è un poeta in questa città?   8   Il capoluogo della Lombardia è Milano.   9   Il capoluogo della Liguria è Genova.   10   Il capoluogo dell'Umbria è Perugia.
D   1   Parlerei con lui.   2   Avrebbe una vacanza.   3   Sarebbero felici.   4   Venderesti la casa?   5   Darei loro questo programma.   6   Non andreste a Londra?   7   Faremmo una gita intorno al lago.   8   Sarebbero a casa?   9 Finirei il lavoro.   10   Riceveremmo quella lettera domani.

E Getting ready for the trip *Before making their trip, John and Mario look at a map of Italy. They see the great peninsula with the Alpine Chain in the north. The Alps separate Italy from France, Switzerland, Austria and Yugoslavia. The Mediterranean Sea surrounds the peninsula. This sea has different names, namely – the Ligurian Sea, the Tyrrhenian Sea to the west, the Ionian Sea to the south and the Adriatic Sea to the east. Then they both study the twenty regions and the chief towns.*
F   (1)   avrei, avresti, avrebbe, avremmo, avreste, avrebbero;   (2) sarei, saresti, sarebbe, saremmo, sareste, sarebbero;   (3) comincerei, cominceresti, comincerebbe, cominceremmo, comincereste, comincerebbero; (4)   viaggerei, viaggeresti, viaggerebbe, viaggeremmo,

viaggereste, viaggerebbero.

Lesson 17

A 1 Vanno alla stazione. 2
Le prende il facchino. 3 Le
mette sulla rete. 4 Sì, sono
riservati. 5 Gli danno una
mancia. 6 Parte alle tredici e
trenta/all'una e mezzo. 7 No,
viaggiano in seconda. 8 Li
ringrazia, e gli augura/augura
loro un buon viaggio. 9 Sì, mi
piace molto/No, non mi piace per
niente (etc.). 10 Sì, ne faccio
uno ogni anno/No, ma quasi ogni
anno (etc.).

B 1 darò, daremo; darei,
daremmo; 2 andrò, andremo;
andrei, andremmo; 3
preparerò, prepareremo;
preparerei, prepareremmo; 4
prenderò, prenderemo;
prenderei, prenderemmo; 5
partirò, partiremo; partirei,
partiremmo; 6 salirò, saliremo;
salirei, saliremmo; 7 uscirò,
usciremo; uscirei, usciremmo; 8
dirò, diremo; direi; diremmo; 9
seguirò, seguiremo; seguirei,
seguiremmo; 10 viaggerò,
viaggeremo; viaggerei,
viaggeremmo.

C (a) 1 venire; 2 partire;
3 vendere; 4 uscire; 5
scendere. (b) 1 le frecce; 2
le ciliegie; 3 le province; 4
le arance; 5 le farmacie.

D 1 *I'm going to buy some oranges.*
2 *This suitcase belongs to Mr Monti.*
3 *The travellers are giving tips to the*
porters. 4 *We must follow this*
porter. 5 *I'll go on in front.* 6 *I*
don't like this place. 7 *Which is*
our train? 8 *It's probably that one.*
9 *This porter will get a good tip.*
10 *Here's his/her your* (polite sing)
passport, where's mine?

Lesson 18

A 1 Li ha portati Mario/Mario
li ha portati. 2 Ci arriveranno
fra due ore. 3 No, non sempre.
4 Vede la Manica. 5 Leggono
i giornali; poi, quando sono quasi
arrivati, i viaggiatori si preparano e
scendono dal treno. 6 Vanno
alla dogana. 7 Sì, richiede
poco tempo. 8 Fanno un segno
misterioso con un pezzo di gesso.
9 Salgono sul traghetto. 10
La vedranno fra un'ora.

B 1 cerco, cerchiamo; 2
faccio, facciamo; 3 salgo,
saliamo; 4 pago, paghiamo; 5
vado, andiamo.

C 1 Leggerò questo giornale.
2 Cosa leggi, Giovanni? 3
Leggo una rivista italiana. 4 A
che ora arriverà questo treno a
Folkestone? 5 Fra un'ora,
signore. 6 Siamo quasi arrivati.
7 Il treno si ferma. Anzi, si è già
fermato. 8 Posso trovare una
rivista sola/soltanto una
rivista/solo una rivista. 9 Ecco
l'altra. 10 Non c'è niente in
questa scatola. 11 Alla fine
delle vacanze non avrò più
soldi/denaro. 12 Non
conosci/conosce/conoscete/
conoscono nessuno a Siena? 13
Non ha niente, e non ha mai avuto

amici. 14 Non ci andranno mai più. 15 Non imparerai mai?
D 1 *Where have the porters gone?* 2 *I like the sea when it's calm.* 3 *I prefer a rough sea.* 4 *There they are, getting on the ferry.* 5 *This ferry is not big.* 6 *We'll leave at three o'clock.* 7 *What time will we arrive at Folkestone?* 8 *At about twenty past three.* 9 *Here's my suitcase, where's yours* (polite sing) */his/hers?* 10 *There it is, near the porter.*
E (a) Arriverò, arriverai, arriverà, arriveremo, arriverete, arriveranno; (b) cercherò, cercherai, cercherà, cercheremo, cercherete, cercheranno.

Lesson 19
A 1 No, qualche volta è calmo. 2 Visiteranno la Francia, la Svizzera e l'Italia. 3 Mario vuole bere qualcosa. 4 Vanno al bar. 5 Comprano sigarette e cerini. 6 Perché costano meno sul traghetto. 7 Ci sarà un altro controllo a bordo del traghetto, prima di arrivare a Calais. 8 Vanno subito all'ufficio. 9 Vorrebbe fare delle fotografie. 10 Si preparano a venire a bordo.
B 1 eviterà, eviteranno; 2 spiegherà, spiegheranno; 3 starà, staranno; 4 berrà, berranno; 5 andrà, andranno.
C 1 quei re; 2 quelle città; 3 quegli uomini; 4 delle uova; 5 gli amici francesi; 6 le amiche inglesi; 7 delle riviste tedesche; 8 dei viaggiatori

svizzeri; 9 delle macchine fotografiche; 10 degli artisti italiani.
D 1 Vuoi/Vuole/Volete/ Vogliono delle sigarette? 2 Sì, e(d) anche dei cerini/fiammiferi. 3 Quanto costano? 4 Non (lo) so, domanderemo il prezzo. 5 Conosci/Conosce quella signora? 6 Sì, l'ho conosciuta a Londra. 7 Queste valigie non sono pesanti. 8 La mia è molto leggerà. 9 Questa pianista suona bene. 10 Questa città è molto moderna. 11 Hai fame, Giovanni? 12 No, ma ho sete/No, ho sete però.
E (a) sbarcherei, sbarcheresti, sbarcherebbe, sbarcheremmo, sbarchereste, sbarcherebbero; (b) farei, faresti, farebbe, faremmo, fareste, farebbero.

Lesson 20
A 1 Vorrà provare molti piatti italiani. 2 Sì, mi piace molto/Non lo so, non l'ho mai provato (**etc.**). 3 Sì, mi piacciono/Non lo so, non li ho mai provati/No, non mi piacciono (**etc.**). 4 È l'agnello arrosto con rosmarino. 5 Preferisco il rosso al bianco/il bianco al rosso. 6 No, qualche volta è dura. 7 Sì, moltissime/No, ma ne conosco tre o quattro (etc.). 8 Sì, sono le . . . 9 Parto alle . . . 10 Ci arrivo alle . . . 11 Sì, mi piace molto/No, non mi piace, (etc.). 12 Sì, preferisco la macchina al treno/No, preferisco il treno alle

macchina, (etc).
B 1 fortunatamente;   2
difficilmente;   3   timidamente;
4   regolarmente;   5
follemente.
C 1 Mi piace questa vista.   2
Non mi piacciono queste
cartoline.   3 Ti piacciono/Vi
piacciono/Le piacciono/
Piacciono loro questi colori?   4
Preferisco questo colore a quello.
5   Questo vino è molto buono/è
buonissimo/è ottimo.   6
Quanto costa?   7   Non è molto
caro/costoso.   8   Preferisci/
Preferisce/Preferite/ Preferiscono
un vino dolce.   9   Mi piace
molto l'Asti Spumante.   10   Mi
piacciono quasi tutti i vini.
D 1 Dei vini secchi.   2 Delle
bistecche tenere.   3 Questi vini
sono buoni.   4 Quelle sigarette
mi piacciono.   5 Queste viste mi
sembrano belle.
E (a) 1 Gli sembra.   2 Ci
sembra.   3 Sembra loro?/Gli
sembra?   4 Basta questo?/Basta
così?   5 Questi non bastano.   6
Non ci è piaciuta la festa.   7 Mi
è toccato (di) parlare davanti a
tutti.   8 È sembrato loro/Gli è
sembrato un poco infelice/
scontento.   9 Questo vi
sembrerà strano.   10 Se farà bel
tempo in marzo faremo il bagno.
(b)   non saprei, non sapresti, non
saprebbe, non sapremmo, non
sapreste, non saprebbero.

Revision
A 1 amato;   2 fatto;   3

bevuto;   4 letto;   5 scritto;   6
servito;   7 preso;   8 stato;   9
detto;   10 aperto.
B (a) 1 ha lavorato;   2
hanno scritto;   3 è stato;   4
sono partiti;   5 ha cercato.   (b)
1 Questo studente lavorerà bene.
2 Maria e Caterina scriveranno
male.   3 Roberto sarà in
campagna.   4 I ragazzi
partiranno domani/tra due giorni
(**etc**).   5 Carlo cercherà il suo
cane.
C (a) 1 *The doctor doesn't say
anything.* 2 *A week ago.* 3 *The
house is in front of the lake.* 4
There is a church near (to) the school.
5 *That tree is magnificent.* (b)   1
I medici non dicono niente.   2
Settimane fa.   3 Le case sono
davanti al lago.   4 Ci sono delle
chiese vicino alle scuole.   5
Quegli alberi sono magnifici.
D 1 Ho soltanto un fratello/un
fratello solo/un solo fratello,
(**etc**).   2 Margherita non ha né
zio né zia.   3 Non abbiamo
niente/nulla in questo cestino.
4 Paolo non studia più l'inglese.
5 Non abbiamo mai visto questi
laghi.
E 1 i violinisti;   2 le pianiste;
3 le uova;   4 quegli uomini;
5 quelle città;   6 gli autobus;
7 i re;   8 le mie mani;   9 le
braccia;   10 quelle paia.
F 1 domandare, chiedere;   2
arrivare;   3 entrare;   4
scendere;   5 venire;   6 la
settimana prossima;   7 l'ultimo
giorno;   8 dietro a;   9 sotto la

tavola; 10 vicino alla stazione.

G The following sentences are merely examples, since the field of object pronouns is large: 1 lo/la: *I see him/her.* 2 li/le: *We take them* (m *and* f). 3 lo/la: *He'll/She'll* (**etc**) *have it.* 4 lo; *We'll do it.* 5 gli/le: *I speak to him/her/them* (this last as a secondary meaning of **gli**). 6 ti/vi: *You* (sing *and* pl) *like it/him/her.* 7 lo: *He'll do it.* 8 ci/ti: *It seems to us/you* (sing). 9 li/le: *He/She/You* (polite sing) *would buy them* (m *and* f). 10 mi/ti: *They are enough for me/you* (sing).

H 1 Questo telegramma è per lei. 2 Queste lettere sono per me. 3 Quella cartolina sarà sua (here, **sua** means **da lui**, which an Italian might avoid saying in this case because it would sound ugly without a verb of sending or receiving to strengthen it). 4 Margherita è stata con noi. 5 Paolo non andrà con te.

I (a) 1 sinceramente; 2 utilmente; 3 tristemente; 4 generosamente; 5 particolarmente.

(b) Non sarò
Non sarai
Non sarà ⎫ a casa
Non saremo ⎬ domani.

Non sarete
Non saranno

Vorrei
Vorresti
Vorrebbe ⎫ una vacanza.
Vorremmo ⎬

Vorreste
Vorrebbero

J (a) mi sono divertito (a), ti sei divertito (a), si è divertito (a), ci siamo divertiti (e), vi siete divertiti (e), si sono divertiti (e); (b) mi alzerò, ti alzerai, si alzerà, ci alzeremo, vi alzerete, si alzeranno.

SECTION THREE
Lesson 21

A 1 Sì, ha dormito benissimo. 2 Sono in Piemonte. 3 È montagnosa e collinosa. 4 La chiamano così a causa delle ricchezze dei suoi bei palazzi. 5 Giovanni l'ha aperto. 6 Si trova in Liguria. 7 Sono la Riviera di Ponente e la Riviera di Levante. 8 Vanno fino in America. 9 Vanno al vagone ristorante. 10 Fanno colazione (Note that this is an idiomatic expression).

B 1 metterebbe, metterebbero; 2 leggerebbe, leggerebbero; 3 dovrebbe, dovrebbero; 4 chiuderebbe, chiuderebbero; 5 verrebbe, verrebbero.

C 1 gli occhi celesti; 2 le bocche; 3 le guance; 4 le mogli; 5 le dita; 6 le mani; 7 le orecchie; 8 le uova; 9 gli uomini; 10 le città.

D 1 *Genoa station is near the sea.* 2 *Some passengers are going into the*

corridor. 3 *The train is about to enter the station.* 4 *Why have you closed/did you close the window* (polite sing)? 5 *I'm looking at the sea.* 6 *We're buying an Italian magazine.* 7 *When will my friend* (f) *come?* 8 *My finger hurts/is hurting/I've got a sore finger.* 9 *Every hand has five fingers.* 10 *We have eyes to see and ears to hear.*
E 1 Ho mal di testa oggi. 2 Questo bambino ha mal di denti. 3 Il mio amico/La mia amica avrà mal di gola domani. 4 Il cuore è l'organo vitale del corpo umano. 5 Questo treno va fino a Genova. 6 Fra un'ora saremo a Torino. 7 Mi piace molto questo paesaggio. 8 Ci sono delle grandi navi in questo porto. 9 Quella nave andrà fino in America. 10 C'è una bella vista del mare da questo finestrino. 11 Cosa fai/stai facendo? – Sto leggendo. 12 Andiamo a trovare i nostri amici – No, staranno mangiando.

Lesson 22

A 1 Perché ci sono tante gallerie fra Genova e La Spezia. 2 Passerà per Santa Margherita. 3 Arriveranno a Viareggio. 4 È una delle più belle di queste parti/È tra le più belle (**etc**). 5 Nella pineta di Viareggio. 6 Si trova in Toscana. 7 No, prendono un tassì. 8 Vanno all'albergo. 9 Faranno una passeggiata. 10 Prendono l'ascensore.

B 1 avevo, avevamo; 2 ero, eravamo; 3 viaggiavo, viaggiavamo; 4 ricevevo, ricevevamo; 5 finivo, finivamo.
C 1 Facevo il mio lavoro all'ufficio/in ufficio. 2 Cosa dicevi, Giovanni?/Cosa diceva, Giovanni? 3 Parlavo al facchino. 4 Questa è una bella camera, vero? 5 Sì, ma era più bella quella che avevo prima/Sì, ma quella che avevo . . . 6 A che piano era? 7 Al terzo, ma la vista (dalla finestra) era magnifica. 8 Quest'albergo è molto moderno. 9 Non è molto grande, ma è comodo. 10 Hai visto la fontana?/Ha visto la fontana? No, non ancora.
D (a) 1 aperto; 2 trovato; 3 brutto; 4 troppo freddo; 5 al sole. (b) 1 Questo albergo moderno. 2 Quella fontana luminosa. 3 Una passeggiata lunga. 4 Uno studio difficile. 5 Quell'ascensore è pieno.
E (a) dicevo, dicevi, diceva, dicevamo, dicevate, dicevano; (b) andavo, andavi, andava, andavamo, andavate, andavano; (c) facevo, facevi, faceva, facevamo, facevate, facevano.

Lesson 23

A 1 Decidono di fare una gita in pullman fino a Pisa. 2 No, è vicino. 3 No, vanno in pullman. 4 Si ferma in Piazza del Duomo. 5 La chiamano Piazza dei Miracoli. 6 La Torre Pendente, il Battistero e il Duomo.

7 Entrano nel Duomo. 8 Visitano la Torre. 9 Vanno a visitare la villa di Giacomo Puccini. 10 Si trova a Torre del Lago.
B 1 Viaggiavi, viaggiavate; 2 scendevi, scendevate; 3 partivi, partivate; 4 avevi, avevate; 5 eri, eravate.
C 1 Hai/Ha/Avete/Hanno letto questo libro del Manzoni (Note that it might be better to use the definite article with Manzoni, given his literary stature; but **un libro di Manzoni** is not wrong). 2 Parlavo con il/col signor Valli stamane/stamattina. 3 Come sta, signora Berti? 4 Questa Torre Pendente ci sembra una delle sette meraviglie del mondo. 5 Dov'è la villa di Giacomo Puccini? 6 È a Torre del Lago, non lontano da Pisa. 7 Hai/Ha sentito un'opera italiana? 8 Sì, non soltanto una, ma molte/parecchie/tante. 9 Ti/Le piace la musica di Puccini? (Note that **del** does not go very well here.) 10 Sì, ma mia sorella preferisce la musica di Giuseppe Verdi/Sì, ma mia sorella invece preferisce ... (Note that **invece** is the usual word to use when some sort of contrast or antithesis is required.)
D 1 attraversando la strada; 2 leggendo il giornale; 3 trovando l'albergo; 4 partendo dalla stazione; 5 finendo la cena.
E 1 *My brother is a doctor.* 2 *Pisa, a city of Tuscany, is not far from* *Florence.* 3 *Tuscany, a region of Italy, is very beautiful.* 4 *What a pity! There isn't time to visit the museum.* 5 *Have you answered the letter, Roberto? No, not yet.* 6 *We got off at Viareggio station.* 7 *The girl has grown a lot this year.* 8 *These three buildings are magnificent.*

Lesson 24

A 1 Dice ch'è bello. 2 Si trovano in Toscana. 3 È d'un marmo di bei colori, d'un colore roseo e verde scuro. 4 È sull'Arno. 5 Sì, l'ho visto. 6 Santa Maria Novella e Santa Croce. 7 Dante Alighieri. 8 Ghiberti, Michelangelo, Giotto, Brunelleschi (**etc**). 9 Sì trovano sul Ponte Vecchio; 10 È famosa perché è la patria di molti uomini famosi.
B 1 arrivò, arrivarono; 2 vendette, vendettero; 3 preferì, preferirono.
C 1 Dante nacque a Firenze. 2 Anche Benvenuto Cellini, Giotto e Michelangelo nacquero in questa città. 3 Queste porte di bronzo sono un capolavoro d'arte. 4 Ora siamo vicino al Campanile di Giotto. 5 L'anno scorso visitai il Palazzo Vecchio e la Galleria degli Uffizi, 6 Firenze diede/ha dato all'Italia molti scrittori, poeti, architetti e pittori. 7 Questa facciata è veramente bella. 8 L'anno scorso comprammo degli orecchini e dei cammei nelle piccole botteghe sul Ponte Vecchio. 9 Questi

edifici/palazzi sono molto vecchi (**stravecchi** would not really do here) e le vie molto strette. 10 Domani compreremo dei ricordi. **D** (a) 1 sfare, disfare; 2 disdire; 3 spiacevole; 4 scontento; 5 disubbidire. (b) 1 un gattino; 2 un fiaschetto; 3 una casetta/casina/ 4 un fratellino; 5 una sorellina.

Lesson 25

A 1 Arrivarono a Siena. 2 Sì, ci sono stato(a)/No, non ci sono mai stato(a), (**etc**). 3 Si chiama la Corsa del Palio/Si chiama il Palio. 4 La fanno in piazza (del Campo) il due luglio e il sedici agosto. 5 Si chiama Piazza del Campo. 6 Prendono parte numerosi fantini che rappresentando i vari quartieri di Siena. 7 Sono vestiti in costumi medievali. 8 È di marmo rosso, bianco e nero. 9 Si trova in Toscana. 10 Sì, mi piacerebbe molto/L'ho già visitata, ma la rivedrei volentiere (= *willingly*), (etc).

B (a) 1 fini; 2 vendemmo; 3 fecero; 4 andai; 5 arrivaste. (b) 1 due mesi fa; 2 qualche volta; 3 spesso; 4 che peccato; 5 mille.

C 1 *Maria finished her work.* 2 *We sold the car.* 3 *They* (m) *went for a walk.* 4 *I went to Pisa three years ago.* 5 *You* (pl) *arrived too late.* 6 *We went to the seaside two months ago.* 7 *We would sometimes visit the museum.* 8 *We would*

often speak/talk of the trip/journey. 9 *What a pity! I have missed the train.* 10 *I have almost one thousand stamps in my album.*

D Dove andate, Margherita e Elena? Andiamo in città, vuoi venire con noi? No grazie, adesso devo andare da mia sorella. Dove abita? In Via Trento, numero undici. Quando parte per Milano? La settimana prossima/entrante, in aereo. (Che) cosa comprerai, Elena? Delle tazze da caffè per i miei cugini. E(d) io comprerò dei cucchiaini da tè.

E 1 lessi, leggesti, lesse, leggemmo, leggeste, lessero; 2 chiesi, chiedesti, chiese, chiedemmo, chiedeste, chiesero; 3 chiusi, chiudesti, chiuse, chiudemmo, chiudeste, chiusero; 4 dissi, dicesti, disse, dicemmo, diceste, dissero; 5 misi, mettesti, mise, mettemmo, metteste, misero.

F 1 La ragazza dagli occhi azzurri/celesti. 2 Stavano per uscire. 3 Quando vai da Roberto? – Tra un'ora. 4 Due tazze da caffè e una tazza di tè. 5 Abitiamo a Firenze, in Italia. 6 È proprio da Pietro perdere il treno. 7 È da parecchio tempo che abiti/abita/abitate/abitano a Siena? – No, da un anno solo/da soltanto un anno, (etc). 8 Mi diede un francobollo da duecento lire, e un paio di scarpe da uomo. 9 Di sera, viaggiavamo in macchina, di giorno in treno. 10 Facciamo alla romana.

Lesson 26

A 1 Arrivano verso mezzogiorno. 2 Sono nel Lazio. 3 Sono San Pietro, San Giovanni in Laterano, Santa Maria Maggiore e San Paolo fuori le Mura. 4 Visiteranno tutt'e quattro. 5 Butteranno un soldo nella fontana. 6 Perché si dice che chi farà così sarà sicuro/certo di tornare a Roma. 7 Sì. 8 Vicino a Porta San Paolo. 9 Sì, mi piacerebbe molto/L'ho già visitata, ma la rivedrei, (etc). 10 La capitale della Francia è Parigi. 11 La capitale dell'Inghilterra è Londra. 12 Ho visitato Londra, Rome, Parigi, (etc).
B 1 leggeremmo, leggerebbero; 2 diremmo, direbbero; 3 visiteremmo, visiterebbero; 4 faremmo, farebbero; 5 partiremmo, partirebbero.
C 1 Luigi parla l'italiano meglio di Paolo. 2 Questo libro è il migliore dei tre. 3 Questa è un'ottima idea. 4 Carlo è il più grande/il maggiore. 5 Elena è la più piccola/la minore. 6 Quella torre è più alta di questa. 7 Tre giorni fa ho visto un panorama meraviglioso. 8 Purtroppo, non ho potuto farne una fotografia. 9 Pietro è alto quanto Paolo/Pietro è (così) alto come Paolo. 10 Roberto è il più alto. 11 Sono più intelligenti di quello che sembrano. 12 Siamo più belli(e) che ricchi(e).

D (a) 1 minore; 2 inferiore; 3 peggio; 4 pessimo; 5 male (b) 1 piccolissimo/minimo; 2 pochissimo; 3 altissimo (**supremo** tends to be used as a totally detached adjective, having clear spiritual or legal, etc connotations); 4 moltissimo; 5 benissimo.

Lesson 27

A 1 Si trova in Umbria. 2 No. 3 Parlano, mangiano e leggono i giornali. 4 Gridano – Gelati, caramelle, frutta, panini e bibite. 5 Comprano due panini e delle bibite. 6 Ci sono due fette di prosciutto e due fette di formaggio. 7 Sì, mi piace molto/No, non mi piace, (etc). 8 Sì, mi piacciono/No, non mi piacciono, (etc). 9 Gli dice – Buon appetito! 10 Risponde – Grazie, altrettanto a Lei.
B 1 Benché/Sebbene Carlo e Pietro siano poveri, sono felici. 2 Gli parlerò prima che parta. 3 Andremo, a meno che non piova. 4 Nel caso che piova rimarremo/resteremo a casa. 5 Per quanto siano intelligenti, non sono spiritosi(e). 6 Ci permette di andare; a condizione che/basta che/purché stiamo attenti(e). 7 Questo è il quadro più impressionante che io abbia mai visto. 8 L'unica cosa che non ti piaccia è la pioggia. 9 Checché ne diciate voi, io penso che lui abbia ragione. 10 Dovunque tu

vada, troverai(che)la vita(è) dura.
C Spero che tu/Lei/voi/Loro
stia/stiate/stiano bene. 2
Temiamo che Roberto sia
ammalato. 3 Pare che non ci
vogliano vedere. 4 Mi dispiace
che non ti piacciano queste
caramelle. 5 È un peccato che
non conosciate Roma. 6
Preferisco che tu vada ora. 7
Pensi/Pensa che Roberto stia
male/sia ammalato? Perché non è
venuto? 8 Penso (che) sia
andato a Londra. 9 Amo il vino
– purché/basta che/a condizione
che sia fresco. 10 Facciamo
finta che non piova/non stia
piovendo. 11 La casa è più
piccola di quello che sembra/di
quanto non sembri. 12 E più
contenta/felice di quanto non
pensiate/di quello che pensate.
13 Non è che tu non gli piaccia;
è un po' timido. 14 Non
riescono a trovare nessuno che
lì/le possa aiutare con i loro
compiti (a casa). 15 Cerca
qualcuno che parli correntemente
il francese.
D 1 abbia, abbia, abbia,
abbiamo, abbiate, abbiano; 2
sia, sia, sia, siamo, siate, siano; 3
canti, canti, canti, cantiamo,
cantiate, cantino; 4 riceva,
riceva, riceva, riceviamo, riceviate,
ricevano; 5 finisca, finisca,
finisca, finiamo, finiate, finiscano.

Lesson 28
A 1 No, non piace a tutti. 2
Prendono un caffè. 3 Serve per
sapere gli arrivi e le partenze dei
treni. 4 No, prendono un tassi.
5 È di stile gotico. 6 Ce ne
sono più di duemila. 7 Lo
chiamano 'l'ottava meraviglia del
mondo'. 8 È nella chiesa di
Santa Maria delle Grazie. 9 No,
è dall'altra parte della Galleria.
10 Vedono il Castello Sforzesco.
B 1 abbi, abbia, abbiamo,
abbiate, abbiano; 2 sii, sia,
siamo, siate, siano; 3 canta,
canti, cantiamo, cantate, cantino;
4 ricevi, riceva, riceviamo,
ricevete, ricevano; 5 finisci,
finisca, finiamo, finite, finiscano.
C 1 Mostrami/Mi mostri quel
libro per favore, Carlo. 2
Portami/Mi porti quei giornali,
Maria. 3 Passagli/Gli passi
quella lettera. 4 Mostratemi i
vostri libri, ragazzi. 5 Hai/Ha
la cartolina del signor Valli? (Note
that **dal** could also be used here,
but **del** is perhaps the more
normal form, **di** being used to
indicate the sender, rather than
possession.) Dalla/La dia a
Giovanni, per favore.
D 1 Non comprare quel
tavolino. 2 Non parli a
quell'uomo. 3 Non mangiamo
all'albergo. 4 Non vendere la
tua casetta. 5 Non partano
prima delle undici.
E 1 Eccolo; 2 La mostri; 3
Ammirandolo; 4 Li vedo laggiù;
5 Gli parlo; 6 Le scriviamo;
7 Eccoli; 8 Devo visitarlo; 9
Non scrivo **loro**/Non **gli** scrivo;
10 Chiamalo per favore.

F (a) 1 *We shall speak to him/her/you* (polite sing) *about it.* 2 *Charles sent them* (m) *to him/her/you* (polite sing). 3 *Mary will buy me some.* 4 *We should send it to him/her/you* (polite sing). 5 *He will sell them* (m) *to us/He will sell them* (m) *there/here.* (b) 1 Gliela darà. 2 Ce lo mostrerebbe. 3 Me li/le leggeranno. 4 Ne parlerò loro/Gliene parlerò. 5 Marcella me la scrisse/me l'ha scritta.

Lesson 29

A 1 Avrà una strana impressione. 2 Perché ci saranno gondole, motoscafi e vaporetti. 3 Fece quasi tutta la città a piedi. 4 È costruita su numerose isolette che sono unite da piccoli ponti. 5 Videro Piazza San Marco. 6 È di stile bizantino. 7 Sono il Ponte di Rialto e(d) il Ponte dei Sospiri. 8 La visiteranno perché è famosa per l'industria del vetro. 9 Sì, la visiterò volentieri/L'ho già visitata, (etc). 10 Mi piacerebbe visitare Roma, Firenze, Napoli, (**etc**).

B 1 da Roberto; 2 dipende da lui; 3 guardando il ponte; 4 cercando l'albergo; 5 abitando in città.

C (a) 1 Finirò il lavoro. 2 Venderemo la macchina. 3 Compreranno la casa. 4 Arriverà all'una. 5 Partirà a mezzanotte. (b) 1 Avrò finito il lavoro. 2 Avremo venduto la macchina. 3 Avranno comprato la casa. 4 Sarà arrivato (a) all'una. 5 Sarà partito(a) a mezzanotte.

D (a) 1 *If Mary had arrived earlier, she would have found her cousin* (m) *at home.* 2 *If John were rich, he would buy that car.* 3 *If Robert had studied well, his father would have been pleased.* 4 *If I received a letter, I would be happy.* 5 *If we went to Pisa, we would see the Leaning Tower.* (b) 1 Se avessimo abbastanza soldi/denaro, compreremmo una casa. 2 Se le signore fossero arrivate in tempo, avrebbero visto la gara. 3 Se parlassimo francese, i bambini ci capirebbero. 4 Se Maria venisse prima di mezzogiorno, vedrebbe la sua amica/il suo amico. 5 Se mi scrivessi/scrivesse in italiano, risponderei alla tua/Sua lettera.

E 1 Di solito sono allegro; ma **qualche volta** sono triste (etc). 2 **Fra un anno** avrò cominciato il mio corso universitario, (etc). 3 **Sei mesi fa** mi sposai, (etc). 4 **Ieri** sono stato (a) male, (etc). 5 Ci vado **spesso**, (etc). 6 Non ho **mai** letto quel libro. 7 **Prima di** parlar bene una lingua, bisogna conoscere la grammatica, (etc). 8 Scappò via, **prima che** io avessi tempo di dirgli qualcosa, (etc). 9 **Appena** esco, comincia a piovere, (etc). 10 **Benché** sia una buona persona, non ha molti amici, (etc).

Lesson 30

A 1 Lo ringrazia per il disturbo che ha preso per lui. 2 Le ha dato una sciarpa di seta pura. 3 Ne è molto contenta. 4 Quest'inverno Mario riprenderà a studiare l'italiano. 5 Gli dà del tu perchè adesso sono buoni amici.

B 1 *What time do you have lunch?* 2 *About one o'clock usually.* 3 *Today it's hot; yesterday it was very cold.* 4 *We drank/have drunk a toast to some friends.* 5 *They're leaving for Italy in two days.*

C 1 L'undici novembre, millenovecentoquarantacinque. 2 Il primo dicembre, millenovecentocinquantotto. 3 Questo studente ha ventidue anni. 4 Duecento anni fa. 5 Cinquemilanovecentosettanta.

D 1 Quando **avevo** dieci anni **parlavo** due lingue. 2 Questa città non ha **nessun** museo. 3 **Conosci/Conosce** questi signori? 4 No, però **so** che parlano italiano. 5 Rita ha più **di** dodici anni.

E (a) leggevo, avevo letto; leggevi, avevi letto; leggeva, aveva letto; leggevamo, avevamo letto; leggevate, avevate letto; leggevano, avevano letto. (b) volevo, avevo voluto; volevi, avevi voluto; voleva, aveva voluto; volevamo, avevamo voluto; volevate, avevate voluto; volevano, avevano voluto. (c) venivo, ero venuto(a); venivi, eri venuto(a); veniva, era venuto(a); venivamo, eravamo venuti(e);

venivate, eravate venuti(e); venivano, erano venuti(e).

F (a) l'arrivo; il ballo; la cena; la domanda; l'entrata; il fumo; il giro; l'invito; la lettura; la mostra; la neve; l'ordine (m) la perdita; la risposta; la salita; la telefonata; l'uso; la vista. (b) augurare; bere; celebrare; dividere; educare; finire; gelare; indicare; lavorare; misurare; nuotare; osservare; partire; quotare; (ri) tornare; studiare; trovare; uscire; viaggiare.

Revision

A 1 Quella mano, quelle mani. 2 Questo braccio, queste braccia. 3 Quel piede, quei piedi. 4 L'occhio, gli occhi. 5 L'orecchio, le orecchie. 6 Mi piace la frutta/Mi piace la frutta (no *real* plural: collective) 7 Questa città è vecchia/Queste città sono vecchie. 8 Quest'uva è dolce/Quest'uva è dolce (no *real* plural: collective) 9 Quell'artista è bravo/Quegli artisti sono bravi. 10 Quella poesia è lunga/Quelle poesie sono lunghe.

B 1 *I never used to take the bus.* 2 *We used not to meet anyone.* 3 *These children have neither father nor mother.* 4 *I will stay only two weeks in Italy.* 5 *This hand is hurting/hurts.* 6 *These young ladies have headaches.* 7 *Where did he/she/you* (polite sing) *put my ticket?* 8 *I don't know, it's probably on the* (*little*) *table.* 9 *I know that lady.* 10 *I think* (Lit. it seems to me) *she's Mrs Valli.*

C 1 Viaggiando da Milano a Firenze . . . 2 Ripetendo queste parole . . . 3 Avendo finito la lettera/La lettera finita . . . 4 Essendo stato/stata/stati/state a Roma . . . 5 Dicendo questa frase . . . 6 Entrando nella stazione . . .

D 1 Parlavamo francese/Stavamo parlando francese. 2 Andavo in Francia ogni anno. 3 Vendevano la loro casa. 4 Pietro faceva il suo lavoro a casa. 5 Finivano a mezzogiorno. 6 Ogni anno andava allo stesso posto.

E 1 più buono(migliore), il più buono(il migliore), buonissimo(ottimo); 2 più cattivo(peggiore), il più cattivo (il peggiore), cattivissimo (pessimo; 3 più grande (maggiore), il più grande (il maggiore), grandissimo (massimo); 4 più lungo, il più lungo, lunghissimo; 5 più ricco, il più ricco, ricchissimo.

F 1 Partimmo/Siamo partiti (e) a mezzanotte. 2 Arrivammo/Siamo arrivati (e) alle otto (di sera). 3 Lessi questo libro due anni fa. 4 Margherita mi ha scritto la settimana scorsa. 5 Uscivamo insieme ogni lunedì. 6 Siete stati (e) al teatro ultimamente/in questi giorni? 7 No, ma andremo all'opera la settimana prossima/entrante. 8 Ho telefonato a Roberto due giorni fa. 9 Pensi/Pensa che verrà? 10 No, penso (che) sia raffreddato.

G (a) 1 cantava, cantavano; 2 riceveva, ricevevano; 3 faceva, facevano; 4 traduceva, traducevano; 5 finiva, finivano. (b) 1 ebbi, avemmo; 2 andai, andammo; 3 fui, fummo; 4 partii, partimmo; 5 lessi, leggemmo.

H 1 meglio, il meglio, benissimo (ottimamente); 2 peggio, il peggio, malissimo (pessimamente); 3 più, il più, moltissimo; 4 meno, il meno, pochissimo.

I Parecchi/Molti anni fa mio padre comprò una casa in campagna. Ogni anno, io, i miei genitori e la mia sorellina ci passavamo le nostre vacanze estive. Qualche volta, invitavamo (degli) amici, e uscivamo insieme per tutta la giornata. L'aria fresca e la vita all'aperto ci facevano tanto bene.

J 1 Giocheremo a calcio, a meno che non piova. 2 Pareva/Sembrava (che) quella gente l'avesse già sentito. 3 Non sapevi/sapeva/sapevate/ sapevano dove fosse. 4 Penso che siate pazzi (e). 5 Non è sicura che vengano. 6 Il loro cane era più feroce di quello che sembrava/di quanto non sembrasse. 7 Starà dormendo. 8 (a) Se fossero stati(e) più intelligenti, li/le avresti accettati(e); (b) Se erano più intelligenti, li/le accettavi. 9 Se studiaste imparereste. 10 È meno generosa di quanto non pensi/di quello che pensi.   11   Se fossero stati(e) lí/Se ci fossero stati(e), gli avremmo detto qualcosa/avremmo detto loro qualcosa.   12   Hanno detto/Dissero che sarebbero arrivati(e) tardi/che arrivavano tardi.   13   Le promise che sarebbe venuto.   14   Temo che tu abbia perso l'orologio.   15   Voglio che stiano zitti.   16   Preferirei che venissero alla festa.   17   Quando l'avrai finito, fammelo sapere/fammi sapere.   18   Mia madre vuole che mi lavi le mani.   19   Suggeriamo che non dicano niente a nessuno.   20   Ti/Le mandai una lettera due anni fa.

Appendices

I AGREEMENT IN COMPOUND TENSES OF REFLEXIVE VERBS

There are several possibilities here. If the verb is a *true* reflexive, ie if the subject and direct object of the verb are one and the same, then the past participle agrees in gender and number with the subject/object of the verb:

Anna si è lavat**a**.	*Anne has washed herself.*
Paolo si è alzat**o**.	*Paul has got up.*
Giovanni e Maria si sono vist**i** nello specchio.	*Giovanni and Maria have seen themselves in the mirror.*

However, there are also cases in which the subject and direct object of a reflexive verb do not coincide. In such cases, the reflexive pronoun will be an indication either of possession, or of what is known as an *ethic dative*, ie a sign that the action of the verb is being performed *by* its subject, *for* its subject (cf. the English: *I'm going to buy myself a hat*), and so on.

Anna si è lavat**a** le mani.	*Anne has washed her hands.*
Giovanni si è lavat**o** le mani.	*Giovanni has washed his hands*
Giovanni si è mangiat**o** una mela.	*Giovanni has eaten an apple.*
Anna si è mangiat**a** una mela.	*Anne has eaten an apple.*
Giovanni si è comprat**o** due biciclette.	*Giovanni has bought himself two bicycles.*
Anna si è comprat**a** due biciclette.	*Anne has bought herself two bicycles.*

In the first two examples here, the reflexive pronoun indicates possession; while in the other four sentences it provides an ethic dative.

Note that when a reflexive verb is used with a pronominal direct object, that direct object pronoun is placed before the verb, so that the past participle in all cases should agree with the object pronoun:

Giovanni se l'è lavate (= **se le è lavate**) (**le** for **le mani**)
P*a*olo ed *E*lena se le sono mangiate (**le** for **le mele**)

2 THE PASSIVE

(a) The Italian passive is formed in exactly the same way as it is in English, and its use covers more or less the same field (a reservation which is made clear in the conclusion at the end of Appendix 3), the English *by* being translated in Italian by **da**:

Il postino è/fu/è stato/sarà,   *The postman is/was/has been/*
  (etc.) morso da un cane.   *will be, (etc.) bitten by a dog.*

(b) In certain cases, however, a construction with **venire** (E) and the past participle can be used instead of the straightforward passive, so that *The firewood was burned* may be translated: **La legna *FU* bruciata** or **La legna *VENNE* bruciata**.

The normal passive form and the construction: **venire** (E) plus the past participle are not totally synonymous, nor interchangeable. The **venire** (E) construction, for instance, can often hint, rather more than the simple passive does, at the presence of the agent (cf. *The wood **was** burned* v. *The wood **got** burned* in English). Yet, even if you do choose, for safety, to stick to the passive forms, be aware of this second possibility, and listen out for the **venire** (E) construction to understand its use, especially when it is used, as it may well be, in preference to the passive.

3 THE IMPERSONAL PRONOUN *SI*

You have already seen the pronoun **si**. It means (*to/for*) *himself, herself, itself, yourself, yourselves* and *themselves*.

Egli si lava.	*He washes himself.*
Maria si compra qualcosa.	*Maria buys something for herself.*

In addition, it means *one*, ie it is an indefinite/impersonal pronoun, with a number of possible agreements. Take the two sentences:

(a) Si vendono le mele.
(b) Si vende le mele.

In (a), the pronoun **si** agrees with **le mele**, in both number and gender; (strictly speaking, the gender-agreement is non-existent in the present tense, and can be better seen from the perfect: **Si sono vendute le mele**). It is therefore part of a reflexive/passive construction, ie *Apples sell themselves* or *Apples are sold.*

In (b), **si** serves as an indefinite active pronoun, and does not have to agree in either number or gender with **le mele** (cf. the compound tenses, where the past participle may or may not agree: **Si è venduto/vendute le mele**). Sentences of type (b) can exist only in one form, ie the form **Le mele si vende** is not possible; whereas sentences of type (a) can be expressed (without changing the meaning too much) with the verb following or preceding the noun: **Si vendono le mele/Le mele si vendono**. However, the second, active use of **si** (as in type (b) sentences), can be rather complex, and so for the moment try to make **si** plus the verb agree with its noun:

Si sono comprate le biciclette.	*The bicycles have been bought.*
Si sono segnati i nomi.	*The names have been written down.*

Note that (1) with **essere**, as well as with verbs conjugated with **essere** in the compound tenses, **si** requires a plural adjective or participle:

Essere ricchi non vuol dire essere felici.	*Being rich does not mean being happy.*
Quando si è giovani si è buoni.	*When one is young one is good.*
Si è arrivati presto stamani.	*We arrived early this morning.*

(2) With reflexive verbs, **si** is not repeated but replaced by **ci** to avoid cacophony:

ci si laurea a ventidue anni. (laurearsi + si)	*One gets one's degree at twenty-two.*
Quando **ci si lava** bene, non **ci si sente** più sporchi. (sentirsi + si)	*When we wash ourselves well, we no longer feel dirty.*

(3) With **avere**-conjugated verbs, including certain fixed expressions

si dice	*they say*
si vede	*it can be seen, it is obvious*

si does not require a plural adjective or participle:

Si è detto che quell'uomo sia un genio.	*It has been said that that man is a genius.*
Si è parlato molto di te ieri sera.	*We spoke a lot about you yesterday evening.*
Si è saputo che è un imbroglione.	*We have discovered that he's a cheat.*

(4) When coupled with the impersonal **si**, all the conjunctive pronouns (except **ne** and **loro**) precede **si**:

Mi si dice che...   *They tell me that...*

Ci si va in treno.   *We're going there/*
                                 One gets there by train.

Gli si è detto che...   *People have told him that...*

but

Si dice loro che...   *People tell them that...*

Se ne beve molto da   *We drink a lot of it around here.*
queste parti.

Conclusion

You can see from Appendices 2 and 3 that there are three ways of expressing the passive in Italian (or what might be translated into English as a passive notion). In practice, the three sentences:

La legna fu bruciata.

La legna venne bruciata.

Si bruciò la legna.

may well be interchangeable; but such is not the case for all similar forms. The phrase **si dice** could not very well be replaced by **vien detto** or **è detto** (for all the three phrases have the same grammatical meaning); nor, to take another example, could the phrase **si vede la montagna** be expressed by **la montagna è vista** or **vien vista**. Remember these subtleties and listen out for them.

4 POSSIBLE COMBINATIONS OF CONJUNCTIVE PRONOUNS AND ADVERBS

The table on pages 274 and 275 is an expansion of the less detailed table to be found in Lesson 28.

Notes to the table

1. Pronouns 1–11 are to be understood in all their possible conjunctive meanings:

mi = (*to/for*) *me*, (*to/for*) *myself*
ti = (*to/for*) *you*, (*to/for*) *yourself*
ne = *some, of it/them, from there*, etc.

2. Pronoun 12, **si**, has the following meanings in the table: (*to/for*) *oneself*, (*to/for*) *himself*, (*to/for*) *herself*, (*to/for*) *itself*, (*to/for*) *yourself* (polite form sing); (*to/for*) *yourselves* (polite form pl); (*to/for*) *themselves*. But it does not have its extra meaning of *one*, ie an impersonal active pronoun (cf. Appendix 3). If it did, then its combinations with **lo**, **la**, **li** and **le** would be different: **lo si vede**, **la si vede**, **li si vede** and **le si vede** respectively. However, you will not often hear such combinations and they are, in any case, better avoided in the following manner:

lo/la si vede can be expressed by **si vede**
li/le si vede can be expressed by **si vedono**,

Technically speaking, **si vede** and **si vedono** are not synonyms of **lo/la si vede** and **li/le si vede** respectively.

3. Pronouns 13 and 14 are not simply repetitions of pronouns 7 and 8, but are conjunctive adverbs (cf. Lesson 28) meaning *there, to it*, etc, or sometimes having no readily translatable meaning, as in impersonal constructions like **ci vuole** = *one needs, it is necessary*, etc. The pronoun **vi** is simply a (less common) variant of **ci**; it is also used to replace **ci** where the use of the latter would be cacophonous. For instance, if you take the sentence: *We wash ourselves there*, it would be cacophonous to translate it by : **Ci ci laviamo**; so **Vi ci laviamo** provides a ready substitute.

4. A blank space in the table indicates that that particular combination is not possible in Italian, even if, grammatically and logically, such a combination is perfectly conceivable. For instance, the phrase: *I surrender to him* has only one possible form in Italian: (**Io**) **mi arrendo a lui**, ie Italian has recourse to the disjunctive pronoun **lui**, because (**Io**) **mi gli arrendo** or (**Io**) **gli mi arrendo** is impossible. Also, the combinations **gli ci** and **le ci**, although possible, are not particularly elegant, and are found only in such phrases as: **le/gli ci vuole** (= *she/he needs*). Note, however, that although the combinations **gli ci** and **le ci** are conceivable and possible in such phrases, the sentence: *We surrender to her/him* exists in Italian only in the form: (**Noi**) **ci arrendiamo a lei/a lui**, ie the sentence: (**Noi**) **le/gli ci arrendiamo** is not acceptable to an Italian ear.

	1	2	3	4	5	6	7	8	9	10	11	12	13	14
	mi	ti	lo	la	gli	le	ci	vi	li	le	ne	si	ci	vi
1 mi			me lo	me la					me li	me le	me ne	mi si	mi ci	
2 ti			te lo	te la					te li	te le	te ne	ti si	ti ci	
3 lo	me lo	te lo			glielo	glielo	ce lo	ve lo				se lo	ce lo	ve lo
4 la	me la	te la			gliela	gliela	ce la	ve la				se la	ce la	ve la
5 gli			glielo	gliela					glieli	gliele	gliene	gli si	gli ci	
6 le			glielo	gliela					glieli	gliele	gliene	le si	le ci	

#															
7	ci			ce lo	ce la					ce li	ce le	ce ne	ci si		
8	vi			ve lo	ve la					ve li	ve le	ve ne	vi si	vi ci	
9	li	me li	te li			glieli	glieli	ce li	ve li				se li	ce li	ve li
10	le	me le	te le			gliele	gliele	ce le	ve le				se le	ce le	ve le
11	ne	me ne	te ne			gliene	gliene	ce ne	ve ne				se ne	ce ne	ve ne
12	si	mi si	ti si	se lo	se la	gli si	le si	ci si	vi si	se li	se le	se ne		ci si	vi si
13	ci	mi ci	ti ci	ce lo	ce la	gli ci	le ci		vi ci	ce li	ce le	ce ne	ci si		
14	vi			ve lo	ve la					ve li	ve le	ve ne	vi si		

5 CONJUGATION OF THE

Infinitive	Gerund and Past Participle	Present Indicative	Future	Conditional
avere *to have*	avendo avuto	ho hai ha abbiamo avete hanno	avrò avrai avrà avremo avrete avranno	avrei avresti avrebbe avremmo avreste avrebbero
essere *to be*	essendo stato	sono sei è siamo siete sono	sarò sarai sarà saremo sarete saranno	sarei saresti sarebbe saremmo sareste sarebbero

6 CONJUGATION OF

Infinitive	Gerund and Past Participle	Present Indicative	Future	Conditional
parlare *to speak*	parlando parlato	parlo parli parla parliamo parlate parlano	parlerò parlerai parlerà parleremo parlerete parleranno	parlerei parleresti parlerebbe parleremmo parlereste parlerebbero
vendere *to sell*	vendendo venduto	vendo vendi vende vendiamo vendete vendono	venderò venderai venderà venderemo venderete venderanno	venderei venderesti venderebbe venderemmo vendereste venderebbero
capire *to understand*	capendo capito	capisco capisci capisce capiamo capite capiscono	capirò capirai capirà capiremo capirete capiranno	capirei capiresti capirebbe capiremmo capireste capirebbero
partire* *to depart*	partendo partito	parto parti	partirò partirai	partirei partiresti

AUXILIARY VERBS *AVERE* AND *ESSERE*

Imperfect	Past Definite	Present Subjunctive	Imperfect Subjunctive	Imperative	Present Perfect
avevo	ebbi	abbia	avessi	—	ho avuto
avevi	avesti	abbia	avessi	abbi	
aveva	ebbe	abbia	avesse	abbia	
avevamo	avemmo	abbiamo	avessimo	abbiamo	
avevate	aveste	abbiate	aveste	abbiate	
avevano	ebbero	abbiano	avessero	abbiano	
ero	fui	sia	fossi	—	sono stato (a)
eri	fosti	sia	fossi	sii	
era	fu	sia	fosse	sia	
eravamo	fummo	siamo	fossimo	siamo	
eravate	foste	siate	foste	siate	
erano	furono	siano	fossero	siano	

THE MODEL REGULAR VERBS

Imperfect	Past Definite	Present Subjunctive	Imperfect Subjunctive	Imperative	Present Perfect
parlavo	parlai	parli	parlassi	—	ho parlato
parlavi	parlasti	parli	parlassi	parla	
parlava	parlò	parli	parlasse	parli	
parlavamo	parlammo	parliamo	parlassimo	parliamo	
parlavate	parlaste	parliate	parlaste	parlate	
parlavano	parlarono	parlino	parlassero	parlino	
vendevo	vendetti (-ei)	venda	vendessi	—	ho venduto
vendevi	vendesti	venda	vendessi	vendi	
vendeva	vendette (-è)	venda	vendesse	venda	
vendevamo	vendemmo	vendiamo	vendessimo	vendiamo	
vendevate	vendeste	vendiate	vendeste	vendete	
vendevano	vendetterro (-erono)	vendano	vendessero	vendano	
capivo	capii	capisca	capissi	—	ho capito
capivi	capisti	capisca	capissi	capisci	
capiva	capì	capisca	capisse	capisca	
capivamo	capimmo	capiamo	capissimo	capiamo	
capivate	capiste	capiate	capiste	capite	
capivano	capirono	capiscano	capissero	capiscano	
partivo	partii	parta	partissi	—	sono partito (a)
partivi	partisti	parta	partissi	parti	
				parta	

7 IRREGULAR

Here are the most important irregular verbs. Only the first two persons of regular tenses are given; the others are conjugated according to the rules given for the model verbs.

Infinitive	Gerund and Past Participle	Present Indicative	Future	Conditional
accadere* *to happen* (*impersonal*)	accadendo accaduto	accade accadono	accadrà accadranno	accadrebbe accadrebbero
aggiungere *to add*	*see* giungere			
ammettere *to admit*	*see* mettere			
andare* *to go*	andando andato	vado vai va andiamo andate vanno	andrò andrai	andrei andresti
apparire* *to appear*	apparendo apparso	appaio (*or* apparisco) appari (*or* apparisci) apare (*or* apparisce) appariamo apparite appaiono (*or* appariscono)	apparirò apparirai	apparirei appariresti
appartenere *to belong*	*see* tenere			
aprire *to open*	aprendo aperto	apro apri	aprirò aprirai	aprirei apriresti
bere *to drink*	bevendo bevuto	bevo bevi	berrò berrai	berrei berresti
cadere *to fall*	cadendo caduto	cado cadi	cadrò cadrai	cadrei cadresti
chiedere *to ask*	chiedendo chiesto	chiedo chiedi	chiederò chiederai	chiederei chiederesti
chiudere *to close, shut*	chiudendo chiuso	chiudo chiudi	chiuderò chiuderai	chiuderei chiuderesti

VERBS

The rules for forming the past definite of irregular verbs is given in Lesson 25.

Imperfect	Past Definite	Present Subjunctive	Imperfect Subjunctive	Imperative	Present Perfect
accadeva accadevano	accadde accaddero	accada accadano	accadesse accadessero		è accaduto (a) sono accaduti (e)
andavo andavi	andai andasti	vada vada vada andiamo andiate vadano	andassi andassi	va vada andiamo andiate vadano	sono andato (a)
apparivo apparivi	apparvi (or apparii) apparisti apparve (or appari) apparimmo appariste apparvero (or apparirono)	appaia (or apparisca) appaia (or apparisca) appaia (or apparisca) appariamo appariate appaiano (or appariscano)	apparessi apparessi	apparisci apparisca appariamo apparite appariscano	sono apparso (a)
aprivo aprivi	aprii apristi	apra apra	aprissi aprissi	apri apra	ho aperto
bevevo bevevi	bevvi (or bevetti) bevesti	beva beva	bevessi bevessi	bevi beva	ho bevuto
cadevo cadevi	caddi cadesti	cada cada	cadessi cadessi	cadi cada	sono caduto (a)
chiedevo chiedevi	chiesi chiedesti	chieda chieda	chiedessi chiedessi	chiedi chieda	ho chiesto
chiudevo chiudevi	chiusi chiudesti	chiuda chiuda	chiudessi chiudessi	chiudi chiuda	ho chiuso

Infinitive	Gerund and Past Participle	Present Indicative	Future	Conditional
cogliere *to gather*	cogliendo colto	colgo cogli coglie cogliamo cogliete colgono	coglierò coglierai	coglierei coglieresti
conoscere *to know*	conoscendo conosciuto	conosco conosci	conoscerò conoscerai	conoscerei conoscerestei
contenere *to contain*	*see* tenere			
coprire	*see* aprire			
correggere to correct	*see* reggere			
correre*† *to run*	correndo corso	corro corri	correrò correrai	correrei correresti
costruire *to build, construct*	costruendo costruito (*rarely* costrutto)	costruisco costruisci	costruirò costruirai	costruirei costruiresti
crescere*† *to grow*	crescendo cresciuto	cresco cresci	crescerò crescerai	crescerei cresceresti
cuocere *to cook*	cuocendo cotto	cuocio cuoci cuoce cociamo (*or* cuociamo) cocete (*or* cuocete) cuociono	cuocerò cuocerai	cuocerei cuoceresti
dare *to give*	dando dato	do dai dà diamo date danno	darò darai	darei daresti
decidere *to decide*	decidendo deciso	decido decidi	deciderò deciderai	deciderei decideresti

Imperfect	Past Definite	Present Subjunctive	Imperfect Subjunctive	Imperative	Present Perfect
coglievo coglievi	colsi cogliesti	colga colga colga cogliamo cogliate colgano	cogliessi cogliessi	cogli colga cogliamo cogliete colgano	ho colto
conoscevo conoscevi	conobbi conoscesti	conosca conosca	conoscessi conoscessi	conosci conosca	ho conosciuto
correvo correvi	corsi corresti	corra corra	corressi corressi	corri corra	ho corso/sono corso (a)
costruivo costruivi	costruii (*rarely* costrussi) costruisti costrui (*rarely* costrusse) costruimmo costruiste costruirono (*rarely* costrussero)	costruisca costruisca	costruissi costruissi	costruisci costruisca	ho costruito
crescevo crescevi	crebbi crescesti	cresca cresca	crescessi crescessi	cresci cresca	ho cresciuto/sono cresciuto (a)
cuocevo cuocevi	cossi cocesti cosse cocemmo coceste cossero	cuocia cuocia cuocia cociamo (*or* cuociamo) cociate (*or* cuociate) cuociano	cuoscessi cuocessi	cuoci cuocia cociamo (*or* cuociamo) cocete (*or* cuocete) cuociano	ho cotto
davo davi	diedi (*or* detti) desti diede (*or* dette) demmo deste diedero (*or* dettero)	dia dia	dessi dessi	da dia	ho dato
decidevo decidevi	decisi decidesti	decida decida	decidessi decidessi	decidi decida	ho deciso

Infinitive	Gerund and Past Participle	Present Indicative	Future	Conditional
difendere to defend	difendendo difeso	difendo difendi	difendero difenderai	difenderei difenderesti
dire *to say, tell* (contracted from d*i*cere)	dicendo detto	dico dici dice dice diciamo dite d*i*cono	dirò dirai	direi diresti
dirigere *to direct*	dirigendo diretto	dirigo dirigi dirige dirigiamo dirigete dir*i*gono	dirigerò dirigerai	dirigerei dirigeresti
discutere *to discuss, argue*	discutendo discusso	discuto discuti	discuterò discuterai	discuterei discuteresti
distinguere *to distinguish*	distinguendo distinto	distinguo distingui	distinguerò distinguerai	distinguerei distingueresti
diventare* *to become*	*as for regular* -are *verbs, but conjugated with* essere *in compound tenses*			
dividere *to divide*	dividendo diviso	divido dividi	dividerò dividerai	dividerei divideresti
dovere*† *to have to, to be obliged to, to owe*	dovendo dovuto	devo (*or* debbo) devi deve dobbiamo dovete d*e*vono (or debbono)	dovrò dovrai	dovrei dovresti
fare *to do, make* (*contracted from* facere)	facendo fatto	faccio fai fa facciamo fate fanno	farò farai	farei faresti
giacere *to lie*	giacendo giaciuto	giaccio giaci giace giacciamo (*rarely* giaciamo) giacete gi*a*cciono	giacerò giacerai	giacerei giaceresti
giungere*† *a* *to arrive, reach*	giungendo giunto	giungo giungi	giungerò giungerai	giungerei giungeresti
imporre *to impose*	*see* porre			

Imperfect	Past Definite	Present Subjunctive	Imperfect Subjunctive	Imperative	Present Perfect
difendevo	difesi	difenda	difendessi	difendi	ho difeso
difendevi	difendesti	difenda	difendessi	difenda	
dicevo	dissi	dica	dicessi		ho detto
dicevi	dicesti	dica	dicessi	di	
				dica	
dirigevo	diressi	diriga	dirigessi	dirigi	ho diretto
dirigevi	dirigesti	diriga	dirigessi	diriga	
discutevo	discussi	discuta	discutessi	discuti	ho discusso
discutevi	discutesti	discuta	discutessi	discuta	
distinguevo	distinsi	distingua	distinguessi	distingui	ho distinto
distinguevi	distinguesti	distingua	distinguessi	distingua	
dividevo	divisi	divida	dividessi	dividi	ho diviso
dividevi	dividesti	divida	dividessi	divida	
dovevo	dovetti (rarely dovei)	debba	dovessi	*No*	ho dovuto/sono dovuto (a)
dovevi	dovesti	debba	dovessi	*imperative*	
	dovette	debba			
	dovemmo	dobbiamo			
	doveste	dobbiate			
	dovettero (rarely doverono)	debbano			
facevo	feci	faccia	facessi		ho fatto
facevi	facesti	faccia	facessi	fa'	
	fece			faccia	
	facemmo				
	faceste				
	fecero				
giacevo	giacqui	giaccia	giacessi	giaci	sono giaciuto (a)
giacevi	giacesti	giaccia	giacessi	giaccia	
				giacciamo	
				giacete	
				giacciano	
giungevo	giunsi	giunga	giungessi		sono giunto (a)
giungevi	giungesti	giunga	giungessi	giungi	
				giunga	

Infinitive	Gerund and Past Participle	Present Indicative	Future	Conditional
leggere *to read*	leggendo letto	leggo leggi	leggerò leggerai	leggerei leggeresti
mettere *to put*	mettendo messo	metto metti	metterò metterai	metterei mettteresti
mordere *to bite*	mordendo morso	mordo mordi	morderò morderai	morderei morderesti
morire* *to die*	morendo morso	muoio muori muore moiramo morite muoiono	morirò (*rarely* morrò) morirai (*rarely* morrai)	morirei (*rarely* morrei) moriresti (*rarely* morresti)
muovere *to move*	muovendo mosso	muovo muovi	muoverò muoverai	muoverei muoveresti
nascere* *to be born*	nascendo nato	nasco nasci	nascerò nascerai	nascerei nasceresti
nascondere *to hide, conceal*	nascondendo nascosto	nascondo nascondi	nasconderò nasconderai	nasconderei nasconderesti
offrire *to offer*	*see* apire			
parere* *to seem, appear* (*generally used impersonally*)	parendo parso	paio pari pare paiamo parete paiono	parrò parrai	parrei parresti
perdere *to lose*	perdendo perso (*or* perduto *when lost forever*)	perdo perdi	perderò perderai	perderei perderesti
permettere *to allow, permit*	*see* mettere			
piacere* *to please*	piacendo piaciuto	piaccio piaci piace piacciamo piacete piacciono	piacerò piacerai	piacerei piaceresti

Imperfect	Past Definite	Present Subjunctive	Imperfect Subjunctive	Imperative	Present Perfect
leggevo	lessi	legga	leggessi		ho letto
leggevi	leggesti	legga	leggessi	leggi legga	
mettevo	misi	metta	mettessi		ho messo
mettevi	mettesti	metta	mettessi	metti metta	
mordevo	morsi	morda	mordessi	mordi	ho morso
mordevi	mordesti	morda	mordessi	morda	
morivo	morii	muoia	morissi		sono morto (a)
morivi	moristi	muoia muoia moriamo moriate muoiano	morissi	muori muoia	
muovevo	mossi	muova	muovessi	muovi	ho mosso
muovevi	movesti	muova (mova etc. *also found*)	muovessi (movessi etc. *also found*)	muova muoviamo (*or* moviamo) muovete (*or* movete) muovano	
nascevo	nacqui	nasca	nascessi		sono nato (a)
nascevi	nascesti	nasca	nascessi	nasci nasca	
nascondevo	nascosi	nasconda	nascondessi		ho nascosto
nascondevi	nascondesti	nasconda	nascondessi	nascondi nasconda	
parevo	parvi	paia	paressi		sono parso (a)
parevi	paresti	paia paia paiamo paiate (*or* pariate) paiano	paressi		
perdevo	persi	perda	perdessi		ho perso
perdevi	perdesti	perda	perdessi	perdi perda	(*or* perduto *when lost forever*)
piacevo	piaqui	piaccia	piacessi	*No*	sono piaciuto (a)
piacevi	piacesti	piaccia	piacessi	*imperative*	

Infinitive	Gerund and Past Participle	Present Indicative	Future	Conditional
piangere *to cry, weep*	piangendo pianto	piango piangi piange piangiamo piangete piangono	piangerò piangerai	piangerei piangeresti
piovere* *to rain*	piovendo piovuto	piove	pioverà	pioverebbe
porre *to place, put, pose*	ponendo posto	pongo poni pone poniamo ponete pongono	porrò porrai	porrei porresti
possedere *to possess*	*see* sedere			
potere*† *to be able*	potendo potuto	posso puoi può possiamo potete possono	potrò potrai	potrei potresti
prendere *to take*	prendendo preso	prendo prendi	prenderò prenderai	prenderei prenderesti
proteggere *to protect*	proteggendo protetto	proteggo proteggi	proteggerò proteggerai	proteggerei proteggeresti
reggere *to support, hold, govern*	reggendo retto	reggo reggi	reggerò reggerai	reggerei reggeresti
rendere *to render, give back*	rendendo reso	rendo rendi	renderò renderai	renderei renderesti
riconoscere *to recognise*	*see* conoscere			
ridere *to laugh*	ridendo riso	rido ridi	riderò riderai	riderei rideresti
rimanere* *to remain*	rimanendo rimasto	rimango rimani rimane rimaniamo rimanete rimangono	rimarrò rimarrai	rimarrei rimarresti
rispondere *to reply*	rispondendo risposto	rispondo rispondi	risponderò risponderai	risponderei risponderesti
riuscire* *a to succeed*	*see* uscire			

Imperfect	Past Definite	Present Subjunctive	Imperfect Subjunctive	Imperative	Present Perfect
piangevo piangevi	piansi piangesti	pianga pianga	piangessi piangessi	piangi pianga	ho pianto
pioveva	piovve	piova	piovesse	No imperative	è piovuto
ponevo ponevi	posi ponesti	ponga ponga	ponessi ponessi	poni ponga	ho posto
potevo potevi	potei potesti potè potemmo poteste poterono	possa possa	potessi potessi	No imperative	ho potuto/ sono pututo (a)
prendevo prendevi	presi prendesti	prenda prenda	prendessi prendessi	prendi prenda	ho preso
proteggevo proteggevi	protessi proteggesti	protegga protegga	proteggessi proteggessi	proteggi protegga	ho protetto
reggevo reggevi	ressi reggesti	regga regga	reggessi reggessi	reggi regga	ho retto
rendevo rendevi	resi rendesti	renda renda	rendessi rendessi	rendi renda	ho reso
ridevo ridevi	risi ridesti	rida rida	ridessi ridessi	ridi	ho riso
rimanevo rimanevi	rimasi rimanesti	rimanga rimanga	rimanessi rimanessi	rimani rimanga	sono rimasto (a)
rispondevo rispondevi	risposi rispondesti	risponda risponda	rispondessi rispondessi	rispondi risponda	ho risposto

Infinitive	Gerund and Past Participle	Present Indicative	Future	Conditional
rompere *to break*	rompendo rotto	romp rompi	romperò romperai	romperei romperesti
salire* *to mount, ascend*	salendo salito	salgo sali sale saliamo salite salgono	salirò salirai	salirei saliresti
sapere *to know*	sapendo saputo	so sai sa sappiamo sapete sanno	saprò saprai	saprei sapresti
scegliere *to choose*	scegliendo scelto	scelgo scegli sceglie scegliamo scegliete scelgono	sceglierò sceglierai	sceglierei sceglieresti
scendere* *to descend,* *get off (bus, etc.)*	scendendo sceso	scendo scendi	scenderò scenderai	scenderei scenderesti
scioglere *to loosen,* *untie, melt*	sciogliendo sciolto	sciolgo sciogli scioglie sciogliamo sciogliete sciolgono	scioglierò scioglierai	scioglierei scioglieresti
scommettere *to bet, wager*	*see* mettere			
scoprire *to discover*	*see* aprire			
scrivere *to write*	scrivendo scritto	scrivo scrivi	scriverò scriverai	scriverei scriveresti
scuotere *to shake*	scuotendo scosso	scuoto scuoti scuote scuotiamo scuotete scuotono	scuoterò scuoterai	scuoterei scuoteresti
sedere* *to sit* **sedersi** *to sit down* (*formally identical to* **sedere*** *but used* *with reflexive pronouns*)	sedendo seduto	siedo siedi siede sediamo sedete siedono	siederò siederai	siederei siederesti

288

Imperfect	Past Definite	Present Subjunctive	Imperfect Subjunctive	Imperative	Present Perfect
rompevo	ruppi	rompa	rompessi	rompi	ho rotto
rompevi	rompesti	rompa	rompessi	rompa	
salivo	salii	salga	salissi	sali	sono salito (a)
salivi	salisti	salga	salissi	salga	
sapevo	seppi	sappia	sapessi	sappi	ho saputo
sapevi	sapesti	sappia	sapessi	sappia	
				sappiamo	
				sappiate	
				sappiano	
sceglievo	scelsi	scelga	scegliessi		ho scelto
sceglievi	scegliesti	scelga	scegliessi	scegli	
				scelga	
scendevo	scesi	scenda	scendessi		sono sceso (a)
scendevi	scendesti	scenda	scendessi	scendi	
				scenda	
scioglievo	sciolsi	sciolga	sciogliessi	sciogli	ho sciolto
scioglievi	sciogliesti	sciolga	sciogliessi	sciolga	
		sciolga		sciogliamo	
		sciogliamo		sciogliete	
		sciogliate		sciolgano	
		sciolgano			
scrivevo	scrissi	scriva	scrivessi		ho scritto
scrivevi	scrivesti	scriva	scrivessi	scrivi	
				scriva	
scuotevo	scossi	scuota	scuotessi	scuoti	ho scosso
scuotevi	scotesti	scuota	scuotessi	scuota	
		scuota		scuotiamo	
		scuotiamo		scuotete	
		scuotiate		scuotano	
		scuotano			
sedevo	sedetti (or sedei)	sieda	sedessi		sono seduto (a)
sedevi	sedesti	sieda	sedessi	siedi	
	sedette	sieda		sieda (or segga)	
	sedemmo	sediamo		sediamo	
	sedeste	sediate		sedete	
	sedettero	siedano		siedano (or	
	(or sederono)			seggano)	

289

Infinitive	Gerund and Past Participle	Present Indicative	Future	Conditional
soffrire *to suffer*	*see* aprire			
sorridere *to smile*	*see* ridere			
spegnere to extinguish, turn off	spegnendo (*or* spengendo) spento	spengo spegni spegne spegniamo spegnete spengono	spegnerò spegnerai	spegnerei spegneresti
spendere *to spend*	*see* prendere			
spingere *to push*	spingendo spinto	spingo spingi	spingerò spingerai	spingerei spingeresti
stare* *to stay* (*be*)	stando stato	sto stai sta stiamo state stanno	starò starai	starei staresti
stringere *to squeeze, tighten*	stringendo stretto	stringo stringi	stringerò stringerai	stringerei stringeresti
succedere* *to happen* (*impersonal*)	succedendo successo	succede succedono	succederà succederanno	succederebbe succederebbero
supporre *to suppose*	*see* porre			
tacere *to be silent*	tacendo taciuto	taccio taci tace taciamo tacete tacciono	tacerò tacerai	tacerei taceresti
tenere *to hold*	tenendo tenuto	tengo tieni tiene teniamo tenete tengono	terrò terrai	terrei terresti
togliere *to take off, remove*	togliendo tolto	tolgo togli toglie togliamo togliete tolgono	toglierò toglierai	toglierei toglieresti

Imperfect	Past Definite	Present Subjunctive	Imperfect Subjunctive	Imperative	Present Perfect
spegnevo (or spengevo)	spensi	spenga	spegnessi (or spengessi)	spegni spenga	ho spento
spegnevi (or spengevi)	spegnesti	spenga	spegnessi (or spengessi)	spegniamo spegnete	hai spento
		spenga		spengano	
		spegniamo			
		spegniate			
		spengano			
spingevo	spinsi	spinga	spingessi		ho spinto
spingevi	spingesti	spinga	spingessi	spingi spinga	
stavo	stetti	stia	stessi		sono stato (a)
stavi	stesti	stia	stessi	sta'	
	stette	stia		stia	
	stemmo	stiamo			
	steste	stiate			
	stettero	stiano			
stringevo	strinsi	stringa	stringessi	stringi	ho stretto
stringevi	stringesti	stringa	stringessi	stringa	
succedeva	successe	succeda	succedesse		è successo (a)
succedevano	successero	succedano	succedessero		sono successi (e)
tacevo	tacqui	taccia	tacessi	taci	ho taciuto
tacevi	tacesti	taccia	tacessi	taccia	
		taccia		taciamo	
		taciamo		tacete	
		taciate		tacciano	
		tacciano			
tenevo	tenni	tenga	tenessi		ho tenuto
tenevi	tenesti	tenga	tenessi	tieni	
				tenga	
toglievo	tolsi	tolga	togliessi	togli	ho tolto
toglievi	togliesti	tolga	togliessi	tolga	
		tolga		togliamo	
		togliamo		togliete	
		togliate		tolgano	
		tolgano			

Infinitive	Gerund and Past Participle	Present Indicative	Future	Conditional
tradurre *to translate*	traducendo tradotto	tradcuco traduci	tradurrò tradurrai	tradurrei tradurresti
trarre *to draw, pull*	traendo tratto	traggo· trai trae triamo traete traggono	trarrò trarrai	trarrei trarresti
uscire* *to go out*	uscendo uscito	esco esci esce usciamo uscite escono	uscirò uscirai	uscirei usciresti
valere* *to be worth, be valid*	valendo valso	valgo vali vale valiamo valete valgono	varrò varrai	varrei varresti
vedere *to see*	vedendo visto (or veduto)	vedo vedi	vedrò vedrai	vedrei vedresti
venire* *to come*	venendo venuto	vengo vieni viene veniamo venite vengono	verrò verrai	verrei verresti
vivere*† *to live*	vivendo vissuto	vivo vivi	vivrò vivrai	vivrei vivresti
volere*† *to want*	volendo voluto	voglio vuoi vuole vogliamo volete vogliono	vorrò vorrai	vorrei vorresti
volgere to turn, revolve	volgendo volto	volgo volgi volge volgiamo volgete volgono	volgerò volgerai	volgerei volgeresti

Imperfect	Past Definite	Present Subjunctive	Imperfect Subjunctive	Imperative	Present Perfect
traducevo traducevi	tradussi traducesti	traduca traduca	traducessi traducessi	traduci traduca	ho tradotto
traevo traevi	trassi traesti	tragga tragga tragga triamo triate traggano	traessi traessi	trai tragga traiamo traete traggano	ho tratto
uscivo uscivi	uscii uscisti	esca esca	uscissi uscissi	esci esca	sono uscito (a)
valevo valevi	valsi valesti	valga valga valga valiamo valiate valgano	valessi valessi		sono valso (a)
vedevo vedevi	vidi vedesti	veda veda	vedessi vedessi	vedi veda	ho visto
venivo venivi	venni venisti	venga venga	venissi venissi	vieni venga	sono venuto (a)
vivevo vivevi	vissi vivesti	viva viva	vivessi vivessi	vivi viva	ho vissuto/sono vissuto (a)
volvevo volevi	volli volesti	voglia voglia	volessi volessi	vogli voglia	ho voluto/sono voluto (a)
volgevo volgevi	volsi volgesti	volga volga volga volgiamo volgiate volgano	volgessi volgessi	volgi volga volgiamo volgete volgano	ho volto

Italian-English vocabulary

a, ad *to, at, in*
abbacchio *young lamb*
abbronzato *sunburnt, tanned*
abitante (m) *inhabitant*
abitare (usually + a) *to live, dwell*
abito *dress, coat, clothes*
aceto *vinegar*
acqua *water*
Adriatico *Adriatic*
aeroplano *aeroplane*
affittare *to let, hire, lease*
agitato *agitated, troubled*
agnello *lamb*
agosto *August*
aiutare *to help*
albergo *hotel*
albero *tree*
albicocca *apricot*
albicocco *apricot tree*
alcuno *some, any*
alfabeto *alphabet*
allora *then*
Alpi (f pl) *Alps*
alto *high, tall*
altrimenti *otherwise*
altro *other*
alunno *pupil*
alzare *to raise, lift*
alzarsi *to get up*
amare *to love*
amaro *bitter*
amica (pl amiche) *friend*
amico (pl amici) *friend*

ammalato *sick, unwell*
ammirare *to admire*
amore (m) *love*
anche *also, too, even*
ancora *still, again, yet*
andare (irr.) *to go*
anello *ring*
anglicano *Anglican*
angolo *corner*
animale (m) *animal*
anatra *duck*
anno *year*
anno bisestile *Leap Year*
ansioso *anxious*
antico *ancient*
anzi *in fact, on the contrary*
appetito *appetite*
applicare *to apply*
aprile *April*
aprire *to open*
altare (m) *altar*
arancia *orange*
aranciata *orangeade*
argento *silver*
aria *air*
arido *dry*
armadio *wardrobe, cupboard*
arrivare(E) *to arrive*
arrivo *arrival*
arrosto *roast*
arte (f) *art*
articolo *article*
ascensore (m) *lift, escalator*

asciugamano *towel*
ascoltare *to listen (to)*
asino *donkey*
aspettare *to wait (for)*
assaggiare *to taste*
assai *quite, very*
assegno *cheque*
assegno turistico *tourist cheque*
atrio *entrance hall, lobby*
attentamente *attentively*
audacia *audacity, daring*
Austria *Austria*
autista (m) *chauffeur, motor driver*
automobile (f) *motor-car*
autunno *autumn*
avanti *before; forward!*
avere (irr) *to have*
azzurro *blue*

babbo *daddy*
baciare *to kiss*
bacio *kiss*
bagaglio *luggage*
bagno *bath*
balcone (m) *balcony*
ballare *to dance*
bambino *baby*
bambola *doll*
banana *banana*
banca *bank*
Banca Commerciale
  Commercial Bank
banco *desk*
bar (m) *bar*
barca *boat, barge*
barca a motore *motor-launch*
barca a vela *sailing boat*
basilica *basilica*
basso *low*
battistero *baptistry*
bello *beautiful, fine*

bene (adv) *well, good*
benzina *petrol*
bere (irr.) *to drink*
Berlino *Berlin*
bevanda *drink*
bianco *white*
bibita *drink*
biblioteca *library*
bicchiere (m) *glass, tumbler*
bicicletta *bicycle*
bigliettaio *guard, conductor*
biglietto *ticket*
binario *railway line, track, platform*
biondo *fair, blonde*
birra *beer*
biscotto *biscuit*
bistecca *beefsteak*
bizantino *Byzantine*
bocca *mouth*
borsa *purse*
bosco *wood, forest*
bottiglia *bottle*
braccialetto *bracelet*
braccio *arm*
bravo *clever; good splendid*
breve *brief, short*
brillare *to shine*
brodo *broth*
bruno *(dark) brown*
brutto *ugly*
bue (m pl buoi) *ox, oxen*
buono *good*
burro *butter*
busta *envelope*
buttare *to throw*

cabina *cabin*
cadere (E) *to fall*
caffè (m) *coffee, café*
caldo *hot*
calendario *calendar*

calmo *calm*
calza *stocking*
cambiare *to change*
cambio *change*
camera *bedroom*
cameriera *maid, waitress*
cameriere (m) *waiter*
camicia *shirt*
camminare *to walk*
campagna *country*
campana *bell*
campanello *small bell, doorbell*
campanile (m) *bell tower*
campo *field*
canale (m) *canal*
Canal Grande *Grand Canal*
cancellare *to erase*
cane (m) *dog*
cantare *to sing*
capelli (m pl) *hair*
capire *to understand*
capitale (f) *capital*
capitolo *chapter*
capo *head*
capolavoro (pl capolavori) *masterpiece*
capostazione (pl capistazione) (m) *stationmaster*
cappella *chapel*
cappello *hat*
cappuccino *coffee* (with frothy milk)
caramella *sweet*
cardinale (m) *cardinal*
carne (f) *meat*
caro *dear, expensive*
carrozza *carriage*
carta *paper*
carta geografica *map*
cartolina *postcard*
casa *house*
castello *castle*

cattedrale (f) *cathedral* (generally)
cattivo *bad, naughty*
cattolico *Catholic*
causa *cause*
cavallo *horse*
caviglia *ankle*
cavolo *cabbage*
celeste *pale blue*
cena *supper*
Il Cenacolo or L'Ultima Cena   *The Last Supper*
cenere (f) *ash*
cento *one hundred*
centrale *central*
cera *wax*
cercare *to look for*
cerino *wax match*
certo *certain, sure*
cestino *basket*
che (conj) *that, than*
che (pron) *who, whom, that, which*
che cosa? *what?*, ma che! *of course not!*
che c'è? *what is the matter?*, che peccato! *what a pity!*
chi *who, whom, one who...*
chiamare *to call*
chiamarsi *to be called*
chiaramente *clearly*
chiave (f) *key*
chiedere (irr.) *to ask*
chiesa *church*
chiudere (irr.) *to close*
chiuso *closed*
ci (adv) *here, there; in it*
ci (pron) *us, to us, ourselves, to ourselves; to each other*
c'è *there is;* ci sono *there are*
ciao *goodbye, hello* (colloq)
ciascuno *each, each one*
cibo *food*

cielo *sky*
ciglio (pl le ciglia) *eyelash*
ciliegia *cherry*
cinquanta *fifty*
cinquantuno *fifty-one*
cinque *five*
ciò *that*
cioccolata *chocolate*
cioè *namely, that is*
cipolla *onion*
circa *about*
città *town*
classe (f) *class*
clima (m) *climate*
coccodrillo *crocodile*
cocomero *watermelon*
coda *queue, tail*
  far la coda or la fila *to form a queue*
cognato *brother-in-law*
coincidenza *connection* (of trains)
colazione (f) *breakfast* prima
  colazione *(also breakfast)*
collega (m or f) *colleague*
colletto *collar*
collina *hill*
collo *neck*
colomba *dove*
colonna *column*
colore (m) *colour*
Colosseo *Colosseum*
coltello *knife*
come *how, like, such as*
  come sta(i)? *how are you?*
cominciare (+ a before infinitive)
  to begin
comunicazione (f) *communication*
comodo *comfortable*
compleanno *birthday*
completare *to complete*
comprare *to buy*
con *with*

condire *to season*
coniglio *rabbit*
conoscere (irr.) *to know*
  (be acquainted)
conservare *to keep, to retain*
consistere(E) (+ in) *to consist (of)*
contadino *peasant*
contento *glad, satisfied*
continente (m) *continent*
continuamente *continually*
conto *bill*
controllo *inspection, check*
controllore (m) *inspector*
conversare *to converse*
coperta *deck, blanket*
corpo *body*
corsa *race*
corto *short*
cosa *thing*
così *so, as, thus*
costa *coast*
costare(E) *to cost*
costruire *to build*
costume (m) *costume*
costume da bagno *swimsuit*
cotone (m) *cotton*
cotto *cooked*
cravatta *tie*
credenza *sideboard*
credere *to believe*
croce (f) *cross*
crudo *raw*
cucchiaino *teaspoon*
cucchiaio *spoon*
cucina *kitchen*
cucinare *to cook*
cugino *cousin*
cui *whom, which*
cuore (m) *heart*
cupola *dome*
curiosità *curiosity*

da *from, by, at the house/shop of*
dappertutto *everywhere*
dare (irr) *to give*
debole *weak*
decidere (irr.) *to decide*
decimo *tenth*
definito *definite*
del (di + il) *of the*
delizioso *delightful, delicious*
deluso *disappointed*
denaro *money*
dente (m) *tooth*
dentro *inside*
destro, a destra *right, to the right*
dettare *to dictate*
dettato *dictation*
devotissimo, abb devmo (yours) *truly, faithfully*
di *of*
dicembre *December*
diciannove *nineteen*
diciassette *seventeen*
diciotto *eighteen*
dieci *ten*
dietro *behind*
differente *different*
difficile *difficult*
dimenticare *to forget*
dire (irr.) *to say*
direzione (f) *direction*
distante *distant*
distanza *distance*
distinti saluti *kind regards*
dito (f pl dita) *finger*
diventare *to become*
divertirsi *to enjoy oneself*
dividere (irr.) *to divide*
dizionario *dictionary*
dodici *twelve*
dogana *customs*
doganiere (m) *customs officer*

dolce *sweet*
domanda *question*
domandare *to ask*
domani *tomorrow*
domenica *Sunday*
domestica *servant, maid*
donna *woman*
dopo *after*
dormire *to sleep*
dove *where*
due *two*
dunque *then, therefore*
duomo *cathedral,* (ie the principal city-cathedral)
durare(E) *to last*

e, ed (before vowel) *and*
è *is*
eccetera *etcetera*
eccitato *excited*
ecco *here is/are, there is/are*
edificio (pl edifici) *building*
egli *he*
elegante *elegant*
elettrico *electric*
ella *she*
entrare(E) (+ in) *to enter*
entrata *entrance*
Epifania, Befana *Epiphany*
epoca *epoch, era*
erba *grass, vegetable*
esagerato *exaggerated*
esempio *example*
espresso *express*
  (caffè) espresso *strong black coffee*
essa *she, it*
essere(E) (irr.) *to be*
esso *he, it*
est (m) *east*
estate (f) *summer* (noun)
esterno *exterior*

estero *foreign*
estivo *summer* (adj)
età (f) *age*
eterno *eternal*
Europa *Europe*
evitare *to avoid*

fabbrica *factory*
facchino *porter*
faccia *face*
facciata *façade, front*
facile *easy*
fagiolino *French bean*
famiglia *family*
fantastico *fantastic*
fantino *jockey*
fare (irr.) *to make, to do*
farfalla *butterfly*
farmacia *chemist's shop*
farmacista (m or f) *chemist*
fatto (noun) *fact*
fatto pp of fare *done, made*
favore (m) *favour, kindness*
  per favore *please*
fazzoletto *handkerchief*
febbraio *February*
fermare *to stop*
fermarsi *to stop oneself*
ferrovia *railway*
fertile *fertile*
festa *holiday, party, birthday* (-party)
fiasco *flask*
figlio *son*
fila *queue, line*
finale *final*
fine (f) *end*
finestra *window*
finestrino *small window; carriage
  window*
finire *to finish*
fino *fine, thin*

fino a *until, as far as*
fiore (m) *flower*
Firenze *Florence*
fiume (m) *river*
foglia *leaf*
foglio *sheet of paper*
fontana *fountain*
forchetta *fork*
formaggio *cheese*
foro *Forum*
forse (+ indicative) *perhaps*
forte *strong*
fotografia *photograph(y)*
fra *between, in*
fragola *strawberry*
francese *French*
Francia *France*
francobollo *stamp*
frase (f) *phrase, sentence*
fratellino *little brother*
fratello *brother*
freddo *cold*
fresco *cool, fresh*
frittata *omelet*
fritto *fried*
fronte (f) *forehead*
frutta (pl **le frutta**) *fruit (collective)*
fruttivendolo *fruiterer*
fumare *to smoke*
fuoco (pl fuochi) *fire*
fuori *outside*
futuro *future*

gaio *gay*
gamba *leg*
galleria *gallery, arcade, tunnel*
gallina *hen*
gallo *cock*
garofano *carnation*
gatto *cat*
gelato *ice-cream*

generale *general*
genero *son-in-law*
generosità *generosity*
genitore (m) *father*, (pl) *parents*
gennaio *January*
Genova *Genoa*
gente (f) *people*
gentile *gentle, kind*
Germania *Germany*
gesso *chalk*
ghiaccio *ice*
già *already*
giacca *jacket*
giallo *yellow*
giardino *garden*
giglio *lily*
ginocchio (pl le ginocchia) *knee*
giocare *to play* (a game)
gioielliere (m) *jeweller*
gioiello *jewel*
gionalaio *newsagent*
giornale (m) *newspaper*
giorno *day*
  buon giorno *good day*
giovane *young*
giovanotto *youth*
giovedì (m) *Thursday*
girare *to tour, to turn*
giro *tour*
gita *excursion*
giugno *June*
giusto *just*
gli *the* (def art m pl); *to him* (pron)
glielo, gliela *it to him, it to her*
glieli, gliele *them to him, them to her*
gnocco *dumpling*
godere *to enjoy*
gola *throat*
gomito *elbow*
gondola *gondola*
gondoliere (m) *gondolier*

gotico *Gothic*
gradito *welcome*
grammatica *grammar*
grande *great, large, big*
grazia *favour, grace*
grazie *thank you*
  grazie tante *many thanks*
gridare *to shout*
guancia *check*
guanciale (m) *pillow*
guanto *glove*
guardare *to look at*
guglia *spire*
guida *guide, guidebook*
gusto *taste*

idea *idea*
ieri *yesterday*
imitare *to imitate*
immenso *immense*
imparare (+ a before infinitive)
  to learn
importanza *importance*
impressione (f) *impression*
in *in*
incantevole *charming, enchanting*
incerto *uncertain*
inchiostro *ink*
incitare (+ a before infinitive)
  to incite
incitamento *incitement*
incontrare *to meet*
indicare *to point at*
indirizzo *address*
industria *industry*
infatti *indeed, in fact*
informazione (f pl) *information*
Inghilterra *England*
inglese *English*
ingrato *ungrateful*
ingresso *entrance*

insalata *salad*
insegnare *to teach*
insieme *together*
installare *to install*
intanto *meantime, meanwhile*
interessante *interesting*
interno *interior*
intorno *around*
inverno *winter*
invitare *to invite*
io *I*
isola *island*
Italia *Italy*
italiano *Italian*
itinerario *itinerary*
Iugoslavia *Jugoslavia*

la (pron) *her, it, you (obj)*
la (art) *the*
là (adv) *there*
labbro (pl le labbra) *lip*
lacrima *tear*
ladro *thief*
laggiù *down there*
lago (pl laghi) *lake*
lampada *lamp*
lampone (m) *raspberry*
lana *wool*
largo *wide*
lasciare *to leave*
latte (m) *milk*
latteria *dairy*
lavare *to wash*
lavarsi *to wash oneself*
lavorare *to work*
lavoro *work*
leggere *to read*
legna *firewood*
legno *wood*
Lei *you* (sing polite)
lei *she, her*

lento *slow*
lenzuolo (pl le lenzuola) *sheet*
lesso *boiled* (eg of potatoes, etc)
lettera *letter*
letteratura *literature*
letto *bed*
lezione (f) *lesson*
libero *free, vacant*
libro *book*
Liguria *Liguria*
limonata *lemonade*
limone (m) *lemon*
limpido *limpid*
lineetta *dash, hyphen*
lingua *tongue, language*
liquore (m) *liquor*
lira, lira sterlina *lira* (Italian
    money); *English pound* (sterling)
lo (pl gli) *the*
lo (pl li) *him, it*
locale *local*
Londra *London*
lontano *distant, far*
loro *they*
luce (f) *light*
luglio *July*
lui *him*
luminoso *luminous, clear*
luna *moon*
lunedì (m) *Monday*
lungo (pl lunghi) *long*
luogo (pl luoghi) *place*

ma *but*
macchina *machine*
macchina fotografica *camera*
macedonia di frutta *fruit salad*
macellaio *butcher*
macelleria *butcher's shop*
madre *mother*
maestro *master, teacher*

maggio *May*
maggiore *major*
magnifico (pl magnifici)
 magnificent
maiale (m) *pig*
malato *sick*
male *badly*
mandare *to send*
mangiare *to eat*
Manica *English Channel*
mano (f) *hand*
manzo *beef*
marciapiede (m) *platform*
marco *mark*
mare (m) *sea*
margherita *daisy*
marina *seashore*
marito *husband*
marmellata *jam*
marmo *marble*
marrone *chestnut brown*
martedì (m) *Tuesday*
marzo *March*
masticare *to chew*
matita *pencil*
mattina *morning*
me *me*
medicina *medicine*
medico *doctor*
medio *middle, average*
medievale *medieval*
Mediterraneo *Mediterranean*
meglio *better*
mela *apple*
melodia *melody*
melone (m) *melon*
membro (pl membra) *limb*
meno *less, minus*
menta *mint*
mento *chin*
mentre *while*

meraviglia *marvel*
meraviglioso *marvellous, wonderful*
mercato *market*
mercoledì (m) *Wednesday*
meridionale *southern*
merluzzo *cod, codfish*
mese (m) *month*
messa *Mass*
metà *half* (measure)
metallo *metal*
mettere *to place, put*
mezzanotte (f) *midnight*
mezzo *half*
mezzogiorno *midday*
 il mezzoriorno *the south*
mi *me, to me, myself*
miglio (pl miglia) (f) *mile*
migliore *better*
Milano *Milan*
milione *million*
mille (pl mila) *thousand*
minerale (m) *mineral*
minuto *minute*
mio *my, mine*
miracolo *miracle*
misterioso *mysterious*
mite *mild*
mobile (adj) *mobile, movable*
mobile (m) *piece of furniture*
moderno *modern*
modo *way, manner*
moglie (f) *wife*
molo *pier, quay*
molto *much*
mondo *world*
montagna *mountain*
morire (E) (irr.) *to die*
mosaico *mosaic*
mosca (pl mosche) *fly*
mostra *exhibition*
mostrare *to show*

mucca (pl mucche) *cow*
mulo *mule*
municipio *Town Hall*
muro (f pl mura) *wall* (of a city)
museo *museum*
musicale *musical*

nailon (m) *nylon*
Napoli *Naples*
narrare *to narrate*
narrazione (f) *story, tale*
nascere(E) (irr.) *to be born*
naso *nose*
Natale (m) *Christmas*
naturale *natural*
nave (f) *ship*
ne (pron) *of him, of it*
ne (partitive) *some, any*
nebbia *fog*
negozio (pl. negozi) *shop*
nemico *enemy*
nero *black*
neve (f) *snow*
nevicare(E) *to snow*
niente *nothing*
nipote (m or f) *nephew, niece*
no *no, not*
noce (f) *nut, walnut*
noce di cocco *coconut*
noi *we, us*
nome (m) *name*
non *not*
nonno *grandfather*
nono *ninth*
nord (m) *north*
nostro *our*
notare *to note, notice*
notte (f) *night*
novanta *ninety*
novantuno *ninety-one*
nove *nine*

novembre *November*
nulla *nothing*
numero *number*
numeroso *numerous*
nuotare *to swim*
nuovo *new*
nuvola *cloud*

o *or*; o...o *either...or*
obbligato *obliged*
oca (pl oche) *goose*
occasione (f) *occasion*
occhiali (m pl) *spectacles*
occhio (pl occhi) *eye*
occidentale *western*
occidente (m) *west*
occupato *busy, occupied*
odorare *to smell*
odore (m) *smell, scent*
offrire (irr.) *to offer*
oggetto *object*
oggi *today*
ogni *every*
ogni tanto *now and again*
ognuno *everyone, each one*
oleandro *oleander*
olio *oil*
oliva *olive*
ombra *shade*
ombrellone (m) *large umbrella*
onda *wave*
onesto *honest*
opera *work, opera*
operaio *workman*
ora *hour, time*
oramai, ormai *now, by this time*
orario *timetable*
orchestra *orchestra*
ordinale *ordinal*
ordinare *to order*
orecchio *ear*

orefice (m) *goldsmith*
orientale *eastern*
oriente (m) *East*
originale *original*
oro *gold*
orologio *watch, clock*
osare (+ infinitive without a) *to dare*
osservare *to observe*
osso pl gli ossi when non-human,
  le ossa when human, *bone*
ottanta *eighty*
ottantuno *eighty-one*
ottavo *eight*
ottenere *to obtain*
ottimo *very good*
otto *eight*
ottobre *October*
ottone (gli ottoni, *the brass section
  (of orchestra)*) (m), *brass*
ovest (m) *west*
ozioso *idle, lazy*

pacco *parcel*
Padova *Padua*
padre *father*
paesaggio *landscape*
pagare *to pay*
pagina *page*
paglia *straw*
paio (f pl paia) *pair*
palazzo *palace, building, block of flats*
palma *palm* (hand, branch of tree)
pane (m) *bread*
panettiere (m) *baker*
panino *bread roll*
panna *cream*
panteon (m) *Pantheon, temple*
papavero *poppy*
pappagallo *parrot*
paradiso *paradise*
parco *park*

parecchio *some, considerable, a lot*
parecchi (pl) *many*
parente (m or f) *relative*
Parigi *Paris*
parlare *to speak*
parmigiano *Parmesan*
parola *word*
parte (f) *part*
partenza *departure*
particolarmente *particularly*
partire(E) *to leave*
Pasqua *Easter*
passaporto *passport*
passare(E/A) *to pass; to spend* (time)
passato *past*
passeggiare *to stroll*
passeggiata *walk*
passeggiero *passenger*
pasta *paste* (dough)
patata *potato*
paura *fear*
pavimento *floor*
paziente (adj.) *patient*
peggio *worse*
pelle (f) *skin, leather*
pena *sorrow, suffering*
pendente *leaning*
penisola *peninsula*
penna *pen*
pensare *to think*
pensiero *thought*
pepe (m) *pepper*
per *for, through, by*
pera *pear*
perchè *why, because*
perciò *therefore*
perdere *to lose*
perdita *loss*
perfetto *perfect*
perfino *even* (emphasis)
permesso *permission*

permesso! *allow me! excuse me!*
permettere *to allow, to permit*
però *however*
persona *person*
personale *personal*
pesante *heavy*
pesca (pl pesche) *peach*
pesce (m) *fish*
pescivendolo *fishmonger*
pesco (pl peschi) *peach tree*
pezzo *piece*
piacere(E) (vb) *to please*
piacere (m) *pleasure*
  per piacere *please*
piacevole *pleasant*
piangere *to weep, to cry*
pianista (m or f) *pianist*
piano *floor, storey*
pianoforte (m) *piano*
pianta *plant*
piattino *saucer, side-plate*
piatto *plate, dish*
piazza *square*
piccolo *small, little*
piede (m) *foot*
pieno *full*
pietra *stone*
pigliare (popular) *to take, catch*
pigro *lazy*
pineta *pine wood*
pioggia *rain*
pipa *pipe*
piramide (f) *pyramid*
piroscafo *steamer*
piscina *swimming pool*
pisello *pea*
pittore (m) *painter*
pittura *painting* (the art of)
più *more*
placido *placid*
poco(a) *little*, pochi(e) *few,*

un poco di (or un po' di) *a little,*
  a few
podere (m) *farm*
poeta (m) poetessa (f) *poet*
poi *then, afterwards, next*
  pollo *chicken*
polmone (m) *lung*
polso *wrist*
poltrona *armchair*
pomeriggio *afternoon*
pomodoro *tomato*
ponte (m) *bridge*
porcellana *porcelain, china*
porta principale *main door*
portare *to carry, to bring, to take*
porto *harbour, port*
porzione (f) *portion, share*
posizione (f) *position*
possibile *possible*
posta *post*
postino *postman*
posto *place*
potere(E/A) (irr.) *to be able*
povero *poor*
pranzare *to have lunch*
pranzo *lunch*
pratico *practical*
prato *meadow, lawn*
precedere *to precede*
preciso *precise*
preferire *to prefer*
pregare *to pray*
prego! *don't mention it!*
prendere *to catch, to take*
preparare, prepararsi (+ a before
  infinitive) *to prepare* (oneself)
presentare *to present*
  presente (adj) *present*
prestare *to lend*
presto *soon, quick*
prezioso *precious*

prezzo *price*
primavera *spring*
primo *first*
principale *principal, main*
probabile *probable*
professore (m) professoressa (f)
  professor
profondo *deep, profound*
profumo *perfume*
programma (m) *programme*
progresso *progress*
fare dei progressi *to make progress*
pronto *ready: hello* (telephone)
pronunciare *to pronounce*
proprio *own*
prosciutto *ham*
prossimo *next*
provare *to prove*
provincia *province*
pubblico *public*
pulcino *chick*
pulire *to clean*
pulpito *pulpit*
può darsi (+ che + subjunctive)
  perhaps
pure *also, too*
puro *pure*

quaderno *exercise book*
quadrato *square*
quadro *picture*
qualche *some*
quale *which, what*
quanto? *how much?*
quaranta *forty*
quarantuno *forty-one*
quartiere (m) *district*
quarto *fourth*
quasi *almost*
quattordici *fourteen*
quattro *four*

quello *that*
quercia *oak, oak-tree*
questo *this*
qui *here*
quindici *fifteen*
quinto *fifth*

raccontare *to relate, to tell* (a story)
radio (f) *radio, wireless*
ragazzo, -a *boy, girl*
raggiungere (+obj) *to reach*
ragione (f) *reason*
rallentare *to slow down*
rapido *fast*
rappresentare *to represent*
raro *rare*
re (m) *king*
recente *recent*
regalo *present, gift*
regina *queen*
regione (f) *region*
remare *to row*
resistere (+ a) *to resist*
respirare *to breathe*
restare (E) *to remain, to stay*
rete (f) *net; luggage rack*
ricchezza *wealth*
ricco *rich*
ricevere *to receive*
riconoscere *to recognise*
ricordo *souvenir*
ridere (irr.) *to laugh*
ridicolo *ridiculous*
rifiutare *to refuse*
ringraziare *to thank*
ripetere *to repeat*
riservare *to reserve*
riso (pl, risi–m) *rice*
riso (pl, risa–f) *laughter*
risotto *rice dish*
rispondere *to answer, reply*

rispondere di *to answer for*
risposta *answer*
ristorante (m) *restaurant*
riunire *to assemble*
riva *shore*
rivedere *to see again*
La Riviera *riviera*
Riviera di Levante *eastern Riviera*
Riviera di Ponente *western Riviera*
rivista *magazine*
Roma *Rome*
romanesco *Roman style*
romano *Roman*
romanzo *novel*
rosa *rose*
rosso *red*
rotondo *round*
rumore (m) *noise*

sabato *Saturday*
sabbia *sand*
sala *room*
sala d'aspetto (or d'attesa)
  waiting-room
sala da pranzo *dining-room*
sale (m) *salt*
salire(E) *to ascend*
salita *ascent*
salotto *drawing-room, lounge*
salsa *sauce*
saltare (E/A) *to leap, jump*
salute (f) *health*
salvare *to rescue, save*
sangue (m) *blood*
sano *sound, healthy*
santo *saint, holy*
sapere *to know* (a fact)
sapone (m) *soap*
sapore (m) *taste*
Sardegna *Sardinia*
sbaglio *mistake*

sbarcare(E/A) *to land*
scala *stair*
scarpa *shoe*
scatola *box*
scegliere (irr.) *to choose, select*
scena *scene, stage*
scendere(E) *to descend*
sciarpa *scarf*
scivolare(E/A) *to slide, to slip*
scompartimento *compartment*
  (railway)
scrittore (m) *writer*
scrivere *to write*
scultore (f -trice) *sculptor, sculptress*
scuola *school*
scuro *dark*
scusare *to excuse*
  mi scusi *excuse me*
se *if*
sè *himself, herself, itself, oneself,*
  yourself (polite), *yourselves*
  (polite), *themselves*
secolo *century*
secondo *second*
sedere, sedersi *to sit*
sedia *chair*
sedia a sdraio *deckchair*
sedici *sixteen*
segno *sign, mark*
seguire *to follow*
sei *six*
sembrare(E) *to seem, appear*
semplice *simple*
sempre *always*
sentiero *footpath*
sentimento *sentiment*
senza *without*
separare *to separate*
sera *evening*
  buona sera *good evening*
servire *to serve, to be useful*

sessanta *sixty*
sessantuno *sixty-one*
sesto *sixth*
seta *silk*
settanta *seventy*
settantuno *seventy-one*
sette *seven*
settembre (m) *September*
settentrionale *northern*
settentrione (m) *north*
settimana *week*
settimo *seventh*
sguardo *glance, look*
si (to/for) *himself, herself, oneself, yourself,* (polite), *yourselves* (polite), *themselves*
sì *yes*
Sicilia *Sicily*
sicuro *safe, certain*
sigaretta *cigarette*
signor *Mr.*
signora *madam, Mrs.; lady*
signore *sir; gentleman*
signorina *Miss*
silenzio *silence*
sinistro *left*
  a sinistra *to the left*
situato *situated*
soffiare *to blow*
sogliola *sole* (fish)
sogno *dream*
sole (m) *sun*
solito *usual*
soltanto *only*
somaro *donkey*
sonno *sleep*
sopra *on, upon*
sorbire *to sip*
sorella *sister*
sorellina *little sister*
sorpresa *surprise*

sotto *under*
sottopassagio *subway*
Spagna *Spain*
spagnolo *Spanish*
spago *string*
spalla *shoulder*
spandere *to spread out*
specchio *mirror*
specialmente *especially*
spendere *to spend*
spesso *thick, frequent, often, frequently*
spettacolo *show*
spiaggia *beach*
spillo *pin*
spinaci (m pl) *spinach*
splendere (E) *to shine*
sportello *ticket-window*
stagione (f) *season*
stanco *tired*
stanza *room*
stanza da bagno *bathroom*
stare (E) (irr.) *to stay, be*
stato (noun) *state*
stato (pp stare) *been*
statua *statue*
stazione (f) *station*
stella *star*
stesso (a) *same*
stile (m) *style*
stirare *to press; to iron*
strada *road*
strega *witch*
stretto *narrow*
studente, studentessa *student*
studiare *to study*
su *on*
sud *south*
sugo *juice, gravy*
suo *his, her*
suonare *to sound, to play*

(instrument)
superbo *proud, superb*
Svizzera *Switzerland*

tappa *halting place*
tappeto *carpet, rug*
tardi *late*
tassì (m) *taxi*
tavolo *table*
tazza *cup*
tè (m) *tea*
teatro *theatre*
tedesco (pl tedeschi) *German*
telefono *telephone*
telegramma (m) *telegram*
televisione (f) *television*
temere *to fear*
temperino *penknife*
tempo *time*
temporale (m) *storm*
tenere *to hold, to keep*
tenero *tender*
terra *land*
terzo *third*
tesoro *treasure*
testa *head*
tetto *roof*
ti *you*
timido *timid*
tirare *to draw, pull, shoot*
tirreno *Tyrrhenian*
Torino *Turin*
torre (f) *tower*
Torre Pendente *Leaning Tower*
  (Pisa)
torta *cake*
Toscana *Tuscany*
toscano *Tuscan*
tovaglia *tablecloth*
tovagliolo *serviette, napkin*
tramonto *sunset*

tranquillo *tranquil, still, calm*
traversata *crossing*
tre *three*
tredici *thirteen*
treno *train*
trenta *thirty*
trentuno *thirty-one*
triglia *mullet*
triste *sad*
troppo *too, too much*
trovare *to find*
tu *you*
tuffo *plunge, dive*
tuo *your*
turista (m or f) *tourist*
tutto *all*

uccello *bird*
udito *hearing*
ufficio *office*
ultimamente *lately*
ultimo *last*
umano *human*
umore (m) *humour*
undicesimo *eleventh*
undici *eleven*
università (f) *university*
uno *one*
uomo (pl uomini) *man*
uovo (pl uova) *egg*
usanza *custom, usage*
uscita *exit*
utile *useful*
uva (f sing) *grapes* (collective)

vacanza or vacanze (f pl) *holiday(s)*
vagone ristorante *dining car*
  (railway)
valido *valid*
valigia *suitcase*
valle (f) *valley*

vaporetto *steamer*
varietà *variety*
vario *various*
vaso *vase*
vecchio *old*
vedere (irr.) *to see*
veduta *view, vista*
vela *sail*
velocità (f) *speed*
vendere *to sell*
venerdì (m) *Friday*
Venezia *Venice*
ventesimo *twentieth*
venti *twenty*
ventitreesimo *twenty-third*
vento *wind*
ventuno *twenty-one*
veramente *really*
verde *green*
verità (f) *truth*
vero *true*
versare *to pour*
verso *toward*
vestibolo *hall, vestibule*
vestire *to dress*
vetrina *shop window*
vetro *glass*
vettura *carriage*
vi *there;* (pers pron) *you, to you*
via *street, road*
viaggiare *to travel*
viaggiatore (m) *passenger, traveller*
viaggio *journey*
viale (m) *avenue*
vicino *near*
vietato *forbidden*
vigna *vineyard*

villa *country house, villa*
villaggio *village*
vincere *to win, overcome*
vino *wine*
violetta *violet*
violinista (m or f) *violinist*
violino *violin*
virtù (f) *virtue*
visibile *visible*
visita *visit, medical examination*
visitare *to visit*
viso *face*
vista *view, sight*
vivace *lively*
vivere (E/A) *to live*
vivo *alive, lively*
voce (f) *voice*
voglia *desire, longing*
voi *you*
volere (E/A) *to want*
volta *time, turn*
  una volta *once*
  due volte *twice*
voltare *to turn*
volume (m) *volume*
vostro *your, yours*
vuoto *empty*

zanzara *mosquito*
zero *zero*
zia *aunt*
zio *uncle*
zitto *silent*
zoccolo *wooden shoe, clog, hoof*
zucchero *sugar*
zucchino *courgette*

English-Italian vocabulary

able, to be potere (E/A)
about circa
abroad all'estero
address indirizzo
admire ammirare
Adriatic Adriatico
aeroplane aeroplano
after dopo
afternoon pomeriggio
afterwards poi
again di nuovo, ancora
age età (f)
agitated agitato
air aria
allow permettere
almost quasi
alphabet alfabeto
Alps Alpi (f pl)
already già
also anche, pure
always sempre
amusement divertimento
ancient antico
and e, ed (before vowel)
anglican anglicano
animal animale (m)
ankle caviglia
answer rispondere (+a); risposta (noun)
answer for rispondere di
anxious ansioso
any qualsiasi (+ sing.)
appear sembrare (E)

appetite appetito
apple mela
apply applicare
apricot albicocca
April aprile (m)
arcade galleria
arm braccio (f pl braccia)
armchair poltrona
around intorno (+a)
arrival arrivo
arrive arrivare (E)
art arte (f)
article articolo
as così
ascend salire (E)
ascent salita
ash cenere (f)
ask domandare, chiedere (+a)
assemble riunire
at a, ad (before vowel)
attentively attentamente
audacity audacia
August agosto
aunt zia
Austria Austria
autumn autunno
avenue viale (m)
average medio (adj); la media (noun)
avoid evitare

baby bambino
bad cattivo

badly male

baker panettiere, fornaio

balcony balcone (m)

banana banana

bank banca

baptistry battistero

bar bar (m) (pl i bar)

basilica basilica

basket cestino

bath bagno

bathroom stanza da bagno

be essere (E)

beach spiaggia

beautiful bello

become diventare (E)

bed letto

bedroom camera

beef manzo

beefsteak bistecca

beer birra

begin cominciare (+a before
   infinitive)

behind dietro

Belgium Belgio

believe credere

bell campana

bell tower campanile (m)

Berlin Berlino (f)

better migliore (adj); meglio (adv)

between fra, tra

bicycle bicicletta

big grande

bill conto

bird uccello

birthday compleanno

biscuit biscotto

bitter amaro

black nero

blond biondo

blood sangue (m)

blow (vb) soffiare

blue azzurro

blue (pale) celeste

boat barca

boiled, boiled meat lesso

bone osso (pl gli ossi when
   non-human, le ossa when human)

book libro

born, to be nascere (E)

borrow prendere in prestito

both tutti e due

bottle bottiglia

box scatola

boy ragazzo

brass ottone (m); gli ottoni
   (= brass section of orchestra)

bread pane (m)

bread-roll panino

bracelet braccialetto

breakfast (prima) colazione

breathe respirare

brick mattone (m)

bridge ponte (m)

Bridge of Sighs Ponte dei Sospiri

brief breve

bring portare

broth brodo

brother fratello

brother-in-law cognato

brown bruno

build costruire

building edificio, palazzo

busy occupato, indaffarato

but ma, però

butcher macellaio

butcher's shop macelleria

butter burro

butterfly farfalla

buy comprare

by da

Byzantine bizantino

cabbage cavolo
cabin cabina
café caffè (m) (pl i caffè)
cake torta
calendar calendario
calf vitello
call chiamare
to be called chiamarsi
calm calmo, tranquillo
camera macchina fotografica
canal canale (m)
capital capitale (f)
cardinal cardinale
carnation garofano
carpet tappeto
carriage carrozza
carry portare
castle castello
cat gatto
catch prendere, pigliare (popular)
cathedral cattedrale (f)
   (in general); duomo (the
   principal city cathedral)
catholic cattolico
cause causa
central centrale
century secolo
certain certo
chair sedia
chalk gesso
chambermaid cameriera
change cambiare (vb); cambio
   (noun)
Channel (English) Manica
chapel cappella
chapter capitolo
charming incantevole
chat chiacchierare
chauffeur autista (m and f)
check controllo
cheek guancia

cheese formaggio
chemist farmacista (m and f)
chemist's shop farmacia
cheque assegno
traveller's cheque assegno turistico
cherry ciliegia
chestnut castagna, marrone (m)
chew masticare
chick pulcino
chicken pollo
child bambino, fanciullo
chin mento
china porcellana
chocolate cioccolata
choose scegliere
Christmas Natale (m)
church chiesa
cigarette sigaretta
cinema cinema (m)
class, classroom classe (f)
clean pulire
clearly chiaramente
climate clima (m)
clog (wooden shoe) zoccolo
close chiudere (vb); vicino (adv)
closed chiuso
clothes abiti, vestiti (m pl)
cloud nuvola
coach vagone (m), carrozza
coast costa
coat abito, giacca
cock gallo
coconut noce (f) di cocco
cod merluzzo
coffee caffè (m) (pl i caffè)
cold freddo; (noun and adj);
   raffreddore (m)
Colosseum Colosseo
colour colore (m)
column colonna
comfortable comodo

commence cominciare
communication comunicazione (f)
compartment scompartimento
complete completare
consist (of) consistere (E) (in)
continent continente (m)
continually continuamente
contrary, on the anzi
converse conversare
cook (vb.) cucinare
cooked cotto
cool fresco
corner angolo
cost costare (E)
costume costume (m)
cotton cotone (m)
country campagna
court corte (f), cortile (m)
cousin cugino
cover coprire
cow mucca
cream panna, crema
cross croce (f); attraversare (vb)
crossing traversata
cry piangere
cup tazza
cupboard armadio
custom usanza
customs dogana
customs officer doganiere (m)

daddy babbo
dairy latteria
daisy margherita
dance ballare
dare osare (without a before infinitive)
daring audace
dark scuro
daughter figlia
daughter-in-law nuora

day giorno
dear caro, costoso
December dicembre (m)
decide decidere
deck ponte (m), coperta
deckchair sedia a sdraio
deep profondo
definite definito
delicious, delightful delizioso, incantevole
departure partenza
descend scendere (E)
desk banco, scrivania
dictate dettare
dictation dettato
dictionary dizionario
die morire (E)
different differente, diverso
difficult difficile
dine cenare
dining car vagone ristorante (m)
dining-room sala da pranzo
dinner cena
direction direzione (f)
disappointed deluso
distance distanza
distant lontano, distante
district quartiere (m)
disturb disturbare
disturbance disturbo
divide dividere
do fare; see also Lesson 5, Conjugation of Regular Verbs
doctor medico
dog cane (m)
doll bambola
dome cupola
donkey ciuco, asino, somaro
door porta
doorbell campanello
down giù

door (carriage) sportello
draw tirare
dream sogno
dress vestire (vb); abito (noun)
drink bere (vb); bibita, bevanda (noun)
dry arido, secco
duck anitra, anatra
dumpling gnocco

each ciascuno
each one ognuno
ear orecchio
early presto
east est, oriente (m)
Easter Pasqua
eastern orientale
eastern Riviera Riviera di Levante
easy facile
eat mangiare
egg uovo (pl le uova)
eight otto
eighteen diciotto
eighth ottavo
eighty ottanta
either o
either…or o…o
elbow gomito
electric elettrico
elegant elegante
eleven undici
eleventh undicesimo
empty vuotare (vb.); vuoto (adj)
enchanting incantevole
end fine (f)
enemy nemico
England Inghilterra
English inglese
enjoy godere
enter entrare
enjoy oneself divertirsi

enter entrare (E) (+ in)
entrance entrata, ingresso
entrance hall atrio
envelope busta
Epiphany Epifania
era epoca, era
erase cancellare
especially specialmente
etcetera eccetera (ecc.)
eternal eterno
Europe Europa
even perfino (emphatic)
evening sera
every ogni
everyone ognuno, tutti
everywhere dappertutto
exaggerate esagerare
examination esame (m)
  medical examination visita medica
example esempio
excited eccitato
excursion gita, escursione (f)
excuse scusare
exercise book quaderno
exhibition mostra
exit uscita
exterior esterno
eye occhio
eyelash ciglio (pl le ciglia)

façade facciata
face faccia, viso
factory fabbrica
fall cadere (E)
family famiglia
fantastic fantastico
far lontano
farm fattoria
fast rapido
father padre
favour favore (m)

fear temere, aver paura (vb); paura (noun)

feast festa

feel sentire (trans.), sentirsi (intrans.)

February febbraio

fertile fertile

few pochi (e); *a few* un po' di, qualche (+ sing.)

field campo

fifteen quindici

fifth quinto

fifty cinquanta

final finale

find trovare

finger dito (f pl) le dita

finish finire

fire fuoco

first primo

fish pesce (m)

fishmonger pescivendolo

five cinque

flask fiasco, fiaschetto

floor piano, pavimento

Florence Firenze (f)

flower fiore (m)

fly mosca

fog nebbia

follow seguire

food cibo

foot piede (m)

footpath sentiero

for per

forbidden vietato

forehead fronte (f)

foreigner forestiero, straniero

forest bosco, foresta

forget dimenticare

fork forchetta

forty quaranta

forum foro

fountain fontana

four quattro

fourteen quattordici

fourth quarto

France Francia

Francis Francesco

free libero

French Francese (noun)

French bean fagiolino

frequent frequente

fresh fresco

Friday venerdì (m)

fried fritto

friend amico

from da

fruit (collective) frutta (pl le frutta)

fruiterer fruttivendolo

fruit salad macedonia di frutta

full pieno

furniture (collective) mobilio

future futuro, avvenire (m)

gallery galleria

garden giardino

gay gaio

general generale

generosity generosità (m)

Genoa Genova

gentle gentile

Germany Germania

German Tedesco (noun)

girl ragazza

give dare

glad contento

glance sguardo, occhiata

glass vetro

glass (drinking) bicchiere (m)

glide scivolare (E/A)

glove guanto (E/A)

go andare (E)

gold oro

goldsmith orefice (m)
gondola gondola
gondolier gondoliere (m)
good buono
good! splendid! bravo!
goodbye arrivederci; ciao (colloq)
goose oca
Gothic gotico
grammar grammatica
Grand Canal Canal Grande (m)
grandfather nonno
grandmother nonna
grapes (collective) uva (f sing)
great grande
green verde
guard bigliettaio
guide guidare (vb.); guida (f),
  cicerone (m) (noun)

hair capelli (m pl)
half mezzo (adj); metà (f) (noun)
hall vestibolo
ham prosciutto
hand mano (f) (pl le mani)
handkerchief fazzoletto
harbour porto
hat cappello
have avere
he egli, lui, esso
head capo, testa
health salute (f)
hear sentire
hearing udito
heart cuore (m)
heavy pesante
help aiutare
hen gallina
her lei, la, (pron); suo
  (sua, sue, suoi) (adj)
here qui, qua
here is, here are ecco

herself se, se stessa, lei stessa
high alto
hill collina
him lo, lui
himself sè, egli stesso, lui stesso
his suo (sua, suoi, sue)
hold tenere
holiday festa, vacanza
holy santo
honest onesto
hoof zoccolo
hope sperare (vb); speranza
  (noun)
horse cavallo
hot caldo
hotel albergo
hour ora
house casa
house (country) villa
how come
however però, comunque
how much (many)? quanto (a)
  (quanti, -e)?
human umano
humour umore (m)
hundred cento
hungry, to be aver fame, appetito
husband marito

I io
ice ghiaccio
ice-cream gelato
idea idea
idle ozioso
if se
illuminated illuminato
imagine immaginare, immaginarsi
  imagination fantasia
imitate imitare
immense immenso
important importante

impression impressione (m)
in in
in fact difatti, anzi
incite incitare (+ a before infinitive)
incitement incitamento
indeed infatti
industry industria
inform informare
information informazioni (f pl)
inhabitant abitante (m and f)
ink inchiostro
inside dentro
inspection controllo
inspector controllore (m)
install installare
interesting interessante
interior interno
invite invitare (+ a before infinitive)
iron stirare
is è
island isola
it esso, essa, lo, la, lui, lei
  of it ne
Italian Italiano (noun); italiano
  (adj)
Italy Italia
itinerary itinerario
itself si, se, se stesso, se stessa

jacket giacca
jam marmellata
January gennaio
jeweller gioielliere (m)
jockey fantino
journey viaggio
joy gioia
Jugoslavia Iugoslavia
juice sugo
July luglio
jump saltare (E/A)
June giugno

just giusto

keep conservare, tenere
key chiave (f)
kind gentile
king re (m) (pl i re)
kiss baciare (vb); bacio (noun)
kitchen cucina
knee ginocchio (pl le ginocchia)
knife coltello
know (fact) sapere
know (acquaintance) conoscere

lake lago
lamb agnello
lamp lampada
land sbarcare (E/A) (vb);
  terra (noun)
landscape paesaggio
language lingua
large grande
last durare (E) (vb); ultimo (adj)
late tardi
lately ultimamente
laugh ridere
lazy ozioso, pigro
leaf foglia
leaning pendente
leap saltare (E/A)
learn imparare (+ a before infinitive)
leather pelle (f), cuoio
leave lasciare, partire (E)
left sinistro (adj.); la sinistra
  (noun)
  on the left a sinistra, sulla sinistra
leg gamba
lemon limone (m)
lemonade limonata
lemon juice (una) spremuta di
  limone
lend prestare

less meno
lesson lezione (f)
let affittare (lease), lasciare (allow)
letter lettera
library biblioteca
life vita
lift ascensore (m)
light luce (f), lume (m) (noun);
  leggero (adj)
lily giglio
limb membro (pl le membra)
limpid limpido
lip labbro (pl labbra)
liquor liquore (m)
listen (to) ascoltare
literature letteratura
little piccolo (adj): poco (adv)
a little un poco di, un po'di
live (dwell) abitare (usually + a)
live (noun) *to be alive,* vivere (E)
local locale
London Londra
long lungo
look (at) guardare
look (for) cercare
look (noun) sguardo
lose perdere
loss perdita
lounge salotto
love amare (vb.); amore (m) (noun)
low basso
luggage bagaglio
luggage rack rete (f)
lunch pranzo
  to have lunch pranzare
lung polmone (m)

machine macchina
Madam (Mrs.) signora
magazine rivista
magnificent magnifico

main principale
major maggiore
make fare
Mamma mamma
man uomo
manner modo
map carta geografica
marble marmo
March marzo
mark (sign) segno
market mercato
marmalade marmellata d'arance
marrow (vegetable) zucca
marvel meraviglia
mass messa
master maestro
masterpiece capolavoro
  (pl capolavori)
match cerino
May maggio
me mi, me
meadow prato
meantime, meanwhile intanto
meat carne (f)
medicine medicina
medieval medievale
Mediterranean Mediterraneo
meet incontrare
melody melodia
melon melone (m)
metal metallo
midday mezzogiorno
middle mezzo
midnight mezzanotte (f)
Milan Milano (f)
mild mite
mile miglio (pl le miglia)
milk latte (m)
million milione (m)
mine mio (mia, miei, mie)
mint menta

minute minuto
miracle miracolo
mirror specchio
Miss signorina
mistake sbaglio
mobile mobile
modern moderno
Monday lunedì (m)
money denaro, soldi (m pl pop)
month mese (m)
moon luna
more più
morning mattina
mosaic mosaico
mosquito zanzara
mother madre (f)
motorboat motoscafo
mountain montagna
mouth bocca
Mr. Signor, il signor . . .
much molto
mule mulo
mullet triglia
museum museo
musical musicale
my mio (mia, miei, mie)
myself mi, me stesso (-a)
mysterious misterioso

name nome (m)
namely cioè
Naples Napoli
narrate narrare
narrow stretto
natural naturale
naughty cattivo
near vicino
neck collo
need aver bisogno di (vb);
  bisogno (noun)
net rete (f)

new nuovo
newsagent giornalaio
newspaper giornale (m)
next venturo, prossimo (adj);
  poi (adv.)
night notte (f)
nine nove
nineteen diciannove
ninety novanta
ninth nono
no no
noise rumore (m)
north nord, settentrione (m)
northern settentrionale
nose naso
not non; *not any* nessuno (-a)
note notare
nothing niente, nulla (m)
notice notare (verb); avviso (noun)
novel romanzo
November novembre (m)
now ora, adesso
  by now ormai, oramai
number numero
numerous numeroso
nut noce (f)
nylon nailon (m)

oak quercia
object oggetto
observe osservare
obtain ottenere
occasion occasione (f)
October ottobre (m)
of di
offer offrire
office ufficio
often spesso, frequentemente
oil olio
old vecchio
oleander oleandro

olive oliva
omelette frittata
on sopra, su; see also Lesson 8,
  Dates
one uno, una
oneself si, se stesso, se stessa
onion cipolla
only soltanto, solo, solamente,
  non . . . che
open aprire
or o; *either . . . or* o . . . o
orange arancia
orangeade aranciata
orchestra orchestra
order ordinare
ordinal ordinale
original originale
other altro
otherwise altrimenti
our nostro
outside fuori
own proprio
ox bue (m)
oxen buoi (m pl)

Padua Padova
page pagina
pain dolore (m)
painter pittore (m)
painting (the art of) pittura
pair paio (pl le paia)
palace palazzo
palm palma
panorama panorama
paper carta
paradise paradiso
parcel pacco
parent genitore (m)
Paris Parigi (f)
park parco
Parmesan parmigiano

parrot pappagallo
part parte (f)
particular particolare
party festa
pass passare (E/A)
passage corridoio
passenger passeggiero,
  viaggiatore (m)
passport passaporto
past passato, scorso
paste (dough), pasta
patient paziente
pavement marciapiede (m)
  (pl i marciapiedi)
paw zampa
pay pagare
pea pisello
peach pesca
pear pera
peasant contadino
pen penna
pencil matita
peninsula penisola
penknife temperino
people gente (f)
pepper pepe (m)
perfect perfetto
perfume profumo
perhaps forse (+ indicative), puo
  darsi che (+ subjunctive)
permission permesso
permit permettere
person persona
personal personale
petrol benzina
photograph(y) fotografia
piano pianoforte (m)
pianist pianista (m and f)
picture quadro
piece pezzo
pier molo

pig maiale
pillow guanciale (m)
pin spillo
pinewood pineta
pipe pipa
place mettere (vb); luogo, posto (noun)
placid placido
plant pianta
plate piatto
platform marciapiede (m) (pl i marciapiedi); (railway) binario
play (games) giocare
pleasant piacevole
please (vb), piacere(E)
please per piacere, per favore
pleased (with) contento (di)
poet poeta (m)
poor povero
poppy papavero
porcelain porcellana
porter facchino
portion porzione (f)
position posizione (f)
possible possibile
post posta
postcard cartolina
potato patata
pour versare
practical pratico
precious prezioso
precise preciso
prefer preferire
prepare preparare; (get ready) prepararsi (+ a before infinitive)
present presentare (vb); presente (adj)
present (gift) regalo, dono
press stirare
price prezzo
principal principale

probable probabile
proceed procedere
professor professore (m) professoressa (f)
profound profondo
programme programma (m) (pl i programmi)
progress progresso *to make progress* far dei progressi
pronounce pronunciare
pronunciation pronuncia
proud superbo
prove provare
proverb proverbio
province provincia
public pubblico
pull tirare
pulpit pulpito
pupil alunno (-a), allievo
put mettere
pyramid piramide (f) .

quay molo
queen regina
question domanda
queue fila, coda
queue (vb) far la coda, fila
quick presto
quiet zitto, tranquillo, silenzioso
quite assai

rabbit coniglio
race gara
radio radio (f) (pl le radio)
railway ferrovia
railway-line binario
rain pioggia
raise alzare; (*get up*) alzarsi
rare raro
raspberry lampone (m)
raw crudo

reach raggiungere (+ direct obj)
read leggere
ready pronto
really veramente
reason ragione (f)
receive ricevere
recognise riconoscere
red rosso
refuse rifiutare *refuse to do something*
  rifiutarsi di fare qualcosa
region regione (f)
relate (*a story*, etc) raccontare
relative parente (m and f)
remain restare(E), rimanere(E)
repeat ripetere
reply rispondere
represent rappresentare
rescue salvare
reserve riservare
resist resistere (a)
rest riposarsi
restaurant ristorante (m)
retain conservare
return (ri) tornare(E)
Rialto Bridge (Venice) Ponte di
  Rialto
rice riso
rich ricco
right destro
ring suonare (vb); anello (noun)
river fiume (m)
road via, strada
roast arrosto
Roman romano
Rome Roma
roof tetto
room sala, stanza
rose rosa
rough (of sea) mosso
round rotondo
row remare (vb); fila (noun)

rug tappeto

sad triste
safe sicuro
sail vela
saint santo
salad insalata
salt sale (m)
same stesso
sand sabbia
Sardinia Sardegna
satisfied soddisfatto
Saturday sabato
sauce salsa
saucer piattino
save salvare
say dire
scarf sciarpa
scene scena
school scuola
sculptor scultore (m)
sea mare (m)
seashore marina
season condire (vb); stagione
  (f noun)
second secondo
second-hand di seconda mano
see vedere
seem sembrare
select scegliere
sell vendere
send mandare, spedire
sentence frase (f)
sentiment sentimento
separate separare
September settembre (m)
serve servire
serviette tovagliolo
seven sette
seventeen diciassette
seventh settimo

seventy settanta
several alcuni (e)
shade ombra
she ella, essa, lei
sheet lenzuolo
sheet of paper foglio
shine splendere (E/A)
ship nave (f)
shoe scarpa
shoot tirare (intrans.), sparare (+a)
shop negozio, bottega
shore riva
short corto, breve
shoulder spalla
shout gridare
show mostrare (vb); spettacolo (noun)
Sicily Sicilia
sick ammalato, malato
sideboard credenza
side-plate piattino
sigh sospiro
sign segno
silence silenzio
silk seta
silver argento
simple semplice
sing cantare
sip sorbire
sister sorella
sister-in-law cognata
sit sedere, sedersi
situated situato
six sei
sixteen sedici
sixth sesto
sixty sessanta
skin pelle (f)
sky cielo
sleep dormire (vb); sonno (noun)
slide, slip scivolare (E/A)

slow lento
slow down rallentare
small piccolo
smell odorare (vb); odore (noun)
smoke fumare
snow nevicare (vb); neve (f noun)
so così
soap sapone (m)
sole (fish) sogliola
some alcuno(-a,-i,-e); qualche (+ sing.)
sometimes qualche volta
son figlio
son-in-law genero
soon presto
sound suono
south sud, mezzogiorno
southern meridionale
souvenir ricordo
Spain Spagna
Spanish spagnolo
speak parlare
spectacles occhiali (m pl)
speed velocità (f)
spend spendere (*money*); passare (+avere) (*time*)
spinach spinaci (m pl)
spire guglia
splendid! bravo!
spoon cucchiaio
spring primavera
square (geometrical) quadrato
square piazza
stage scena
stair scala
stamp francobollo
star stella
state stato
station stazione (f)
station master capostazione (m) (pl capistazione)

statue statua

stay (re) stare(E), trattenersi (vb);
  soggiorno (noun)

steamer vaporetto, piroscafo

still ancora (adv); tranquillo (adj)

stocking calza

stone pietra

stop fermare, fermarsi (vb);
  fermata (noun)

storey piano

storm temporale (m)

story racconto, storia

straw paglia

strawberry fragola

street via

string spago

strong forte

student studente (m),
  studentessa (f)

study studiare (vb); studio (noun)

style stile (m), moda (*dress*)

subway sottopassaggio

sugar zucchero

suitcase valigia

summer estate (f noun); estivo (adj)

sun sole

suntanned abbronzato

Sunday domenica

sunset tramonto

supper cena

sure certo

surprise sorpresa

sweet dolce (adj);
  caramella (noun)

swim nuotare (vb);
  nuotata (noun)

swimming pool piscina

swimsuit costume (m) da bagno

Switzerland Svizzera

table tavolo, tavola

tablecloth tovaglia

tail coda

take prendere, pigliare (popular),
  portare

tale racconto

tall alto

tanned abbronzato

taste sapore (m), gusto

taxi tassì (m)

tea tè (m)

teach insegnare

tear lacrima

teaspoon cucchiaino

telegram telegramma (m)

telephone telefono (noun);
  telefonare (+a) (vb)

television televisione (f)

tell dire, raccontare

ten dieci

tender tenero

tenth decimo

thank ringraziare

thanks ringraziamenti (m pl)

that che, ciò, quello

that is to say cioè

the l', il, la, lo, i, le, gli

theatre teatro

themselves si, sè, se stessi, se stesse

then allora, poi, dunque

there là, li, vi

therefore dunque, perciò

they loro, essi (-e)

thick spesso, denso

thief ladro

thing cosa

think pensare

third terzo

thirteen tredici

thirty trenta

this questo (adj)

thou tu

thought pensiero
thousand mille (m) (pl mila)
thread filo
three tre
throat gola
through per, attraverso
throw buttare
Thursday giovedì (m)
thus così
thy tuo (tua, tue, tuoi)
ticket biglietto
ticket-window sportello
tie cravatta
time tempo, volta
timetable orario
timid timido
tired stanco
to a, ad
toast brindare (vb);
  brindisi (m) (noun)
today oggi
toffee caramella
together insieme
tomato pomodoro (pl pomodori
  or pomidoro)
tomorrow domani
tongue lingua
too anche
tooth dente (m)
tour girare (vb); giro, gita (noun)
touring car pullman (m)
tourist turista (m and f)
toward verso
towel asciugamano
tower torre (f)
town città (f)
town hall municipio, comune (m)
train treno
tranquil tranquillo
traveller viaggiatore (m);
  (f -trice)

treasure tesoro
tree albero
true vero
truth verità (f)
try (cercare (+ di), provare (+a)
Tuesday martedì (m)
tumbler bicchiere (m)
tunnel galleria
Turin Torino
turn girare
Tuscan toscano
Tuscany Toscana
twelve dodici
twentieth ventesimo
twenty venti
two due
Tyrrhenian Tirreno

ugly brutto
umbrella (large), ombrellone (m)
uncertain incerto
uncle zio
under sotto
understand capire
ungrateful ingrato
university università (f)
upon sopra
us ci, noi
useful utile
useful, to be servire (E), essere utili:
usual solito
usually di solito

vacant libero
vacation vacanza
valid valido
valley valle (f)
variety varietà (f)
various vario
vase vaso
veal vitello

vegetables (collective) verdura
Venice Venezia
very molto, assai
very good ottimo
vestibule vestibolo
view veduta, vista
village villaggio
vinegar aceto
vineyard vigna
violet violetta
violinist violinista (m and f)
visible visibile
visit visitare (vb); visita (noun)
vivid vivo
voice voce (f)
volume volume (m)

wait (for) aspettare
waiter cameriere (m)
waiting room sala d'aspetto,
  sala d'attesa
waitress (maid) cameriera
walk camminare, passeggiare
  (vb); passeggiata (noun)
wall muro, parete (f)
want volere (E/A), desiderare
  (vb); bisogno (noun)
wardrobe armadio
wash lavare, lavarsi
watch orologio
water acqua
watermelon cocomero
wave onda
wax cera
way modo
we noi
weak debole
wealth ricchezza
Wednesday mercoledì (m)
week settimana
weep piangere

welcome gradito (adj); benvenuto
  (noun and adj)
well pozzo (noun); bene, (adv.
  and noun)
west ovest (m); occidente (m);
  ponente (m)
western occidentale
western Riviera Riviera di Ponente
what che cosa, che, quale, quello
  che, ciò che
where dove
which? che, quale?
while mentre
white bianco
who chi? che, cui
whom chi? che
whose di chi?
why perchè
wide largo
wife moglie (pl le mogli)
wind vento
window finestra
window (small) finestrino
wine vino
winter inverno
wish augurare (vb); augurio
  (pl auguri) (noun)
witch strega
with con
within dentro
without senza
woman donna
wonderful meraviglioso
wood (forest) bosco, foresta
wood (firewood) legno, (legna)
wool lana
word parola
work lavorare (vb); opera,
  lavoro (noun)
workman operaio
world mondo

wrist polso
write scrivere
writer scrittore (m)

year anno
yellow giallo
yes sì
yesterday ieri
yet ancora
you Lei (polite sing), Loro
  (polite pl), tu, ti, te, vi, voi
young giovane
your Suo, tuo, vostro, Loro
youth giovane (m); giovanotto,
  gioventù (f)

zero zero
zone zona

Grammatical index

TEACH YOURSELF ITALIAN VERBS

Maria Morris

Series editor: Paul Coggle, University of Kent at Canterbury

If you are learning Italian, or want to refresh your skills, and you need an easy guide to how the verbs work, this book is for you. It gives:

- full coverage of the main tenses for 200 frequently used Italian verbs, arranged alphabetically for quick and easy reference
- examples of the verbs in everyday use, with colloquial expressions and key words based on the verbs
- a glossary of approximately 3000 verbs, with details of the patterns they follow

There are helpful hints on learning verb forms and on how and when various tenses are used. Verb categories and their patterns and conjugations are clearly explained.

Whatever your level, *Teach Yourself Italian Verbs* is the boost to your knowledge and confidence that you are looking for.

CONTATTI
a first course in

ITALIAN

Contatti is a brand new course for anybody wishing to learn Italian from scratch. Whether you're learning for work or pleasure, *Contatti* will give you a thorough grounding in the language and enable you to speak, read, write and understand contemporary Italian.

Over the 14 thematic lessons you will be introduced to the key structures of the language with the emphasis placed firmly on communication. Authentic reading and listening materials are used extensively for a wide range of lively activities based on everyday situations in Italy. From the outset, you will find a realistic range of registers and vocabulary and be encouraged to develop the essential skill of comprehension. The use of English is kept to a minimum but vocabulary and grammatical support are given both at the end of each lesson and in full at the back of the book. There are also regular opportunities for revising and consolidating what you have learnt.

Contatti is ideal for both group and individual study and covers the skills, structures and most of the topics required at GCSE level.

A twin audio cassette pack is also available to accompany the book.

LIVING GERMAN

R W Buckley

Revisions by Delia Sexton

Do you want to learn German or brush up what you know already? Are you planning a holiday in Germany or Austria or preparing for an exam? If so, this successful and fully updated coursebook, designed specifically for adult learners, is for you.

Working through the book you will acquire a sound knowledge of the fundamentals of German and a useful and practical vocabulary. Many of the units are centred around the life of a German family and reading passages provide more general and cultural information. All the material used is lively and interesting and covers a variety of everyday topics which can prompt class discussions.

Each unit, designed to build systematically on what you have already learned, contains:

- main text or dialogue
- vocabulary
- grammar explanations
- exercises

There are also revision sections to help you practise what you are learning. And at the back of the book there is a useful grammar summary and verb list.

LIVING FRENCH

T W Knight

Revisions by Muriel Marty

Do you want to learn French or brush up what you know already? Are you planning a holiday in France or preparing for an exam? If so, this successful and fully updated coursebook, designed specifically for adult learners, is for you.

Working through the book you will acquire a sound knowledge of the fundamentals of French and a useful and practical vocabulary. Many of the texts are about Monsieur Dubois and his family and others are of more general and cultural interest. All the material used is lively and covers a variety of everyday topics which can prompt class discussions.

Each unit, designed to build systematically on what you have already learned, contains:

- grammar explanations
- vocabulary
- reading material in the form of a story, dialogue or letter
- questions for speaking practice
- exercises

There are also revision units to help you practise what you are learning. And at the back of the book grammar and vocabulary sections provide a useful reference.

LIVING SPANISH

R P Littlewood

Revisions by Pilar Gould

Do you want to learn Spanish or brush up what you know already? Are you planning a holiday in Spain or Latin America or preparing for an exam? If so, this successful and fully updated coursebook, designed specifically for adult learners, is for you.

Working through the book you will acquire a sound knowledge of the fundamentals of Spanish and a useful and practical vocabulary. All the material used is lively and interesting and covers a variety of everyday topics which can prompt class discussions.

Each unit, designed to build systematically on what you have already learned, contains:

- reading piece
- notes
- grammar
- exercises

There are also revision units to help you practise what you are learning. An extensive vocabulary at the back of the book provides a useful reference.